MARCÍLIO LOPES
HARMONIA AO BANDOLIM

Nº Cat.: 420-M

Irmãos Vitale S.A. Indústria e Comércio
www.vitale.com.br
Rua França Pinto, 42 Vila Mariana São Paulo SP
CEP: 04016-000 Tel.: 11 5081-9499 Fax: 11 5574-7388

© Copyright 2012 by Irmãos Vitale S.A. Ind. e Com. - São Paulo - Brasil
Todos os direitos autorais reservados para todos os países. *All rights reserved.*

Créditos

Capa e Diagramação
Luiz Guilherme Araujo

Revisão Ortográfica
Marcos Roque

Coordenação Editorial
Roberto Votta

Produção Executiva
Fernando Vitale

CIP-BRASIL. CATALOGAÇÃO NA FONTE
SINDICATO NACIONAL DOS EDITORES DE LIVROS - RJ.

L854h

Lopes, Marcilio Marques
    Harmonia ao bandolim / Marcilio Marques Lopes. - São Paulo : Irmãos Vitale, 2012.
    92p.

    ISBN 978-85-7407-365-1

    1. Bandolim - Métodos.
        I. Título.

12-8057.   CDD: 787.84
                                                                                               CDU: 780.614.13

31.10.12   06.11.12   040409

Índice

Apresentação 5

Considerações Iniciais 6

1ª Parte - Acordes diatônicos

1. Acorde perfeito 7
    1.1. Acorde perfeito maior 7
    1.2. Acorde perfeito menor .... [m] 11
2. Acorde de 7ª da dominante .... [7] 13
    2.1. Dominantes secundárias 17
3. Acorde menor com 7ª e 5ª diminuta .... [m7(♭5)] 21
4. Acorde diminuto .... [º] 27
5. Outros acordes diatônicos 35
    5.1. Tríade aumentada .... [(♯5)] 36
    5.2. Acorde de 7ª da dominante com 4ª .... [4/7] 38
6. Acordes em três cordas 40

2ª Parte: Tensões ordinárias

7. Sobre a tríade maior 43
    7.1. Acorde maior com 7ª maior .... [7M] 43
    7.2. Acorde maior com 6ª .... [6] 47
8. Sobre a tríade menor 50
    8.1. Acorde menor com 7ª .... [m7] 50
    8.2. Acorde menor com 6ª .... [m6] 54
    8.3. Acorde menor com 7ª maior .... [m7M] 57
    8.4. [II – V] cadencial 59
9. Sobre o acorde de 7ª da dominante 61
    9.1. Dominante com 9ª .... [7(9)] 62
    9.2. Dominante com 9ª menor .... [7(♭9)] 64
    9.3. Dominante com 13ª .... [7(13)] 65
    9.4. Dominante com 5ª aumentada / 13ª menor .... [7(♯5) - 7(♭13)] 67
    9.5. Dominante com 5ª diminuta / 11ª aumentada ...... [7(♭5) - 7(♯11)] 69
    9.6. Sub V 71

3ª Parte: Tensões superiores

10. Sobre a tríade maior 73
    10.1. Acorde maior com 7ª maior e 9ª .... [7M(9)] 73
    10.2. Acorde maior com 6ª e 9ª .... [6/9] 74
    10.3. Acorde maior com 7ª maior e 6ª .... [7M(6)] 75
    10.4. Acorde maior com 9ª adicionada .... [add9] 76
    10.5. Acorde maior com 7ª maior e 11ª aumentada .... [7M(♯11) - 7M(♭5)] 77
    10.6. Acorde maior com 7ª maior e 5ª aumentada .... [7M(♯5)] 78
11. Sobre a tríade menor 79
    11.1. Acorde menor com 7ª e 9ª .... [m7(9)] 79
    11.2. Acorde menor com 6ª e 9ª .... [m6/9] 80
    11.3. Acorde menor com 7ª e 11ª .... [m7(11)] 80
    11.4. Acorde menor com 9ª adicionada .... [madd9] 81
    11.5. Acorde menor com 7ª maior e 9ª .... [m7M(9)] 82
12. Sobre o acorde de 7ª da dominante 83
    12.1. Dominantes com 9ª aumentada .... [7(♯9)] 83
    12.2. Dominantes com 9ª e 13ª .... [7(9/13)] 84
    12.3. Dominantes com 9ª menor e 13ª menor .... [7(♭9/♭13)] 85
    12.4. Dominantes com 9ª menor e 13ª .... [7(♭9/13)] 85
    12.5. Dominantes com 9ª e 13ª menor .... [7(9/♭13)] 86
    12.6. Dominantes com 4ª e 9ª .... [4/7(9)] 87
    12.7. Dominantes com 4ª e 9ª menor .... [4/7(♭9)] 88
    12.8. Dominantes com 4ª e 13ª .... [4/7(13)] 88
    12.9. Dominantes com 4ª e 13ª menor .... [4/7(♭13)] 89
13. Sobre o acorde diminuto 90
    13.1. Diminutos com 7ª maior, 11ª e 13ª menor .... [°(7M) - °(11) - °(♭13)] 90
14. Sequências diversas 91

Apresentação

O bandolim passa por um processo lento, mas contínuo, de redescoberta da sua sonoridade pelo público leigo. Isto tem acontecido, em parte, devido a uma constante reavaliação de suas possibilidades técnicas, seja através da utilização mais intensa fora de seu nicho tradicional no choro, seja pela virtuosidade contagiante de uma nova geração de instrumentistas que tem ampliado de maneira surpreendente os limites do instrumento, chegando-se mesmo à adição de um par extra de cordas.

Não é algo novo na história da MPB, a utilização do bandolim como instrumento de acompanhamento. Podemos encontrar registros de todos os grandes mestres nesta função. E, se de maneira geral, o músico se aproxima dele mais por suas possibilidades melódicas, hoje em dia é cada vez mais comum encontrá-lo em rodas de samba e choro, incorporado à cozinha, ajudando na levada, muitas vezes disfarçado na forma de um cavaquinho com a afinação de bandolim.

Este trabalho tem como objetivo ampliar as possibilidades do instrumento na condução da harmonia, ampliando o repertório de montagens dos acordes, mas também fixando as sequências mais comuns destes acordes dentro da prática da MPB.

A obra está dividida em três seções. Na primeira, tratamos das tríades e das tétrades mais comuns (o acorde 7ª da dominante, o acorde meio-diminuto e o acorde diminuto), apresentando-as sempre como funções dentro das tonalidades maior e menor. Na segunda seção, juntamos as dissonâncias mais comuns às nossas funções principais, sempre tendo como objetivo a consolidação da tonalidade. Na terceira, tratamos de dissonâncias superiores e da sua adequação ao instrumento. Substituições são sempre propostas para o caso da representação no bandolim de acordes de cinco ou mais sons.

Considerações iniciais

Este livro tem como objetivo prover o bandolinista de ferramentas para a avaliação das possibilidades harmônicas do instrumento, resultando de uma longa observação e reflexão sobre os procedimentos da harmonia clássica e a abordagem funcional da prática popular.

Há sempre uma proposta de dedilhado para cada montagem dos acordes, mas outras soluções podem ser tentadas em situações que, eventualmente, um dos dedos da mão esquerda não esteja em uso, como no caso de cordas soltas ou pequenas pestanas. Em função da própria característica da afinação do instrumento por quintas justas, a posição aberta dos acordes será o caso mais comum, com um predomínio de quintas, sextas e sétimas, entre notas consecutivas. É um pouco diferente, por exemplo, do cavaquinho e do violão, em que a afinação por terças e quartas propicia acordes um pouco mais fechados.

Outro aspecto a se considerar é que cada instrumentista terá mais facilidade de uso de um grupo de acordes, dependendo da anatomia da mão: alguns se sentirão mais confortáveis com acordes mais extensos, outros com acordes um pouco mais fechados. Levou-se em conta, também, que os acordes poderão ser usados no violão tenor (afinado uma 5ª justa abaixo do bandolim) e, nesse caso, devido à escala maior do instrumento, os acordes mais fechados são mais confortáveis. De fato, nesse caso, os acordes mais extensos do bandolim se tornam muito difíceis.

Não existe padronização universal para a cifragem dos acordes. A cifra é, essencialmente, uma simplificação da escrita musical e, dessa forma, cada prática popular, de cada país, vai adotar convenções particulares para a representação de seu material musical de referência. O que se adota aqui resulta da observação da prática no universo da música popular brasileira, particularmente, do samba e do choro.

A ordem de apresentação do material também tenta estabelecer uma relação de proximidade com a prática comum da música popular. Reflete, portanto, a prática do autor em relação à adequação do instrumento à sonoridade característica e à montagem de cada um dos tipos de acorde. Aqui, o mais óbvio dos conselhos: cada um deve tentar estabelecer suas próprias preferências, a sua própria coleção de acordes e sequências, as possibilidades que mais possam se ajustar à prática em que o instrumentista está inserido.

As sequências são apresentadas em semibreves, sem uma fraseologia definida, cabendo ao instrumentista ajustá-las ao gênero que se dedica. São propostas tendo sempre uma única tonalidade como referência e, na maior parte das vezes, terminando na tônica ou na dominante. Tal tonalidade deve ser sempre bem fixada antes do exercício de tal sequência através, por exemplo, da repetição da sequência I-V7. Além disso, deve-se ter em mente que, em situações reais, a tonalidade se estabelece em centros tonais diversos dentro das várias partes de uma composição. Caberá ao instrumentista localizar esses pontos e tratar cada um deles com o material aqui apresentado.

O material não deve ser simplesmente estudado, decorado e... esquecido! Deve-se procurar, ao mesmo tempo, conforto e expressão na construção de uma linguagem harmônica pessoal no instrumento.

1ª Parte: Acordes diatônicos

1. Acorde perfeito

1.1. Acorde perfeito maior

O acorde perfeito maior é uma tríade formada pela fundamental, 3ª maior e 5ª justa. No acorde perfeito menor substitui-se a 3ª maior pela 3ª menor. Para a utilização desses tipos de acordes no bandolim é necessário o dobramento de uma de suas notas.

Do ponto de vista da harmonia tradicional, em que as vozes têm um intrincado processo de condução e resolução de notas atrativas, os dobramentos têm uma sequência de prioridades: dobra-se a fundamental, depois a 5ª e, por fim, a 3ª. Entretanto, dada a característica de acompanhamento proposta para o instrumento neste trabalho, com blocos harmônicos com uma função rítmica (levada) mais determinante que a própria condução individual das vozes, essa ordem deve ser tomada mais como uma diretriz do que como uma regra.

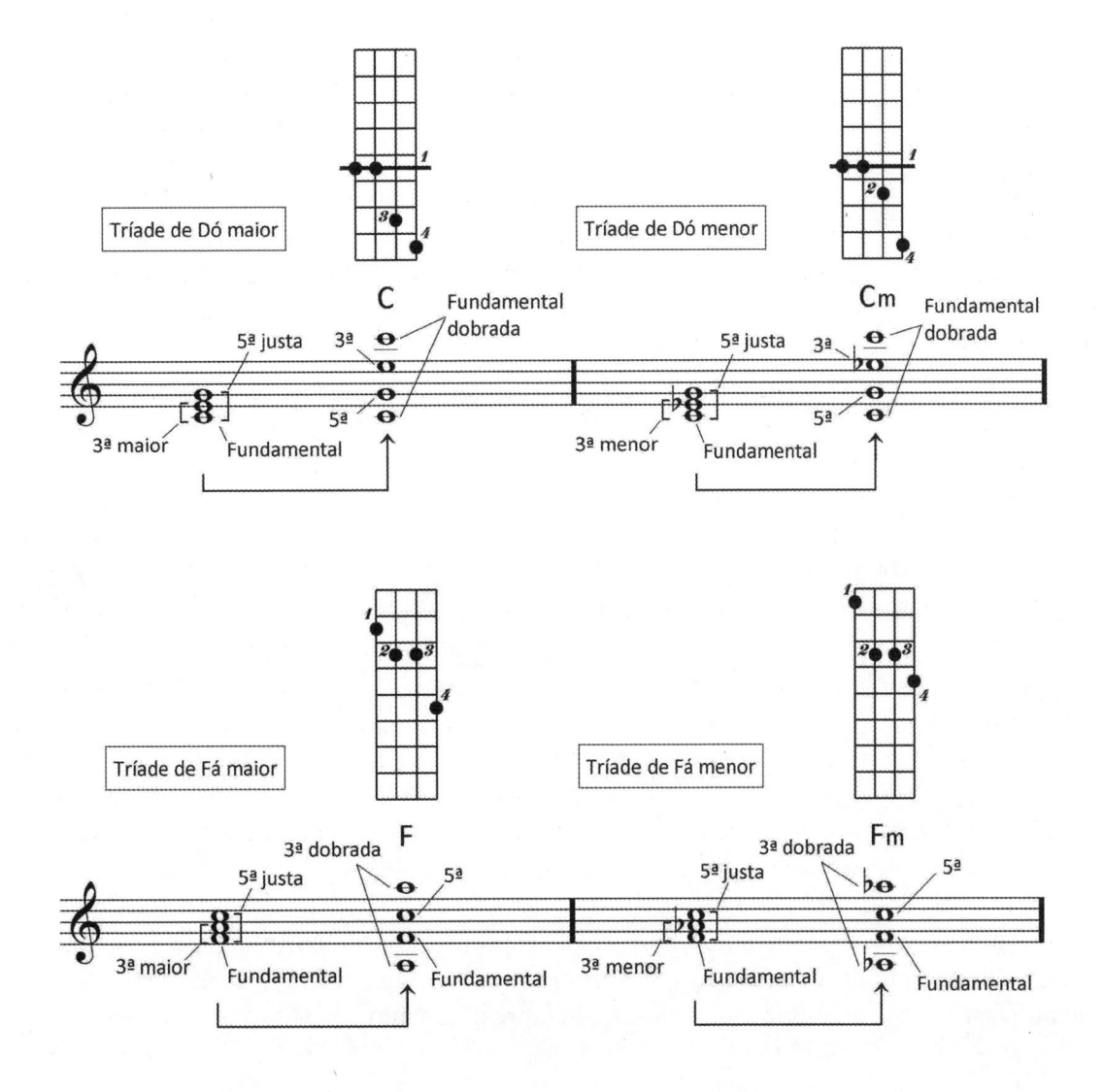

Acorde perfeito maior / montagens

Os acordes serão sempre apresentados em sua forma mais grave e, em seguida, em uma primeira transposição, configurando o desenho típico daquela disposição das notas do acorde. A proposta é sempre transpor os acordes ou sequências para outros pontos do braço do instrumento, ampliando-se, assim, a intimidade com o acorde ou com a sequência de acordes proposta.

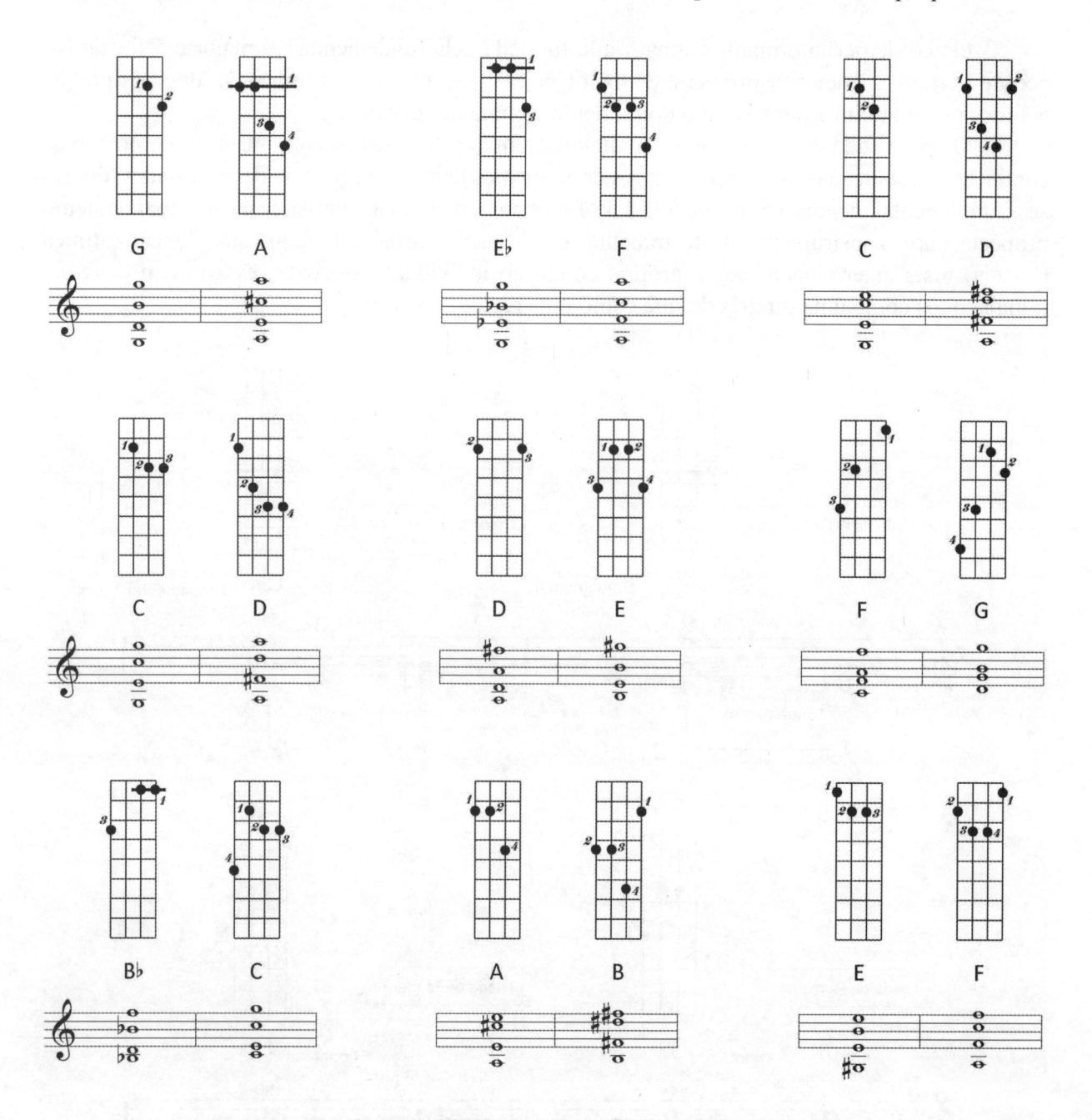

As montagens a seguir são do tipo não transportável. Isso ocorre devido à espacialização das notas, não permitindo a transposição desses modelos ao longo do braço do instrumento. Podem, no entanto, ser usadas regularmente dentro do acompanhamento.

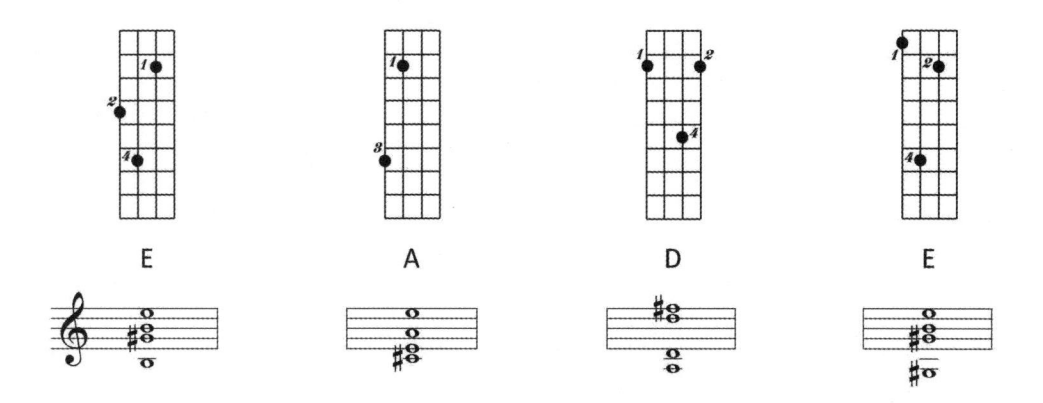

Acorde perfeito maior / sequências

Numa tonalidade maior, os acordes do tipo perfeito maior aparecem no 1º, 4º e 5º graus da escala[1]. As tríades construídas sobre esses pontos da escala recebem as denominações de tônica (I), subdominante (IV) e dominante (V).

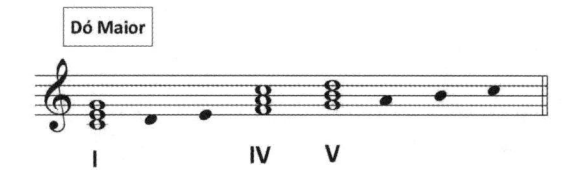

Ressaltamos que a função de dominante somente se realiza de maneira plena quando o acorde é ampliado para uma tétrade (4 sons) e uma 7ª é adicionada à sua forma mais simples. Esse procedimento será feito logo a seguir. De qualquer modo, esses três acordes sozinhos são capazes de dar suporte a vários gêneros musicais, principalmente os ligados ao folclore.

As sequências a seguir são montadas a partir do modelo:

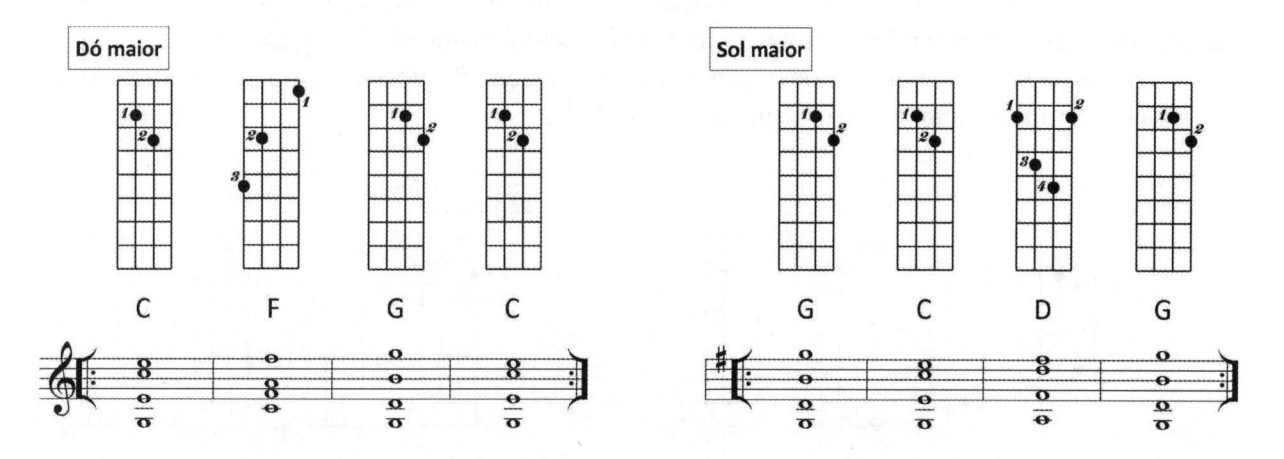

[I – IV – V – I]

---

1 Usaremos os algarismos arábicos como referência aos graus individuais da escala maior ou menor. Os algarismos romanos serão utilizados como referência aos acordes e funções que surgem sobre cada um desses graus pela superposição de terças.

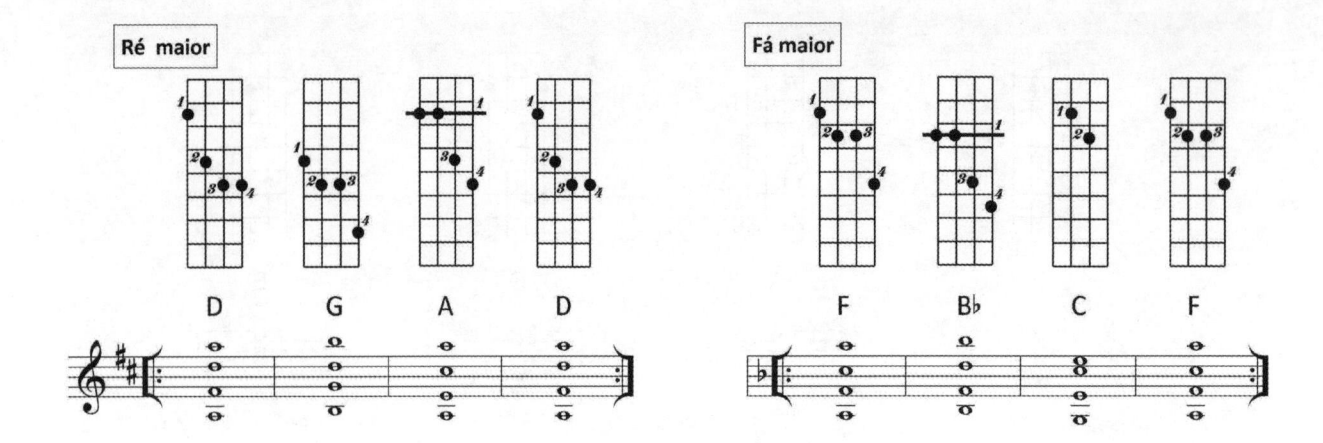

Como comentado anteriormente, as sequências são apresentadas em uma única forma, mas deverão ser transportadas para outras tonalidades ao longo do braço do instrumento. As transposições poderão ser operadas tanto para cima como para baixo.

Tomemos como exemplo a primeira sequência: por apresentar algumas posições com cordas soltas, esta sequência somente poderá ser transportada para cima. Em Ré maior aquela sequência ficaria:

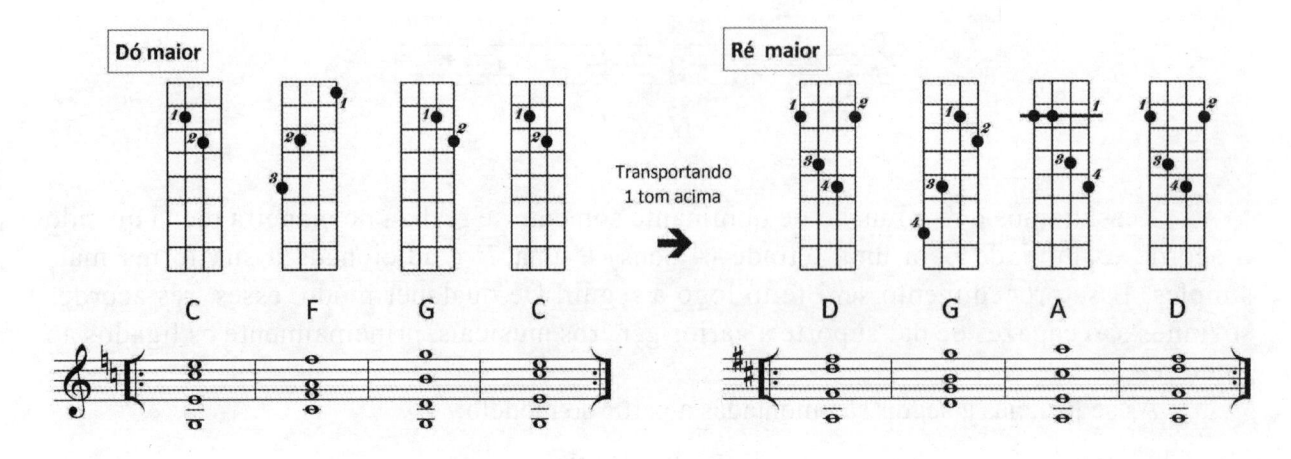

Observe também que, entre as sequências propostas anteriormente, aquela de Ré maior pode ser ainda transportada para baixo, por exemplo, para Ré bemol maior ou mesmo Dó maior.

As sequências a seguir usam algumas das montagens do tipo não transportável e, assim, deverão ser estudadas somente nas seguintes tonalidades:

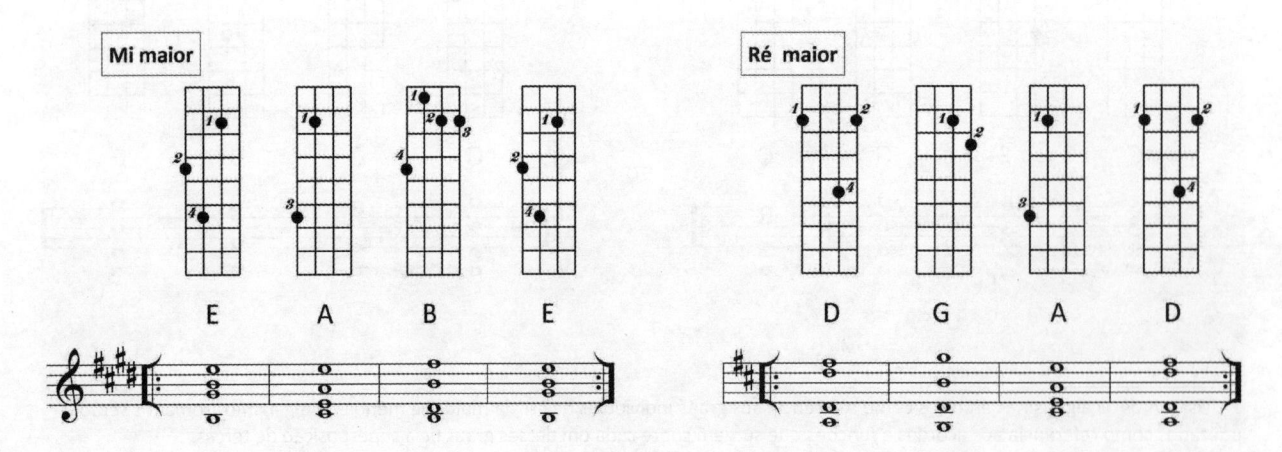

1.2. Acorde perfeito menor

Acorde perfeito menor / montagens

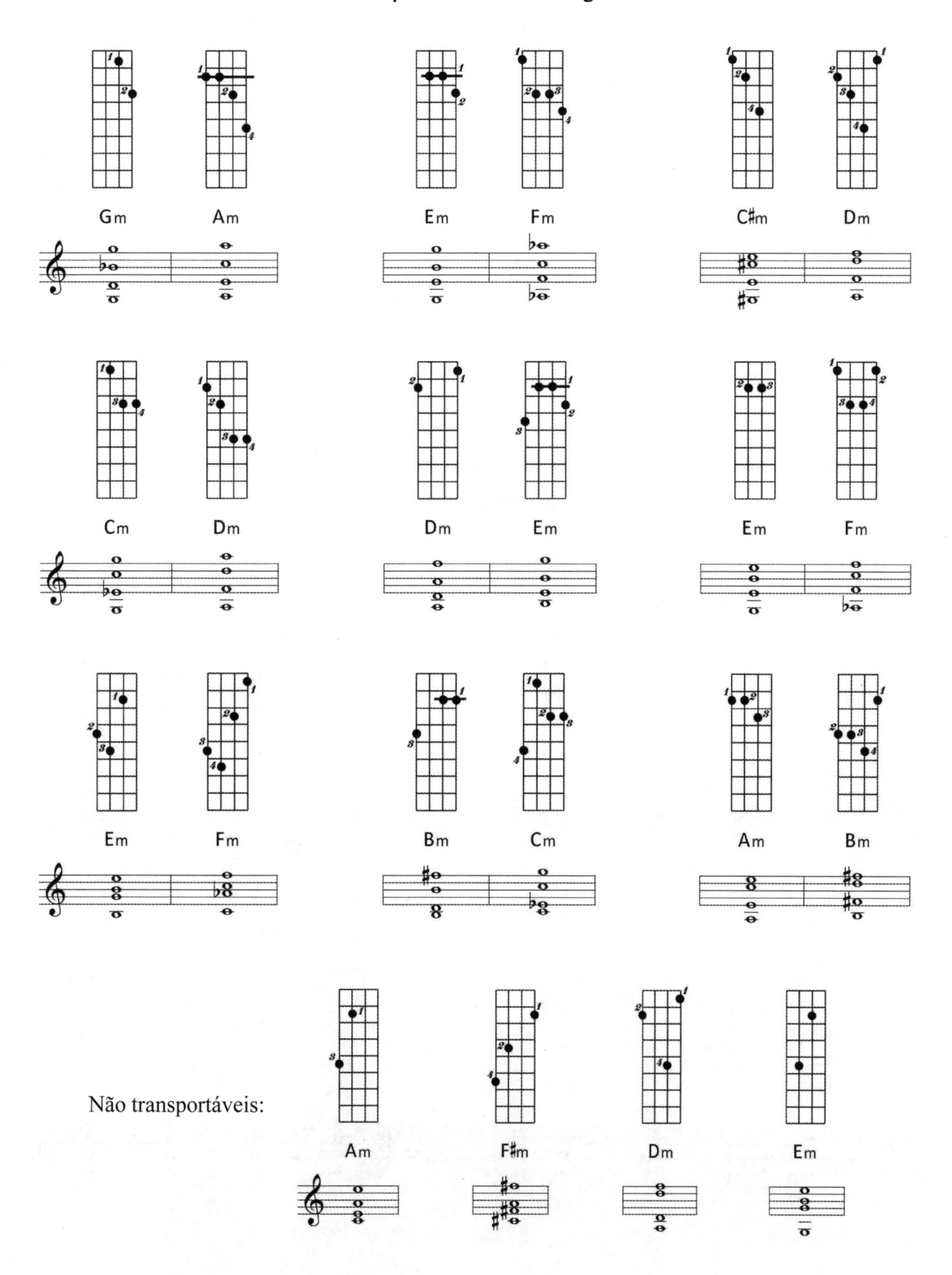

Gm Am   Em Fm   C#m Dm

Cm Dm   Dm Em   Em Fm

Em Fm   Bm Cm   Am Bm

Não transportáveis:

Am   F#m   Dm   Em

Acorde perfeito menor / sequências

Começaremos abordando este tipo de acorde a partir da tonalidade menor. No caso do modo menor natural, o acorde perfeito menor é encontrado no 1º, 4º e 5º graus da escala. No entanto, para a consolidação do nosso modelo tonal, foi necessária a elevação do 7º grau da escala (passando a se chamar sensível) e a transformação do acorde do V grau em um acorde perfeito maior. Dessa forma, para as funções básicas da tonalidade menor, teremos a tônica e a subdominante com tríades menores e a dominante com uma tríade maior (assim como, para a tonalidade maior, a função de dominante somente será consolidada com a adição de uma 7ª a essa tríade).

Em tonalidade menor, as sequências a seguir são montadas a partir do padrão:

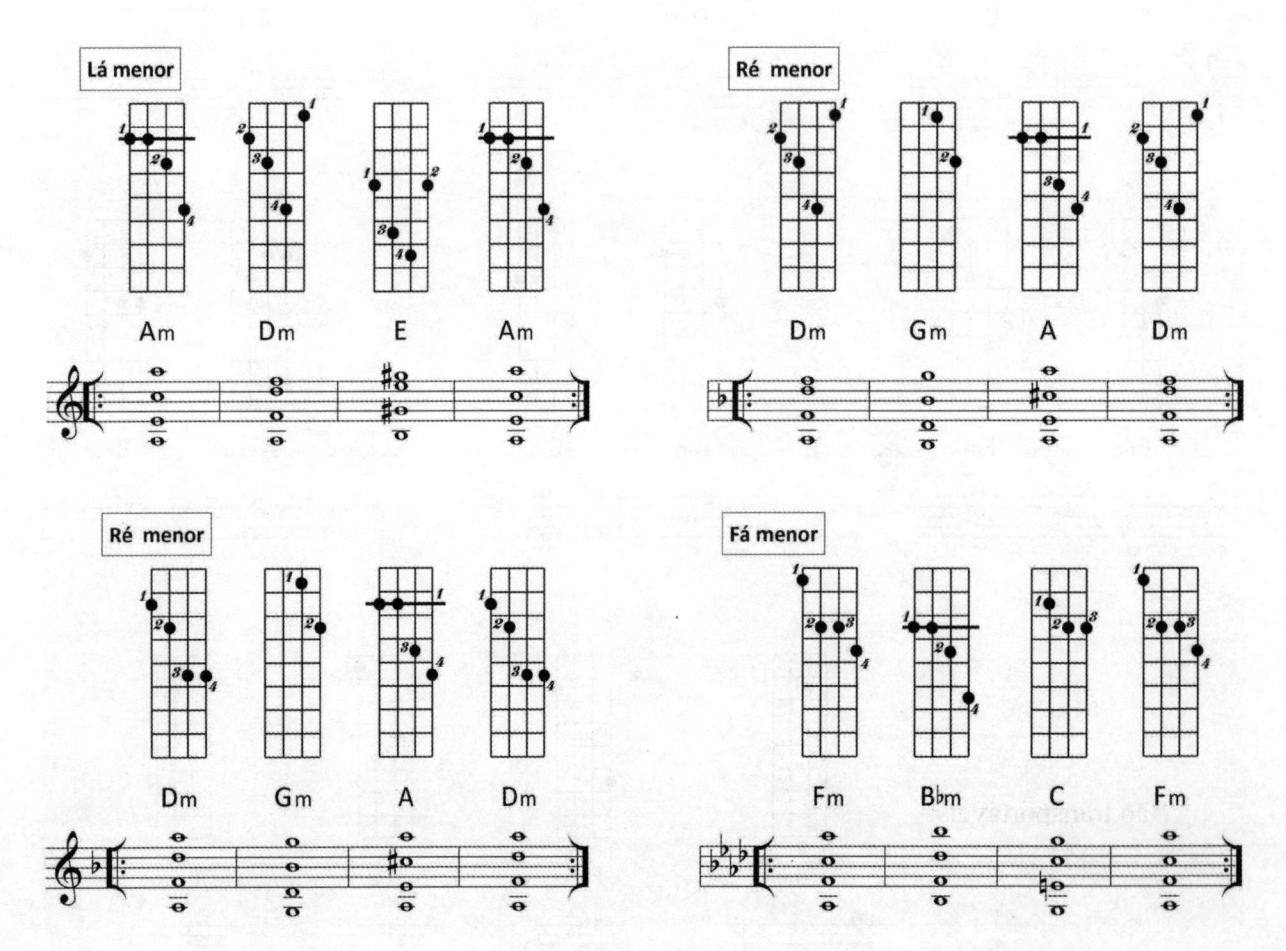

[Im – IVm – V – Im]

Não transportáveis:

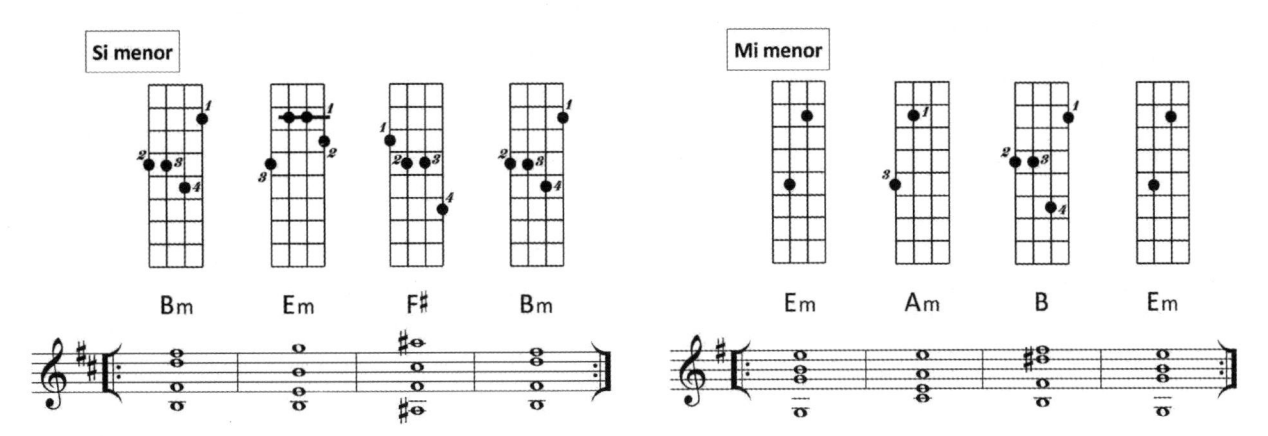

Bm Em F# Bm   Em Am B Em

2. Acorde de 7ª da dominante

O acorde de 7ª da dominante é uma tétrade (4 sons) formado pela fundamental: 3ª maior, 5ª justa e 7ª menor. Aparece sobre o 5º grau da escala maior:

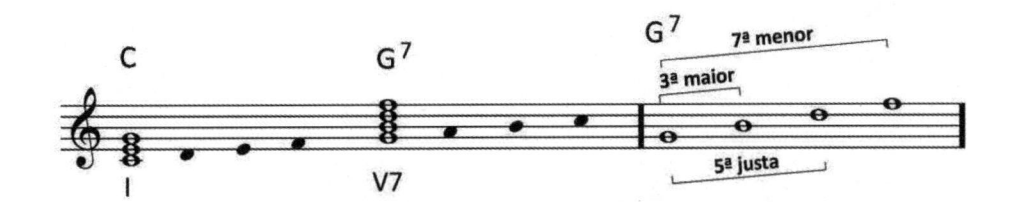

Este acorde de 7ª sobre a dominante é extremamente importante no estabelecimento da linguagem musical ocidental. Sua distribuição de notas cria uma forma de dissonância: o trítono. Esse intervalo se forma entre a 3ª e a 7ª do acorde dominante com uma tendência natural de resolução no acorde de tônica (maior ou menor):

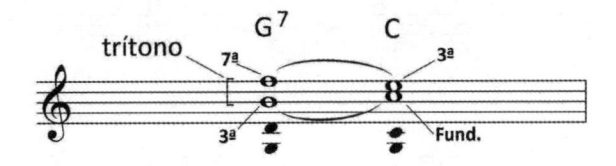

Acorde de 7ª da dominante / montagens

Em se tratando de acordes de quatro sons, não há necessidade de dobramento para a montagem desse tipo de acorde no instrumento. Mas devido à força de condução do trítono, o acorde, eventualmente, pode omitir a 5ª e dobrar a fundamental e mesmo, com menor frequência, omitir a fundamental e dobrar a 5ª. As montagens que apresentam dobramentos da 3ª ou da 7ª podem ser usadas, mas devem ser evitadas. A seguir montagens completas:

Não transportáveis:

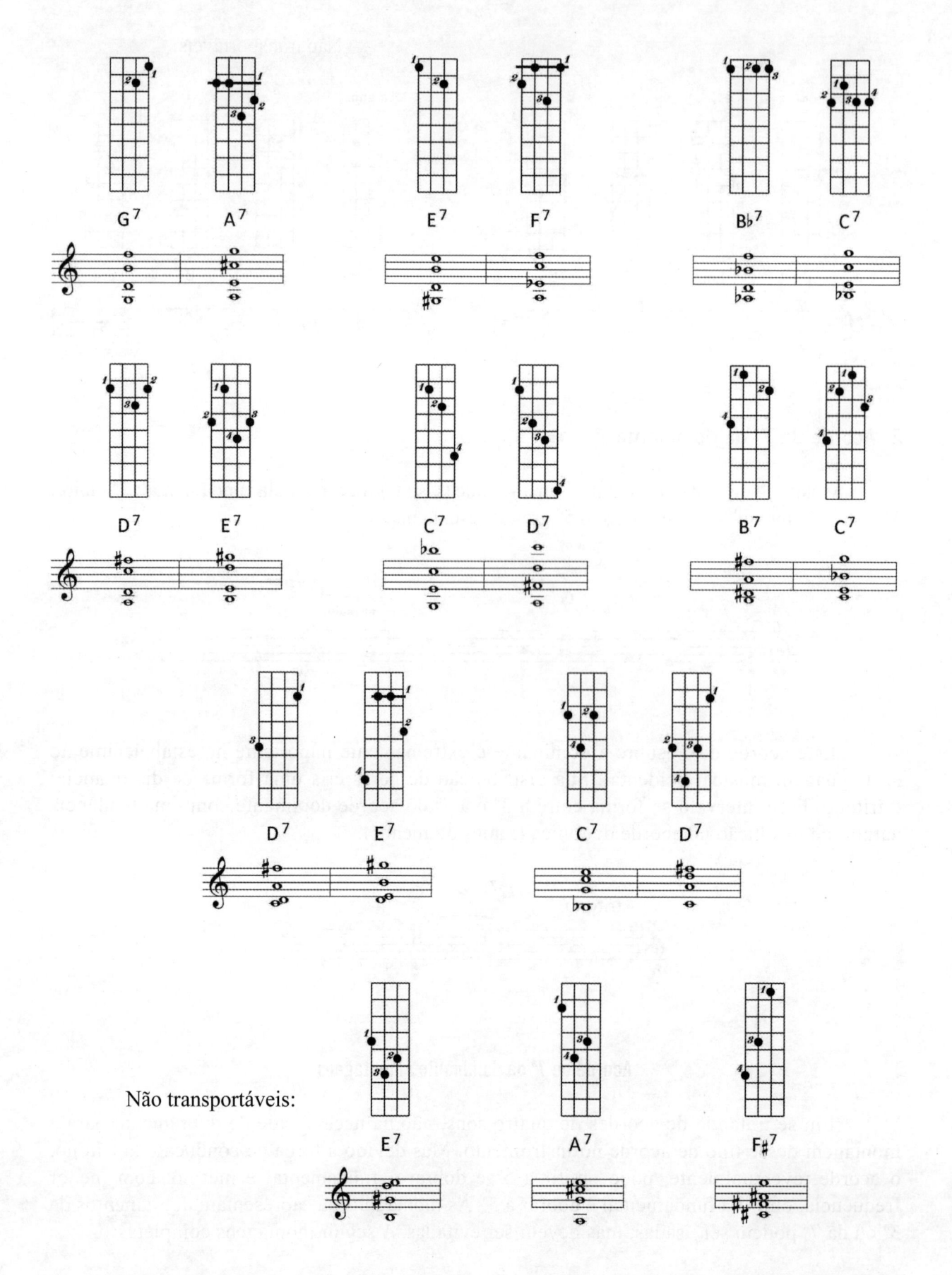

As montagens a seguir são incompletas. Lembramos que aquelas que possuem dobramento da 3ª ou da 7ª (notas do trítono) devem ser usadas com mais cuidado.

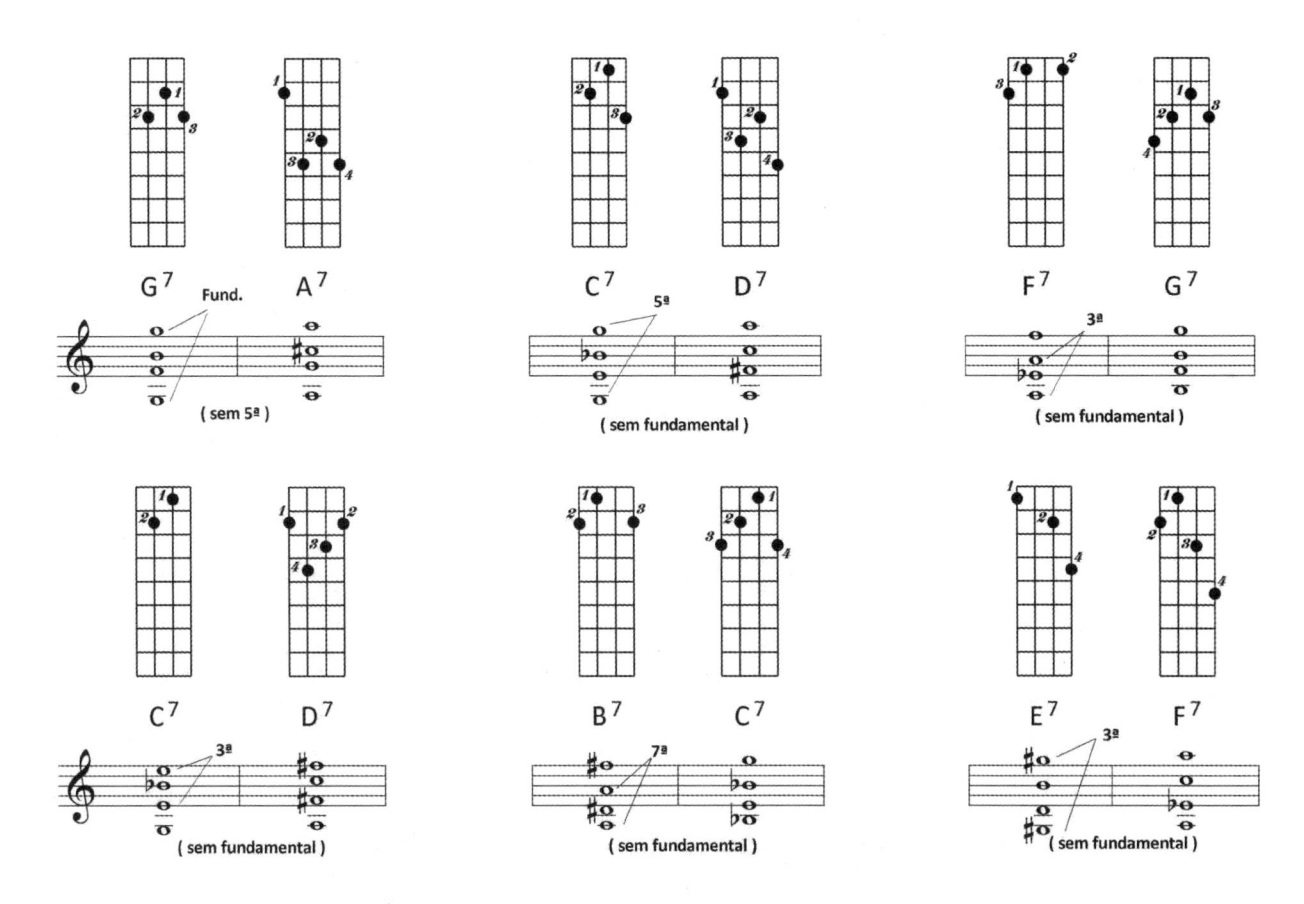

Acorde de 7ª da dominante / sequências

O uso mais comum deste acorde, como o nome indica, é quando ele se forma sobre o 5º grau das escalas maiores e menores – estas com o 7º grau elevado – e com resolução natural no acorde de tônica.

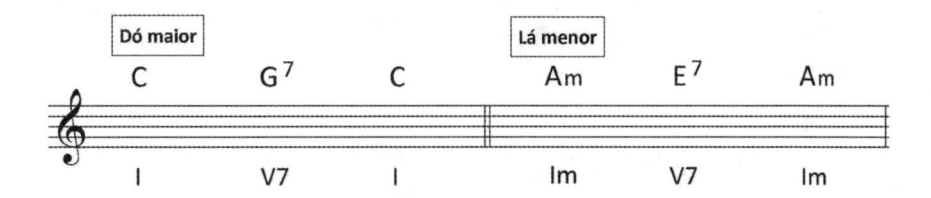

As sequências a seguir, em tonalidade maior, são montadas a partir do padrão:

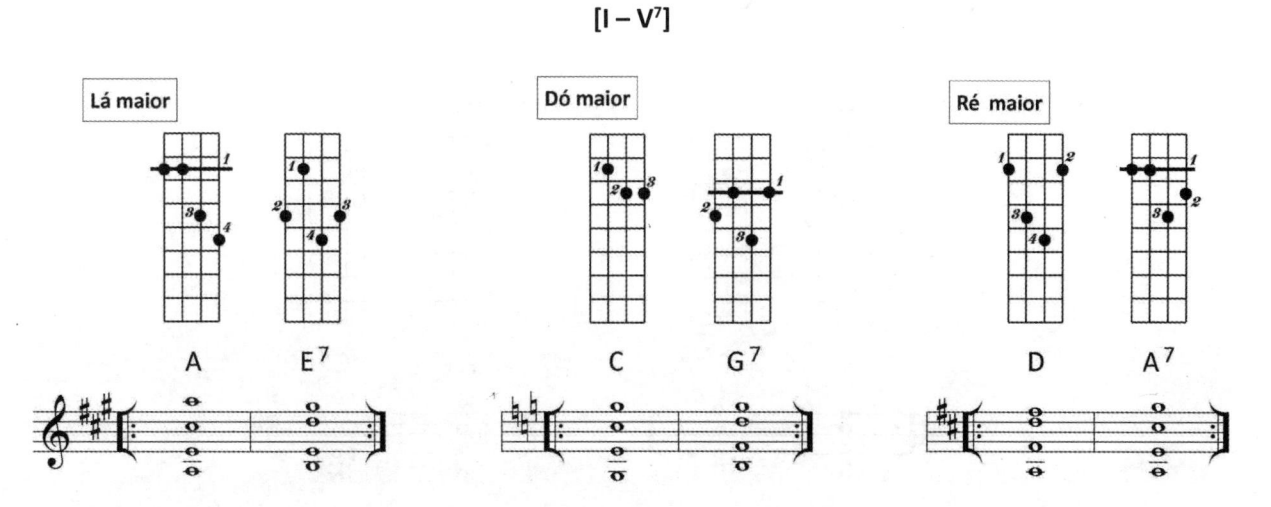

$$[I - V^7]$$

Fá maior F   C⁷

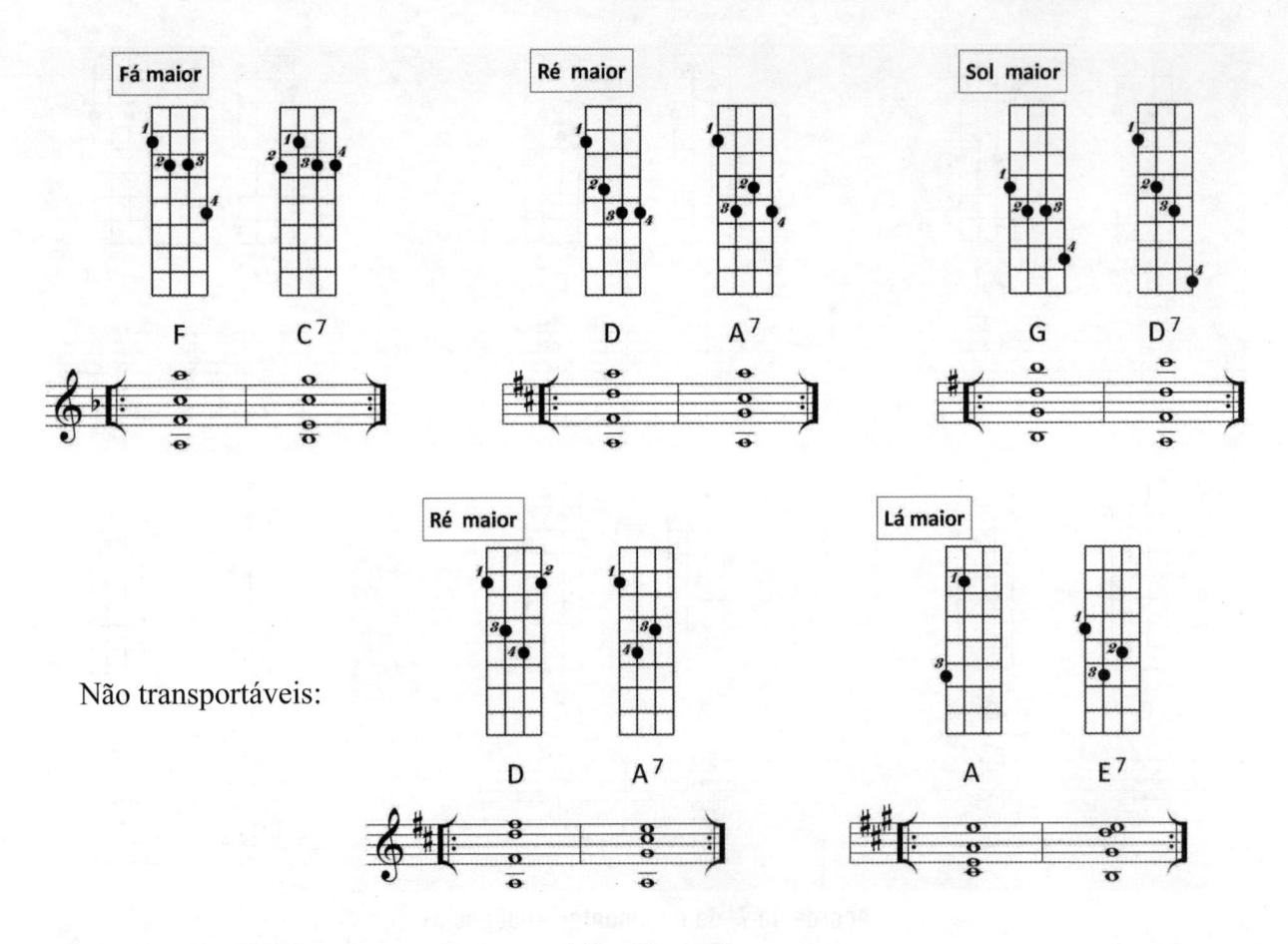

Ré maior D   A⁷

Sol maior G   D⁷

Não transportáveis:

Ré maior D   A⁷

Lá maior A   E⁷

Em tonalidade menor, usando o padrão: **[Im - V⁷]**

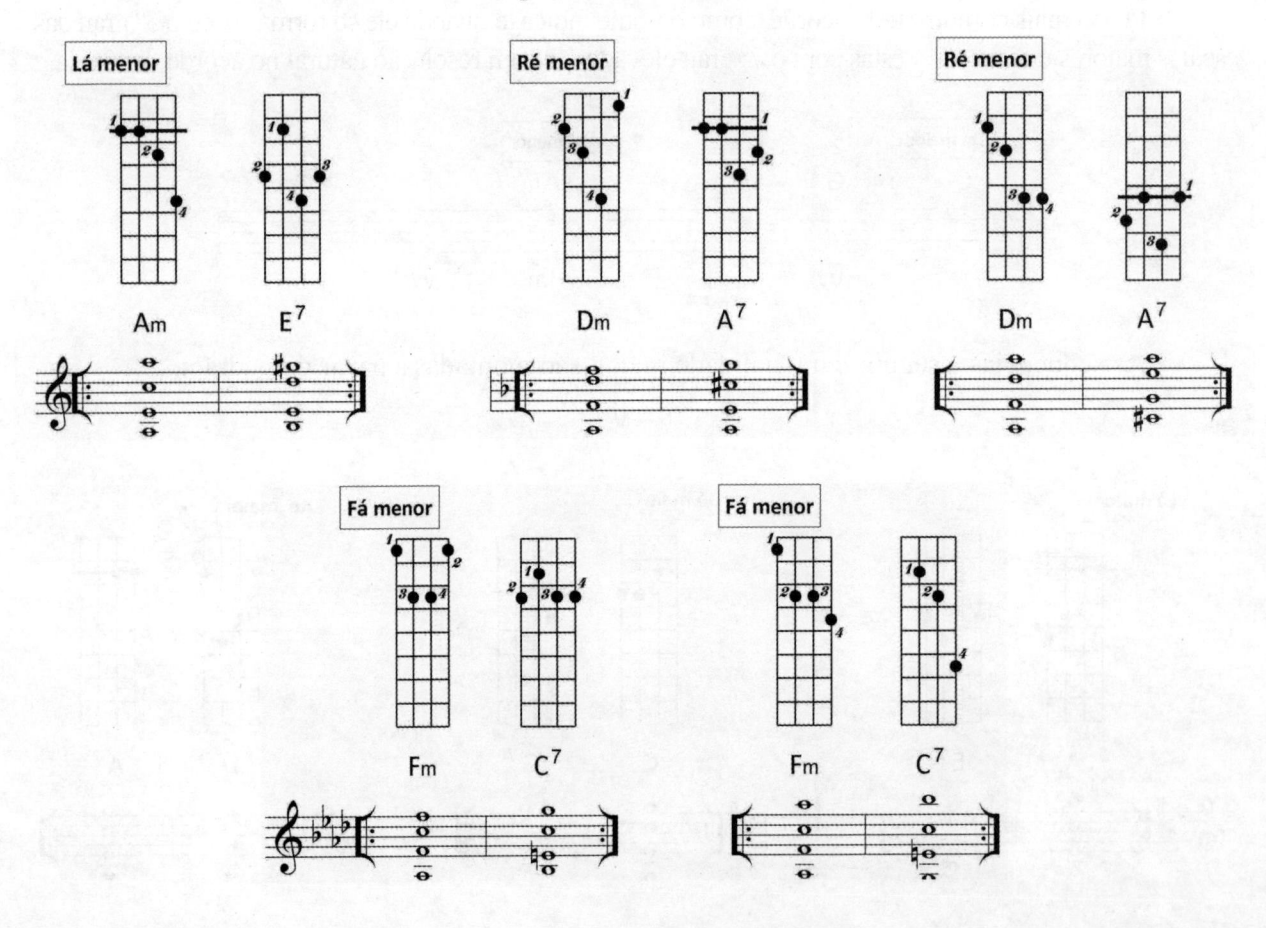

Lá menor Am   E⁷

Ré menor Dm   A⁷

Ré menor Dm   A⁷

Fá menor Fm   C⁷

Fá menor Fm   C⁷

Não transportáveis:

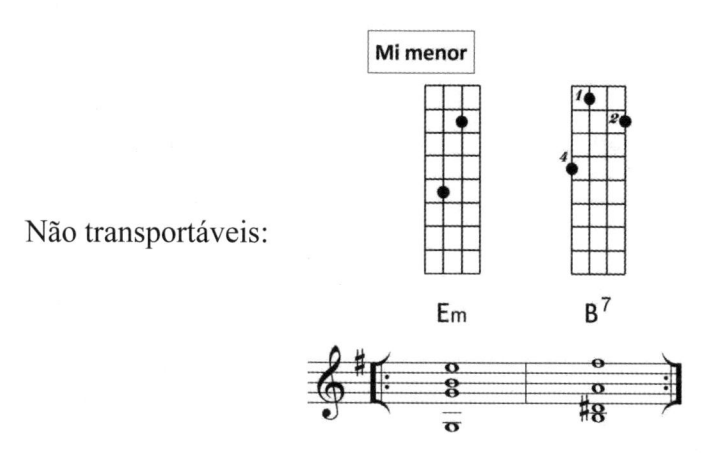

Em   B⁷

2.1. Dominantes secundárias

A força do acorde de 7ª da dominante se exerce não somente em direção ao acorde de tônica, mas também em direção a qualquer grau da escala tratado localizadamente como tônica, criando as chamadas dominantes secundárias:

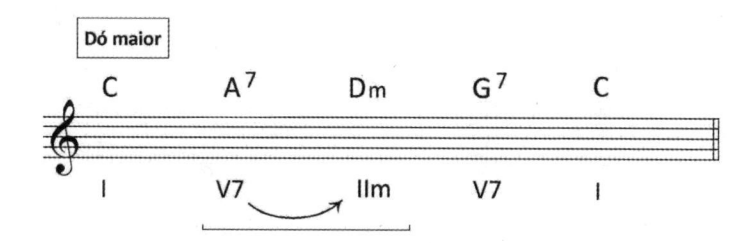

Dó maior: C — A⁷ — Dm — G⁷ — C
I — V7 → IIm — V7 — I

No exemplo acima, temos o acorde de Ré menor (IIm em Dó maior) sendo preparado por sua dominante particular (A⁷). Dizemos então que o acorde do IIm foi preparado por sua "dominante secundária".

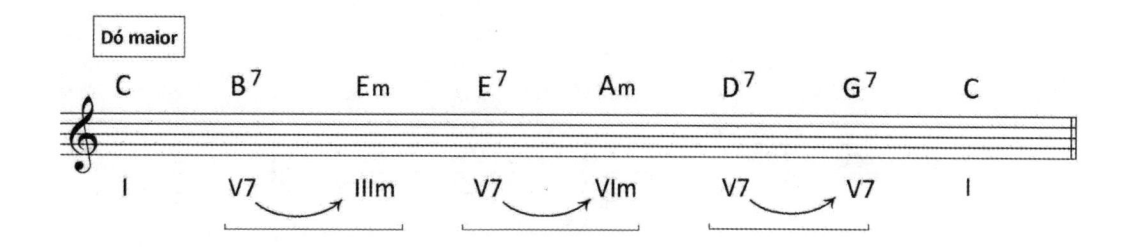

Dó maior: C — B⁷ — Em — E⁷ — Am — D⁷ — G⁷ — C
I — V7 → IIIm — V7 → VIm — V7 → V7 — I

Neste outro exemplo, as tríades do IIIm (Em), VIm (Am) e V (G⁷) são, da mesma forma, preparadas por suas respectivas dominantes (B⁷, E⁷ e D⁷).

As dominantes secundárias serão sempre grafadas com uma seta apontando para o acorde em direção ao qual ela está exercendo sua função de dominante e não em relação à tonalidade principal.

As sequências a seguir são montadas a partir do padrão:

[I – V⁷ ↪ IIm – V⁷]

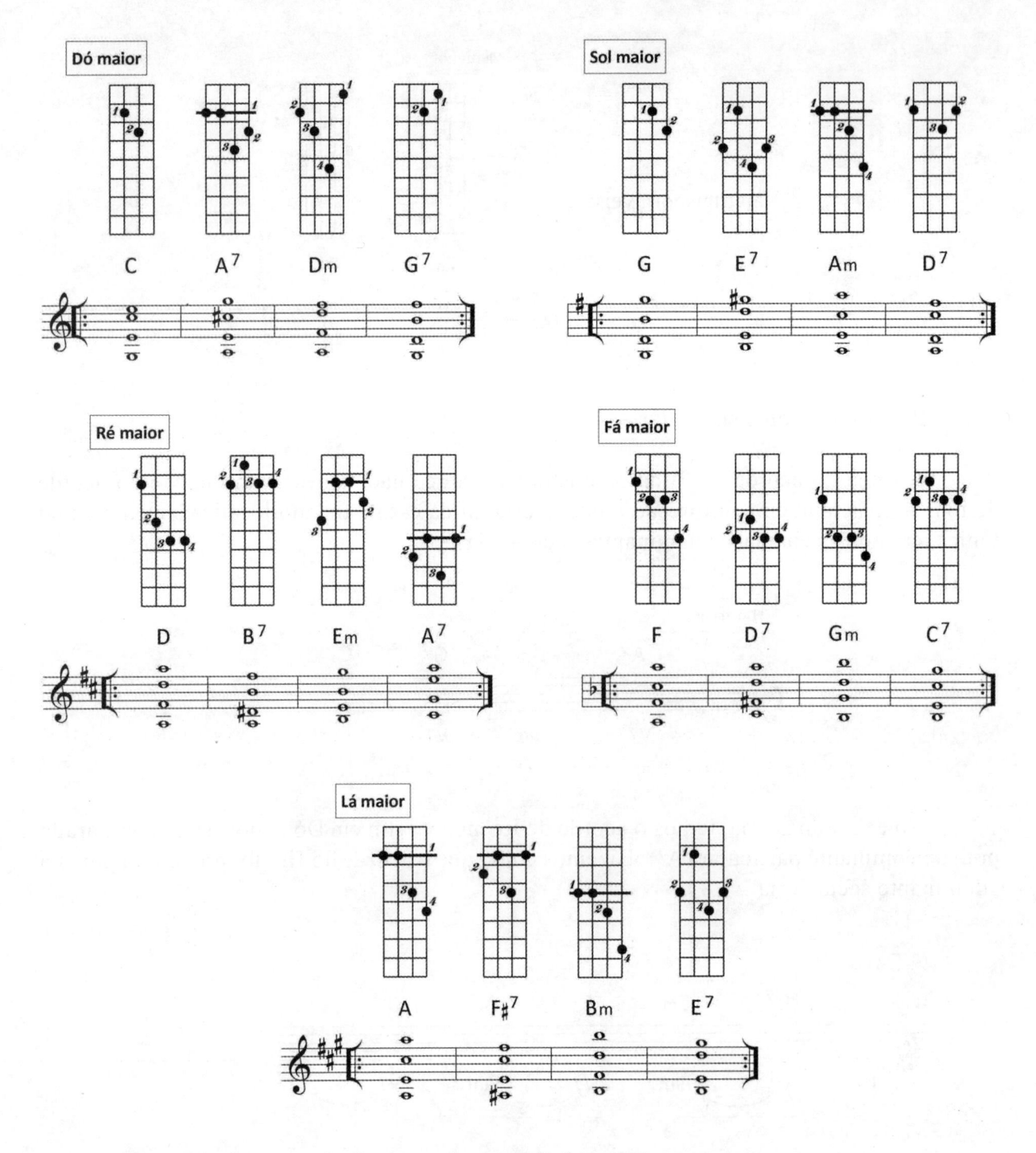

As sequências a seguir são montadas a partir do padrão:

[I – V⁷→IV – IVm]

Neste encadeamento, a tonalidade maior toma por empréstimo o IV do homônimo menor. No primeiro caso a seguir, por exemplo, o acorde de Fá menor é o IV da tonalidade de Dó menor, sendo usado em Dó maior. Ele poderá vir, como no caso, precedido do IV maior ou aparecer sozinho exercendo, normalmente, sua função de subdominante. Nesses casos, dizemos que existe um "empréstimo modal" entre as tonalidades maior e menor. Outros tipos de empréstimo modal podem acontecer, na maior parte das vezes, com acordes ligados à função de subdominante: o IV (a subdominante propriamente dita) e ainda com o II e o VI.

Dó maior: C C⁷ F Fm

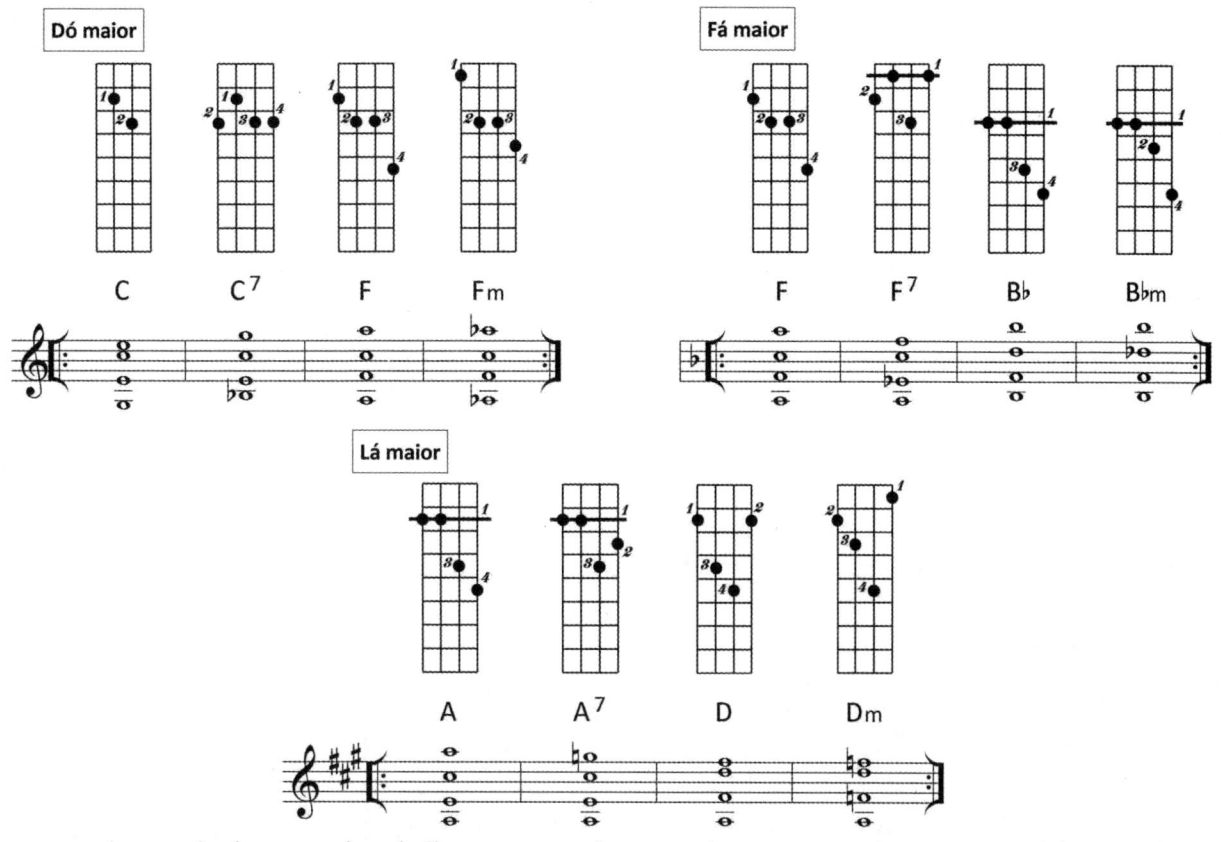

Fá maior: F F⁷ B♭ B♭m

Lá maior: A A⁷ D Dm

As sequências a seguir trabalham um encadeamento bastante comum em nossa música popular: a tonalidade menor sofre uma pequena inflexão em direção à sua subdominante, para depois ser reconduzida à tônica pelo acorde de dominante. São montadas a partir do padrão:

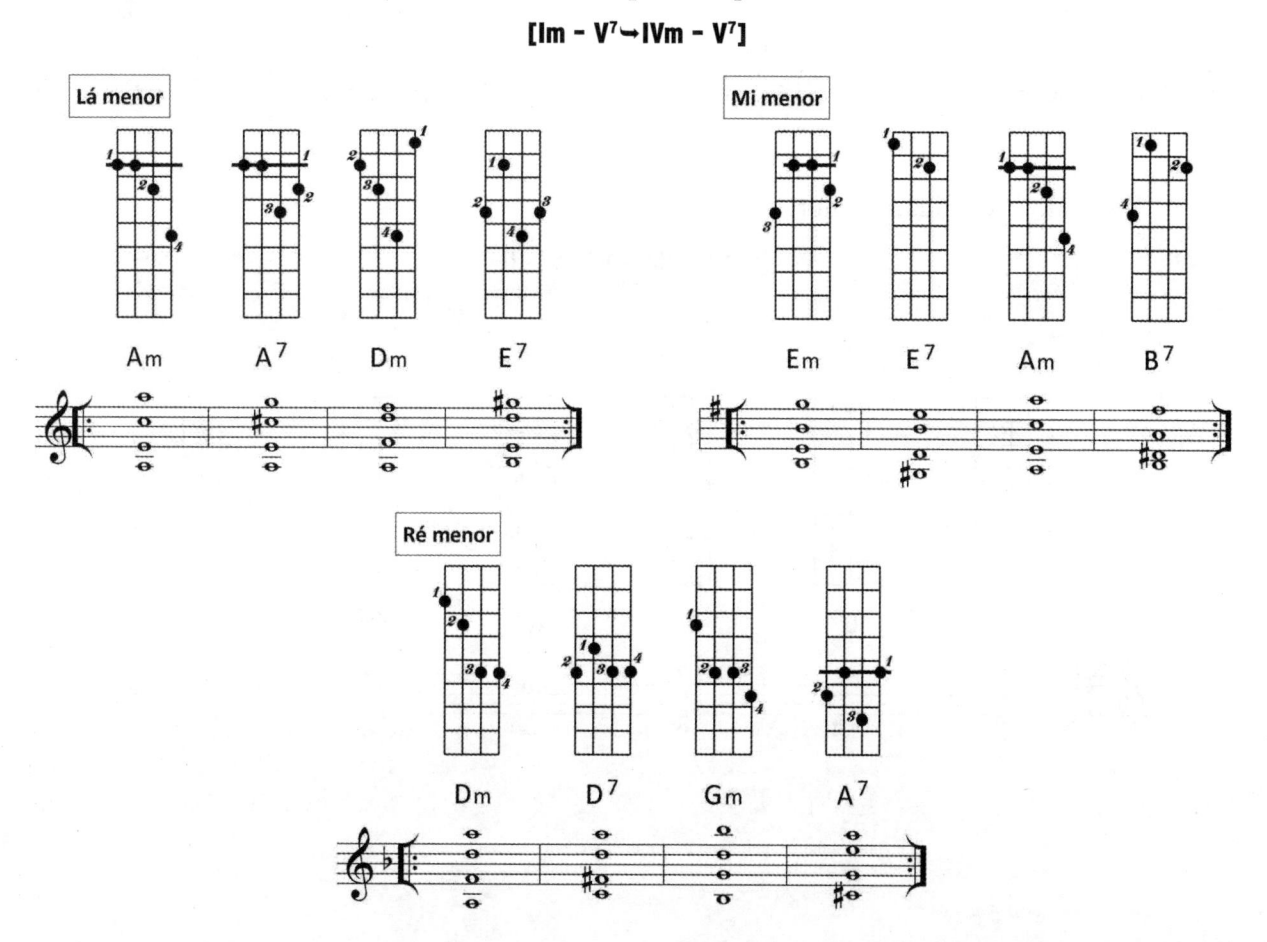

$$[\text{Im} - \text{V}^7 \rightarrow \text{IVm} - \text{V}^7]$$

Lá menor: Am A⁷ Dm E⁷

Mi menor: Em E⁷ Am B⁷

Ré menor: Dm D⁷ Gm A⁷

Na tonalidade menor, as sequências a seguir exercitam a dominante secundária da dominante principal:

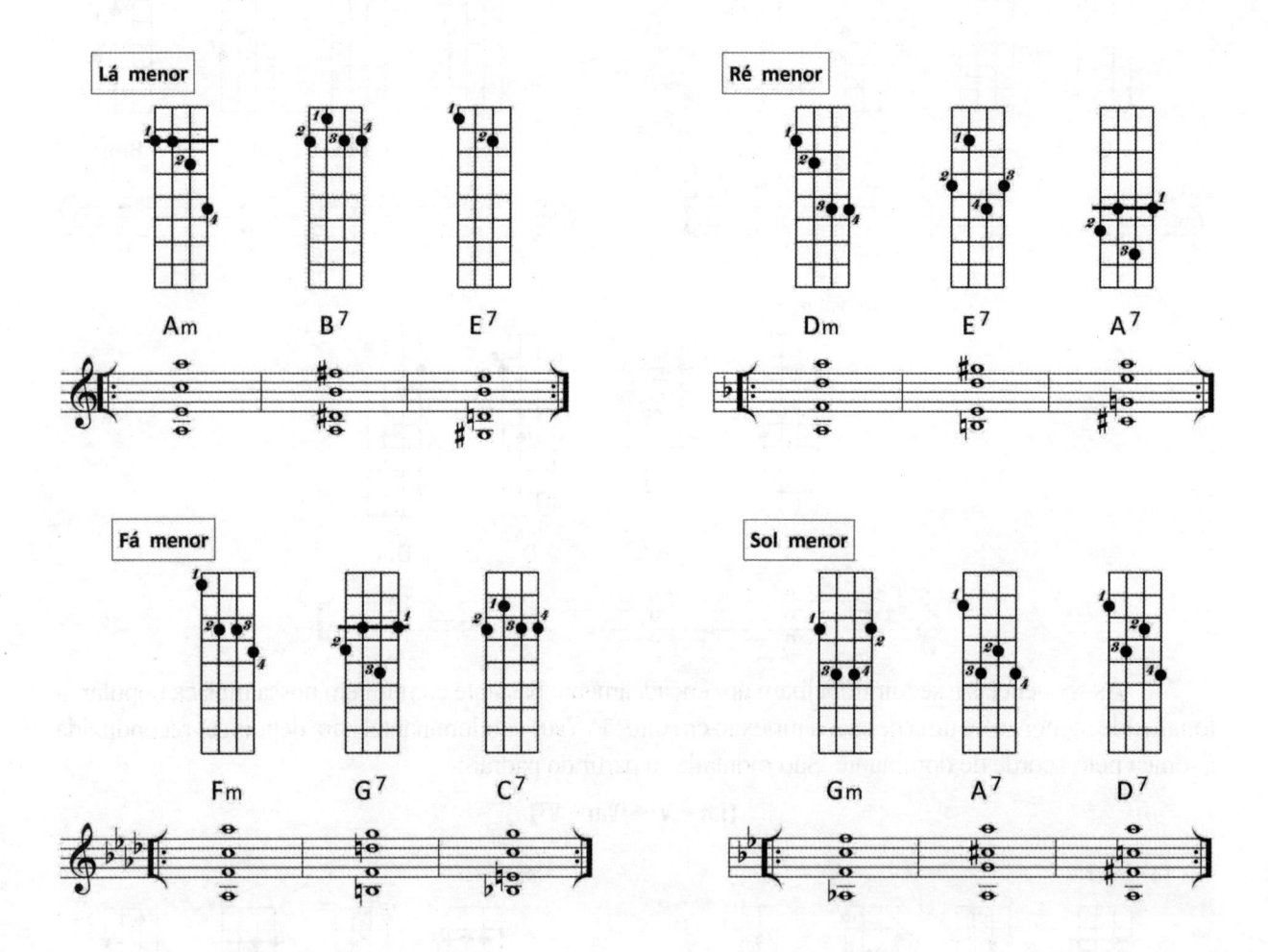

[Im - V⁷→V⁷]

Lá menor: Am — B⁷ — E⁷

Ré menor: Dm — E⁷ — A⁷

Fá menor: Fm — G⁷ — C⁷

Sol menor: Gm — A⁷ — D⁷

Voltando à tonalidade maior:

[I - V⁷→VIm - V⁷→V⁷ - I]

Sol maior: G — B⁷ — Em — A⁷ — D⁷ — G

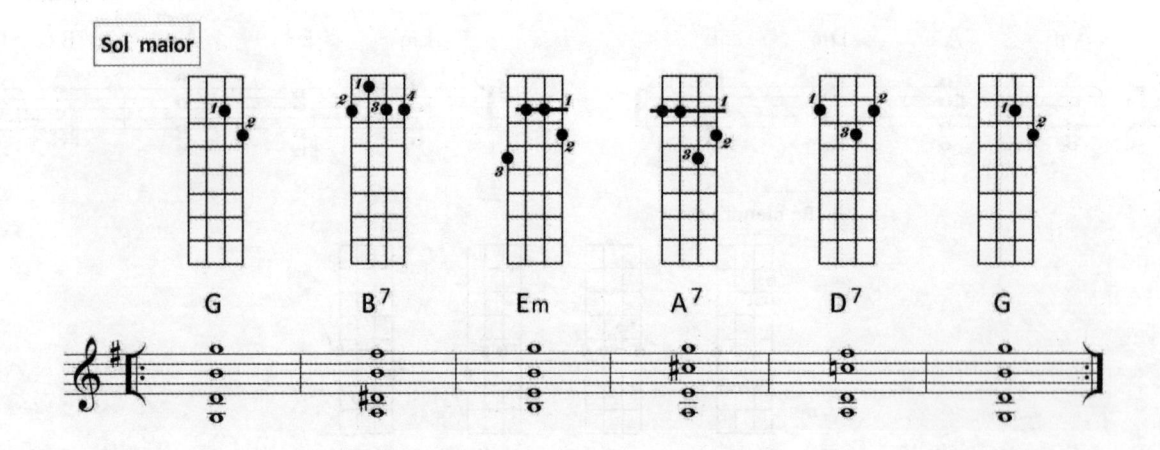

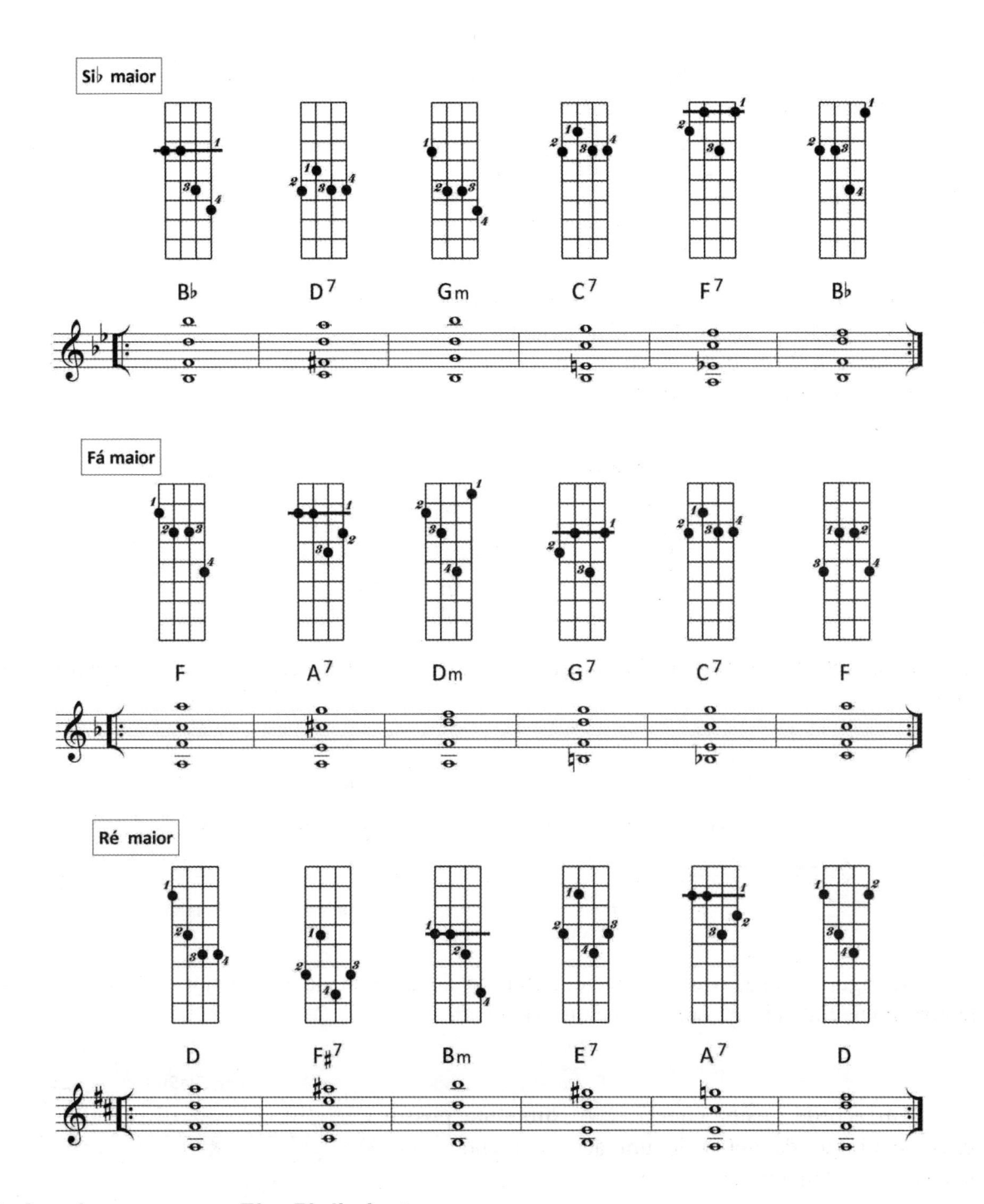

3. Acorde menor com 7ª e 5ª diminuta

Outro acorde de sétima (tétrade) de uso bastante comum na música popular brasileira é o chamado acorde "menor com 7ª e 5ª diminuta", também conhecido como acorde "meio diminuto". Esse acorde aparece sobre o 7º grau das escalas maiores e sobre o 2º grau das escalas menores. É composto por uma 3ª menor, uma 5ª diminuta e uma 7ª menor:

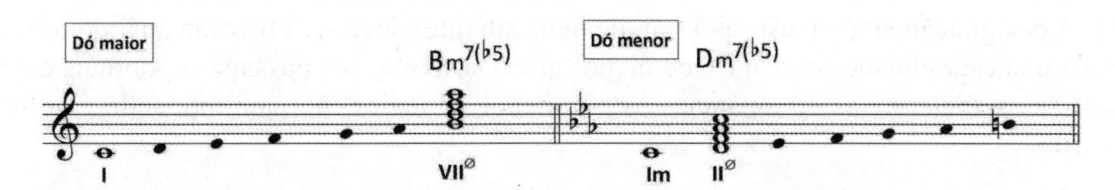

21

[Exemplo musical: Bm7(b5) com indicações de 3ª menor, 5ª diminuta e 7ª menor]

obs: as cifras "m7(b5)" e "ø" são equivalentes.

Sua utilização dentro do contexto da tonalidade maior o aproxima mais do uso do acorde de dominante com 9ª e será tratado mais adiante.

É sobre o 2º grau do modo menor que esse tipo de acorde tem seu uso mais comum, precedendo o acorde de 7ª da dominante:

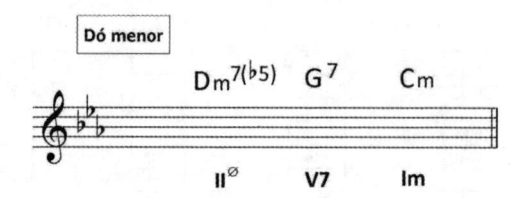

[Exemplo musical em Dó menor: Dm7(b5) – G7 – Cm (IIø – V7 – Im)]

Este tipo de encadeamento também é usado como empréstimo modal no homônimo maior:

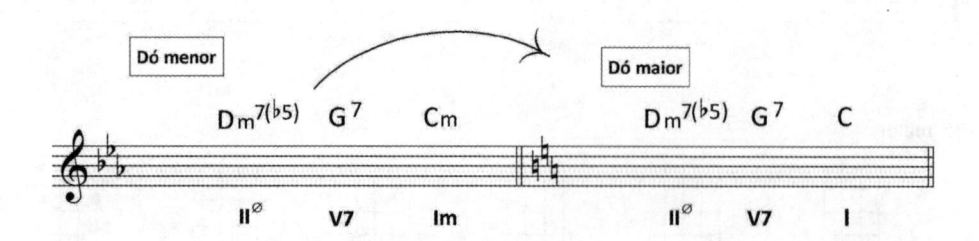

[Exemplo musical: Dó menor: Dm7(b5) – G7 – Cm (IIø – V7 – Im); Dó maior: Dm7(b5) – G7 – C (IIø – V7 – I)]

Na figura acima, o acorde meio diminuto do 2º grau de Dó menor é utilizado como empréstimo na tonalidade homônima maior (Dó maior).

Um acorde menor com 7ª e 5ª diminuta possui o mesmo conjunto de notas de um acorde menor com 6ª distando uma 3ª menor acima:

[Exemplo musical: Dm7(b5) e Fm6, com indicação de 3ª menor]

A distinção entre o uso de uma ou de outra cifra é bastante sutil, mas pode ser estabelecida em termos funcionais, levando-se em conta a condução da harmonia, a direção que o encadeamento toma a partir do acorde: deve-se preferir a designação **m⁷⁽ᵇ⁵⁾** quando o acorde claramente se dirige a uma dominante, criando com essa dominante uma relação de 2º grau menor e, dessa forma, criando, localizadamente, cadências **IIø- V⁷** como as apresentadas acima. A designação **m⁶** (seu uso será tratado mais adiante) deve ser utilizada quando o acorde tiver alguma estabilidade sobre a tríade menor que o sustenta: são passagens pontuais em que a tríade se estabelece e as dissonâncias (6ª, 7ª menor, 7ª maior) flutuam mudando o colorido do acorde.

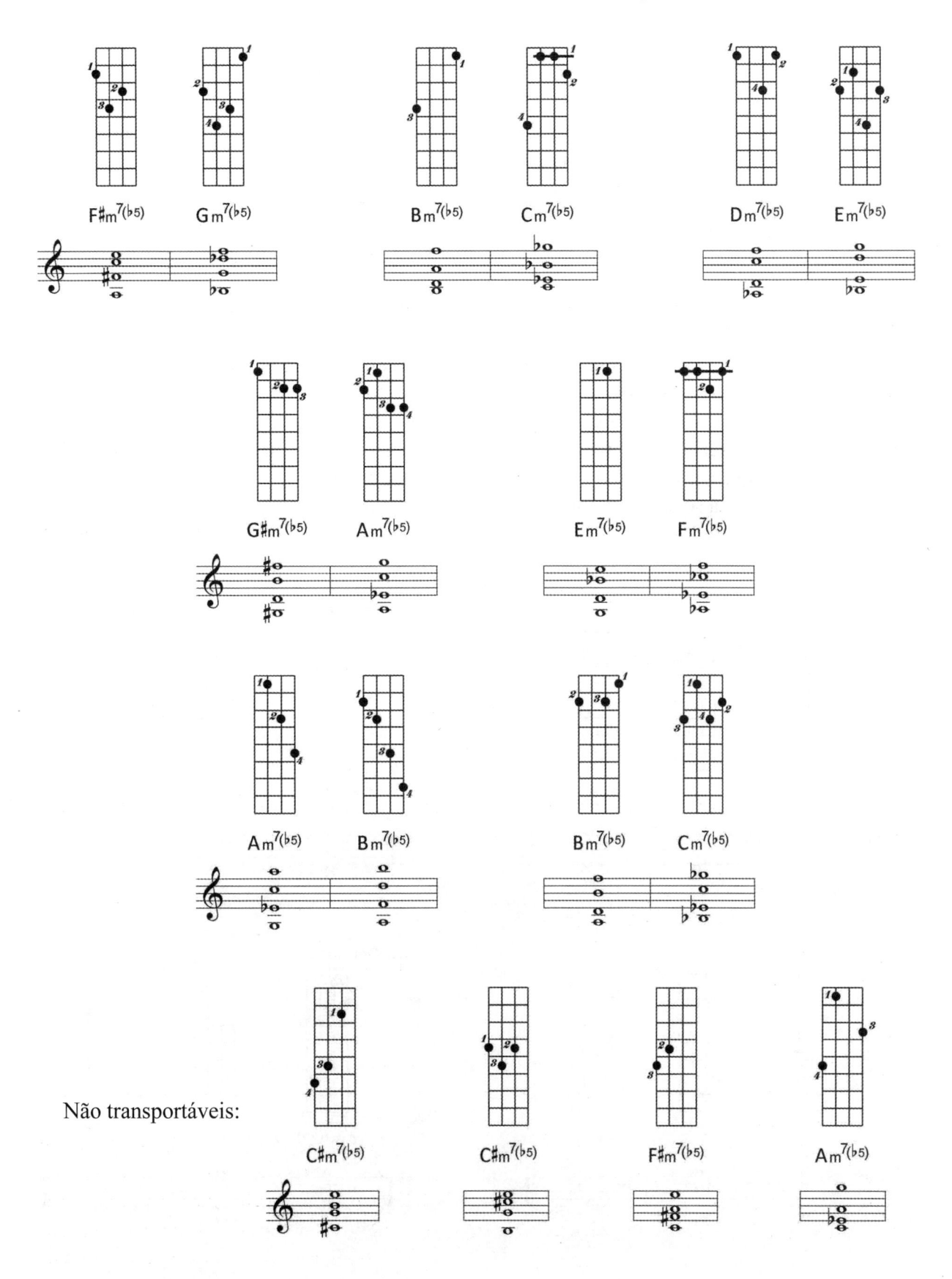

Acorde menor com 7ª e 5ª diminuta / montagens

F#m7(b5)   Gm7(b5)   Bm7(b5)   Cm7(b5)   Dm7(b5)   Em7(b5)

G#m7(b5)   Am7(b5)   Em7(b5)   Fm7(b5)

Am7(b5)   Bm7(b5)   Bm7(b5)   Cm7(b5)

Não transportáveis:

C#m7(b5)   C#m7(b5)   F#m7(b5)   Am7(b5)

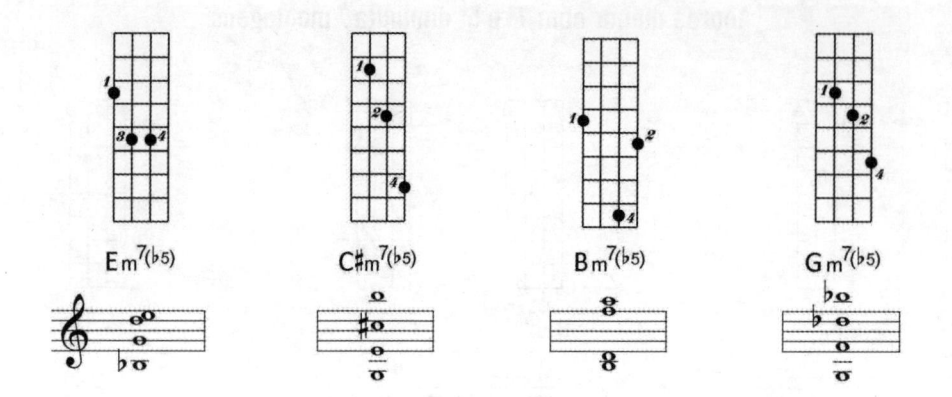

Acorde menor com 7ª e 5ª diminuta / sequências

Como exposto, o uso mais comum deste tipo de acorde é como o II$^\emptyset$ do modo menor, ou como empréstimo no modo maior.

As sequências propostas exercitam o uso básico deste acorde. Além da sugestão para transposição das sequências no braço do instrumento, recomenda-se também a substituição do acorde final das sequências em modo menor por seu homônimo maior.

As sequências a seguir são montadas a partir do padrão:

[II$^\emptyset$ - V^7 - Im]

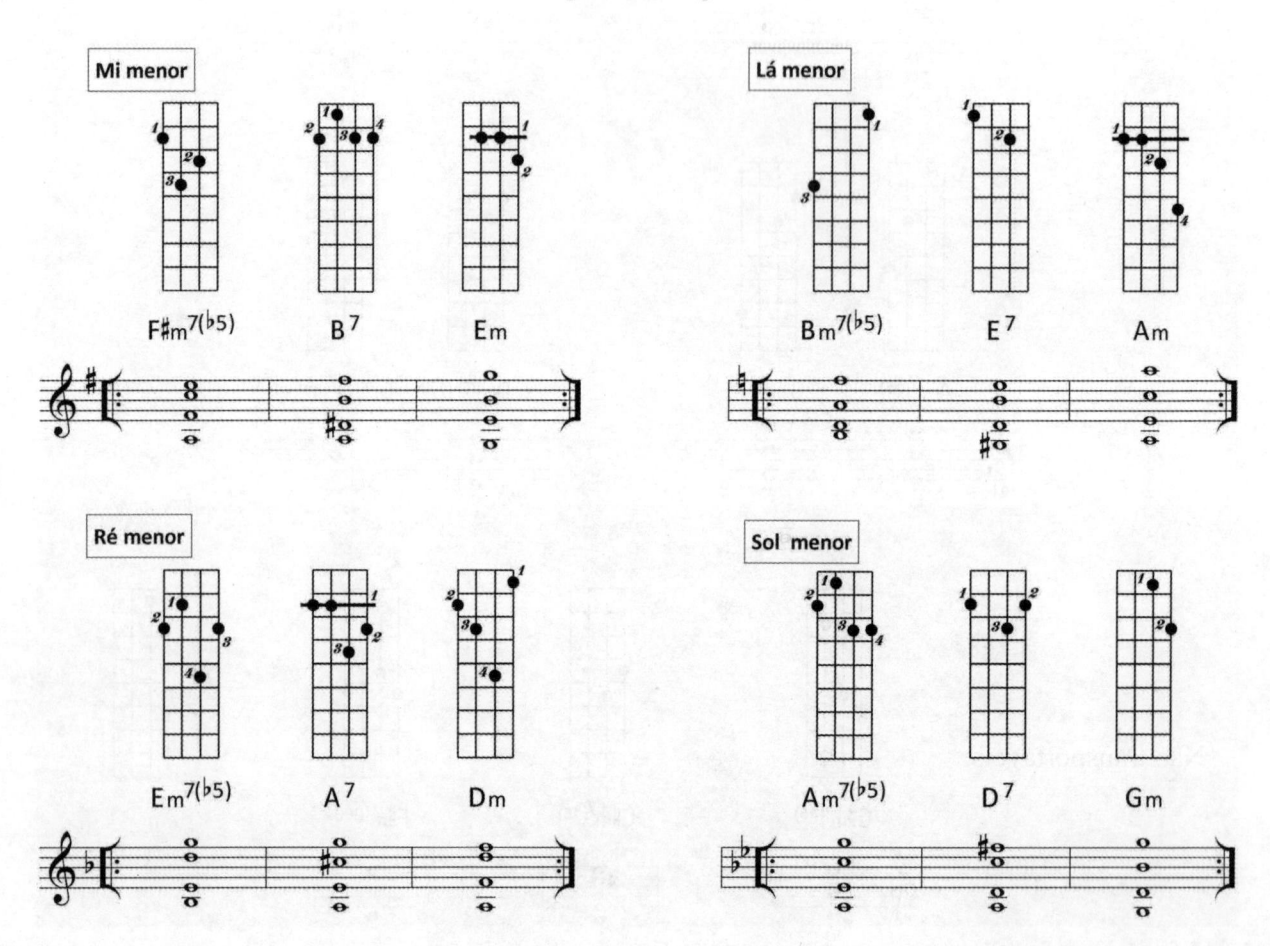

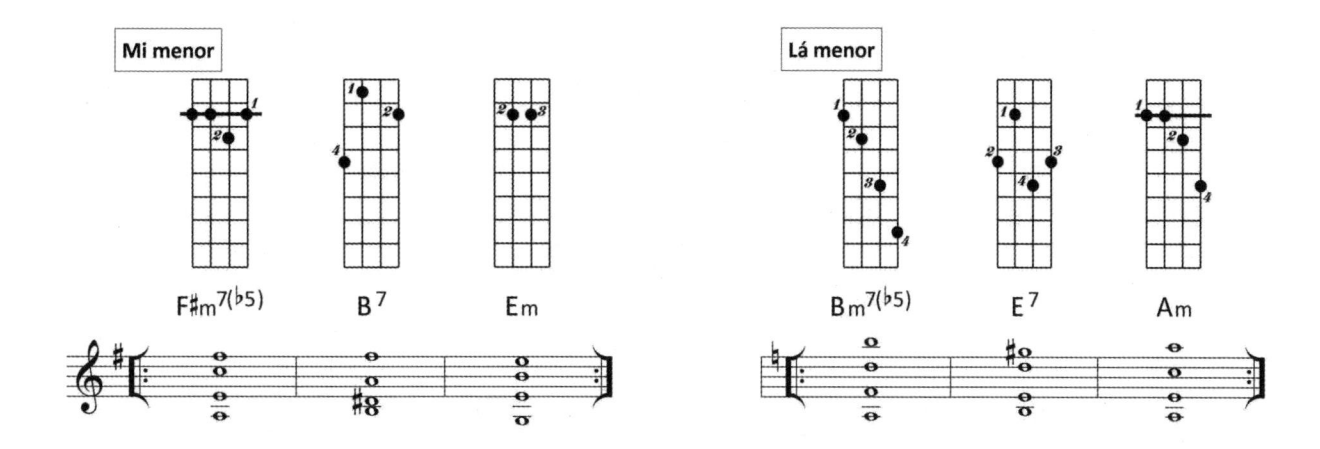

Ainda no mesmo modelo anterior, utilizando-se formas não transportáveis dos acordes:

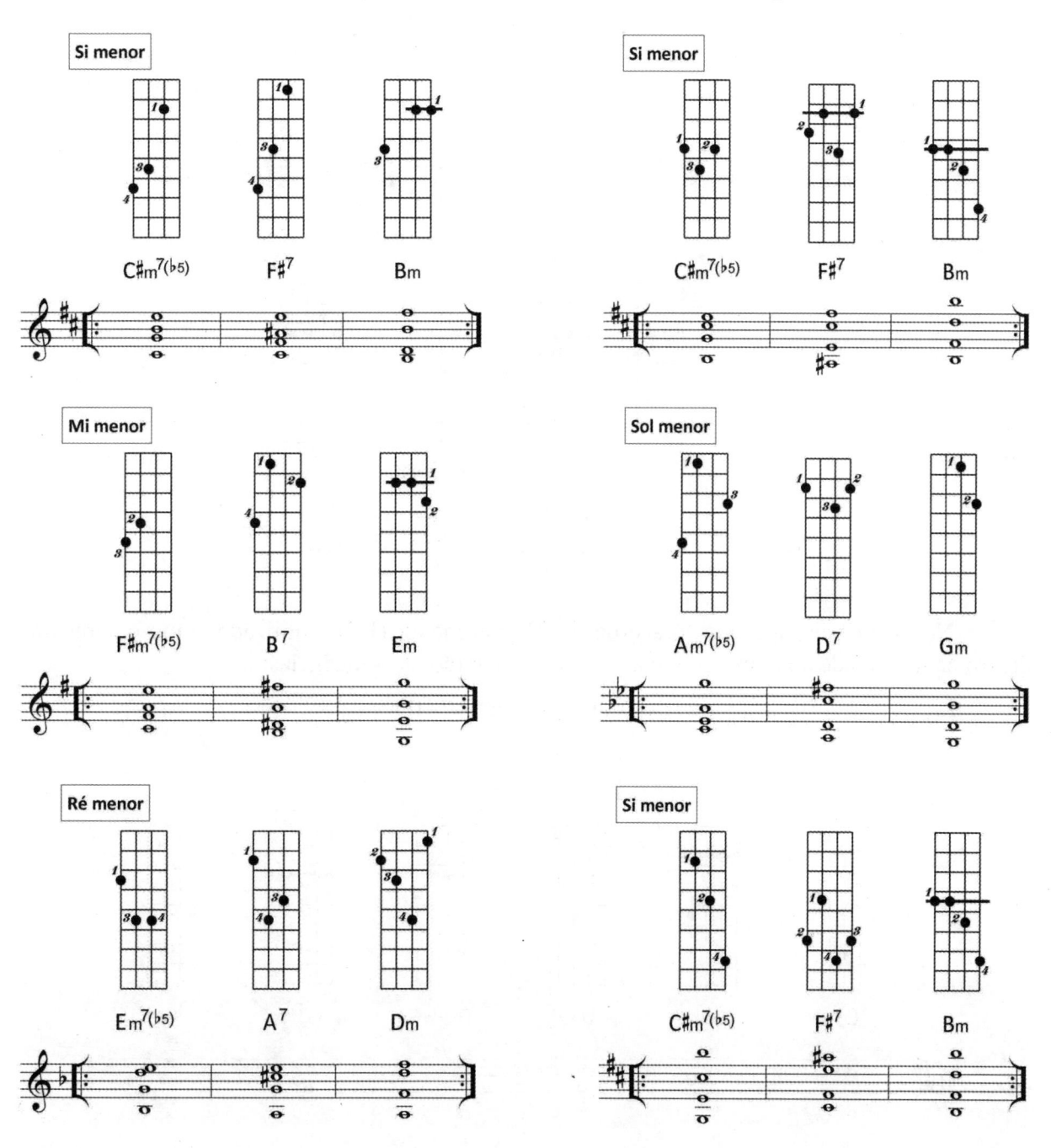

As sequências a seguir foram construídas a partir do modelo:

$$[Im - \flat II - II^{\emptyset} - V^7]$$

O acorde ♭**II** é uma forma alterada do **II** menor. É conhecido também como "acorde de 6ª napolitana" e surge quando alteramos para baixo a fundamental da tríade diminuta do II grau menor, o que gera, nesse ponto da tonalidade, uma tríade maior do que dista um semitom da tônica menor. É utilizado também como empréstimo no modo maior.

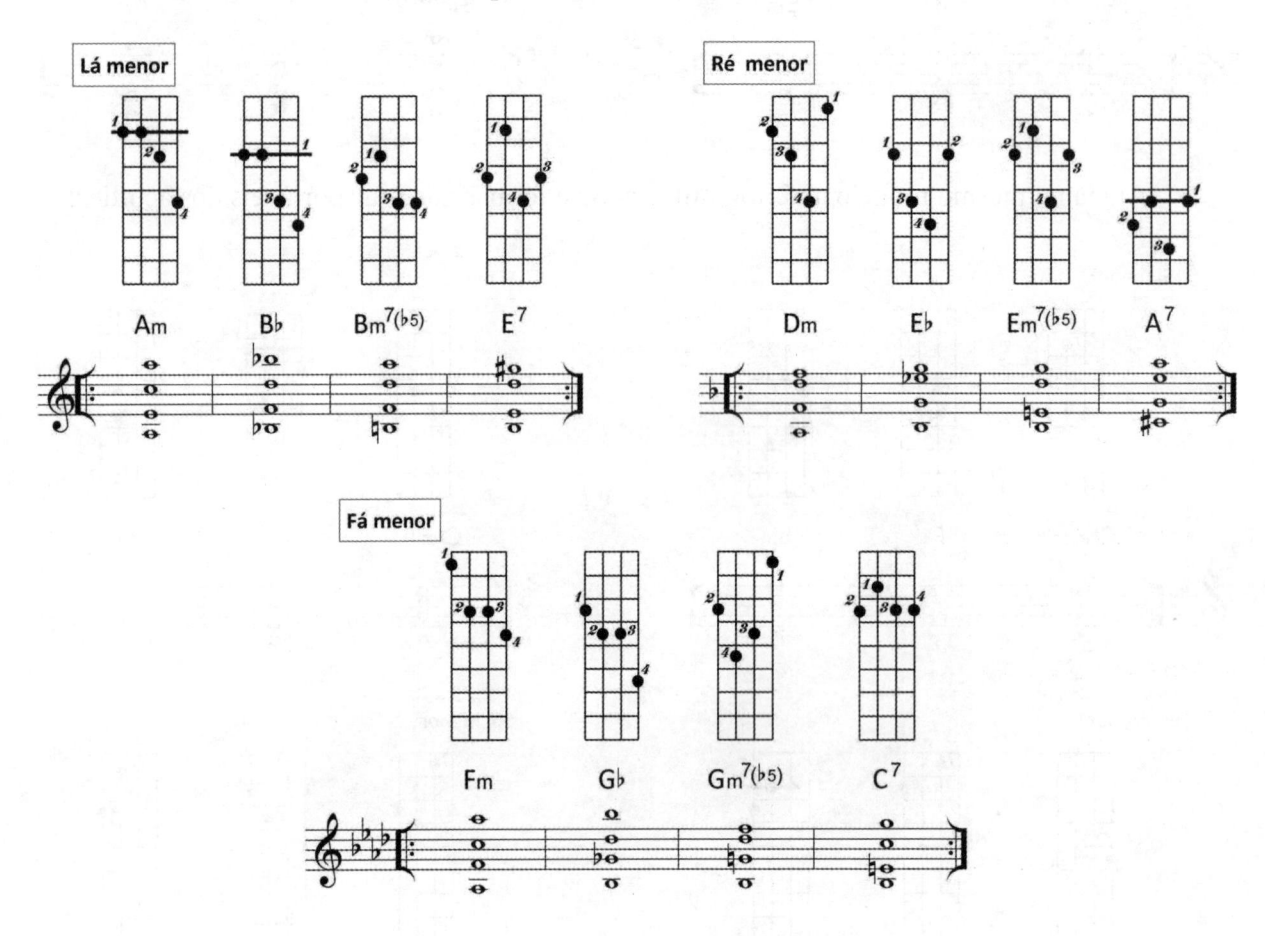

Nas sequências a seguir, o acorde do 2º grau menor (**II**$^{\emptyset}$) é utilizado como empréstimo dentro da tonalidade do homônimo maior. Este é o padrão nas sequências:

$$[I - VIm - IIm - II^{\emptyset} - V^7 - I]$$

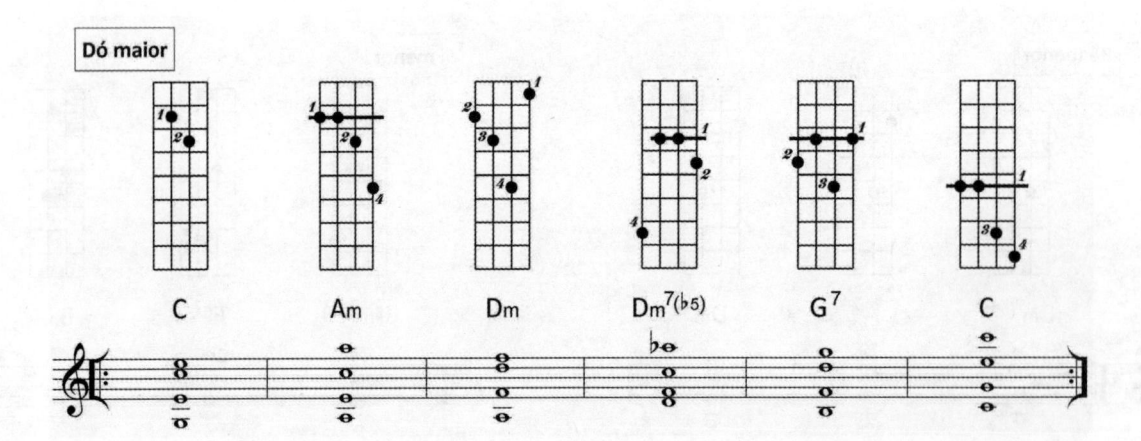

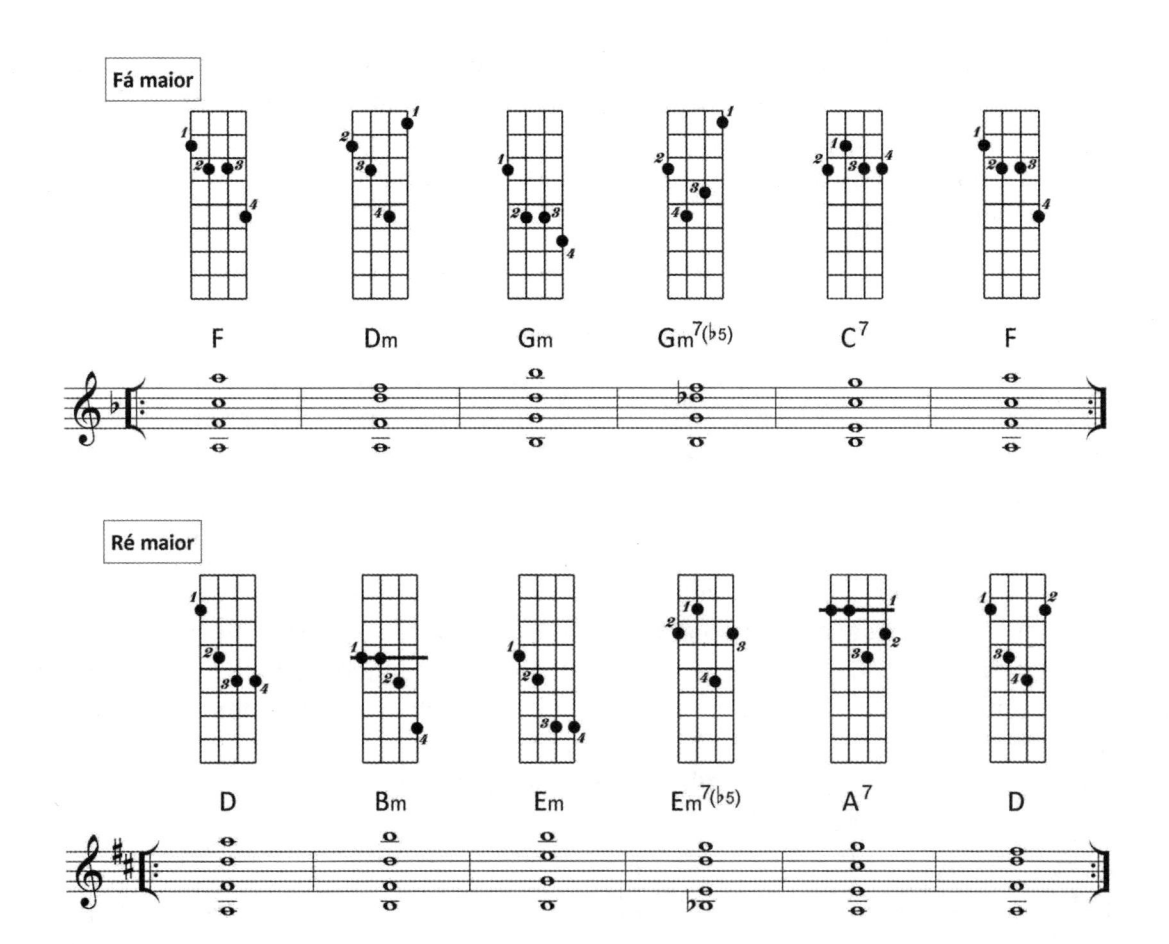

4. Acorde diminuto

O acorde de 7ª diminuta, referenciado simplesmente como "diminuto", é uma tétrade que aparece sobre o 7º grau das escalas menores, quando este grau está elevado em sua função de sensível.

É composto por uma 3ª menor, uma 5ª diminuta e uma 7ª diminuta:

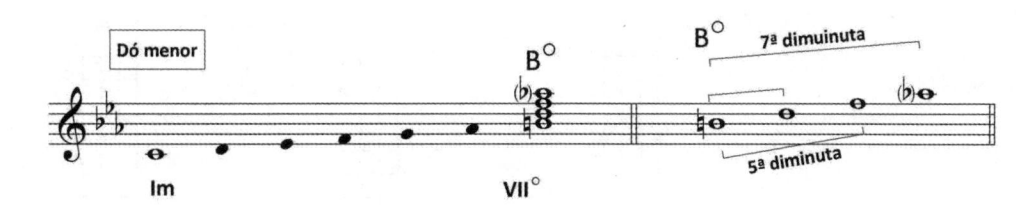

A resolução é sobre o acorde de tônica menor ou, por empréstimo, sobre a tônica do homônimo maior:

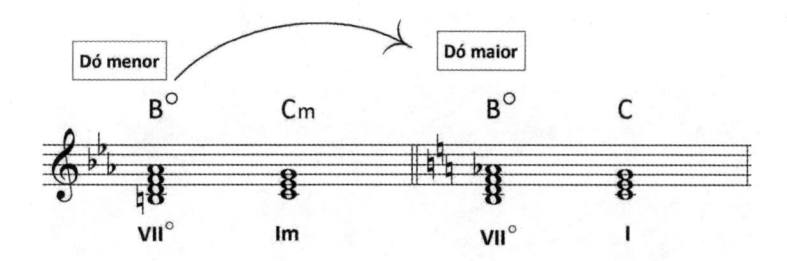

Este é um acorde bastante peculiar, pois seu tipo de construção lhe dá algumas características particulares. As notas que compõem esse tipo de construção distam entre si sempre uma 3ª menor, dividindo a oitava em quatro partes iguais. Devido a essa simetria interna do acorde, a transposição uma 3ª menor para cima ou para baixo produz sempre o mesmo grupo de notas do acorde inicial, portanto, o mesmo acorde.

Dessa característica resultam duas práticas comuns no uso deste tipo de acorde. Em primeiro lugar, a possibilidade de deslocar a montagem do acorde por terças menores no braço do instrumento, permanecendo dentro da mesma harmonia. Em segundo, certa liberdade enarmônica na forma de grafar o acorde (na maioria das vezes a 7ª diminuta é grafada como 6ª maior).

Acorde diminuto / montagens

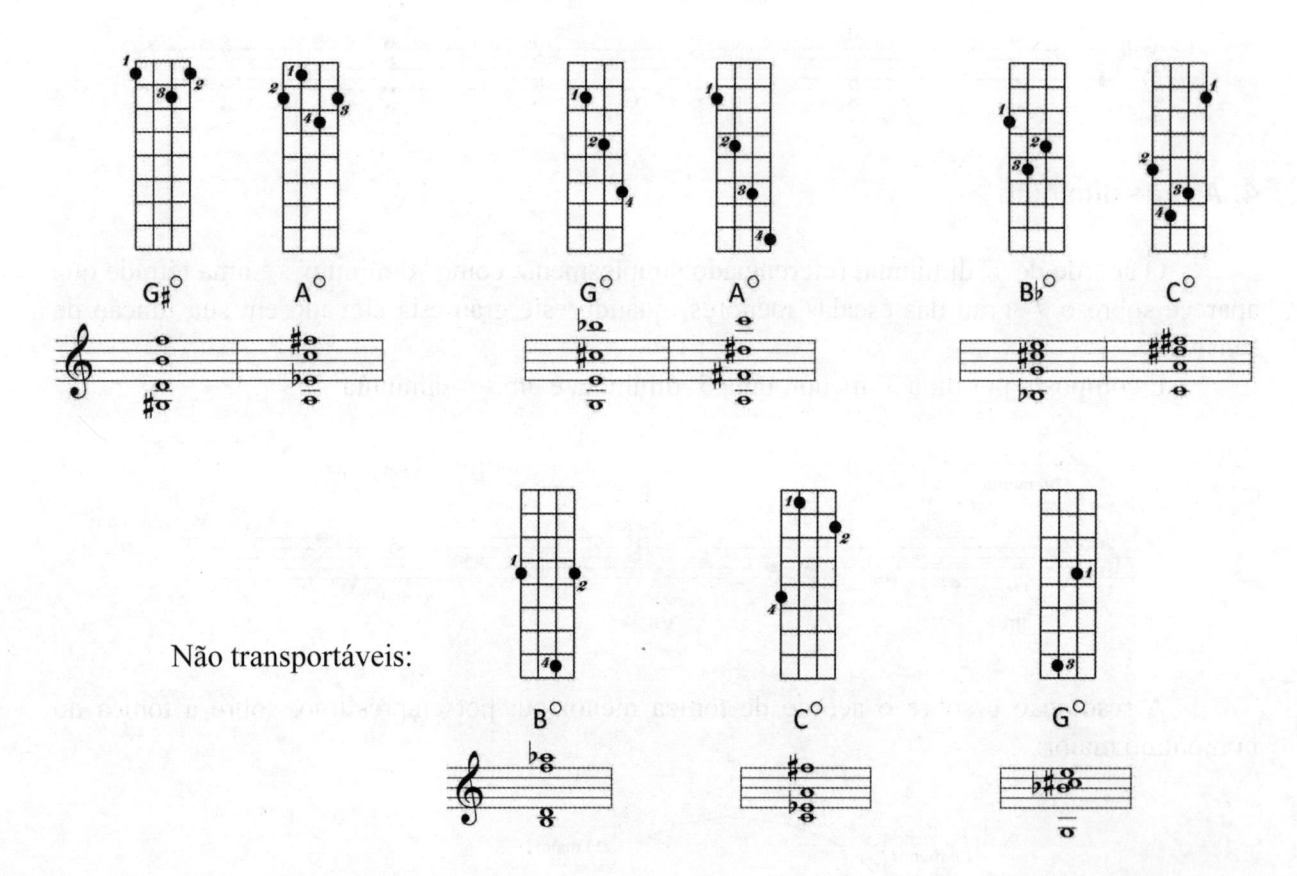

Não transportáveis:

Como resultado da simetria interna comentada anteriormente, verificamos que numa dada montagem, qualquer nota poderá ser tomada como fundamental do acorde. Repare que para a primeira montagem apresentada acima, qualquer cifra, entre as apontadas ao lado, é correta:

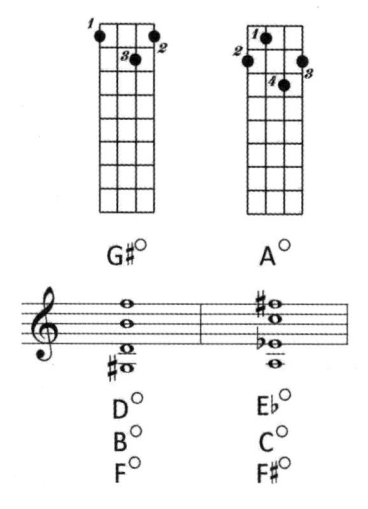

G#° A°
D° Eb°
B° C°
F° F#°

Acorde diminuto / sequências

Devido às suas origens em comum dentro da escala menor, o acorde menor com 7ª e 5ª diminuta do 2º grau, e o acorde diminuto do 7º grau possuem uma condução bastante natural naquele modo. As sequências a seguir trabalham essa proximidade. Vejamos o modelo:

[IIø - VII° - Im]

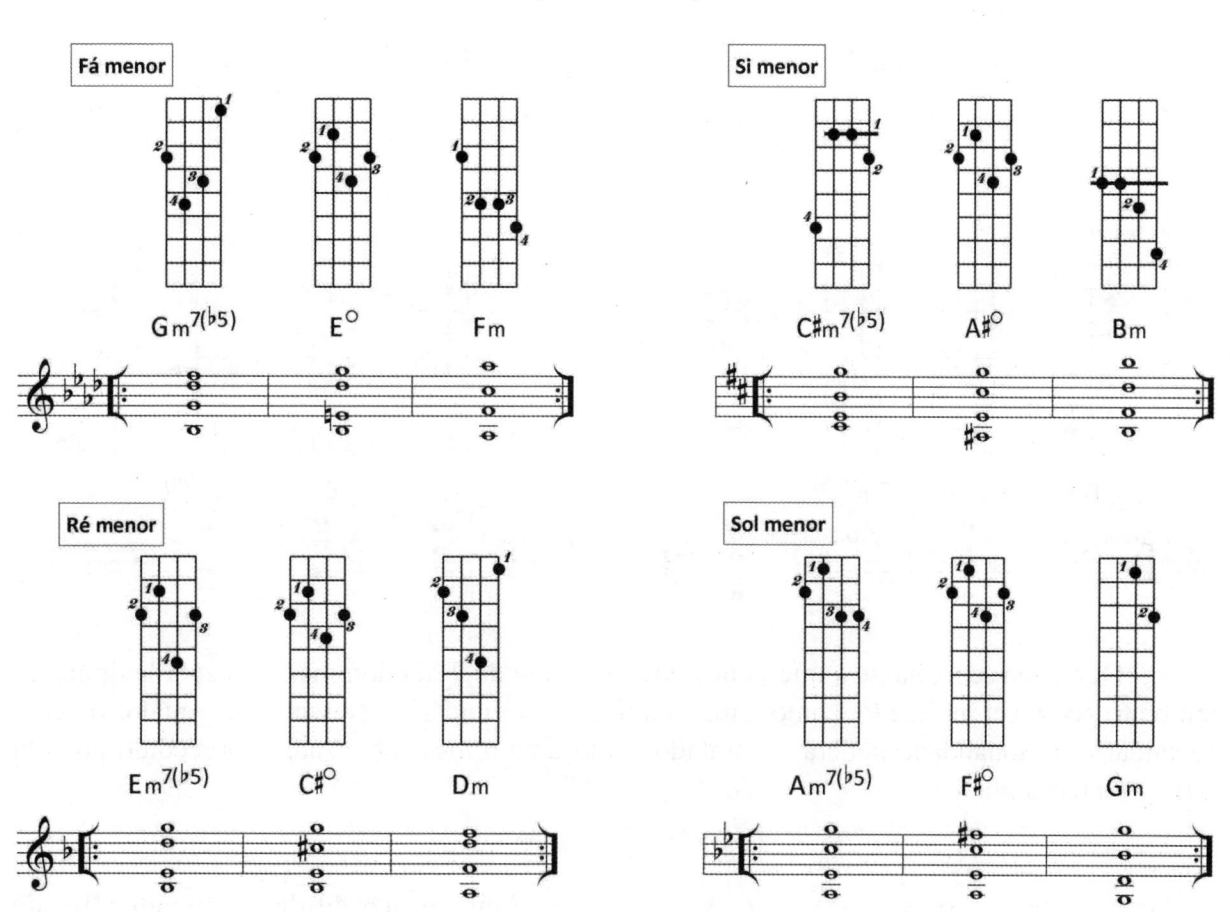

Fá menor
Gm7(b5) E° Fm

Si menor
C#m7(b5) A#° Bm

Ré menor
Em7(b5) C#° Dm

Sol menor
Am7(b5) F#° Gm

Mi menor

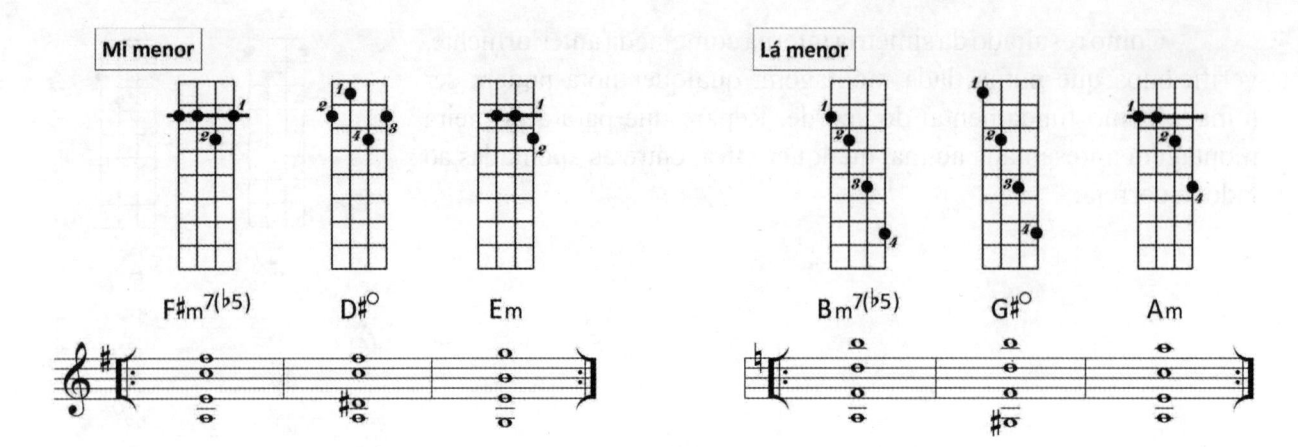

F#m7(b5) D#° Em

Lá menor

Bm7(b5) G#° Am

Ainda em modo menor, eis o modelo: **[Im - IVm - II∅ - VII°]**

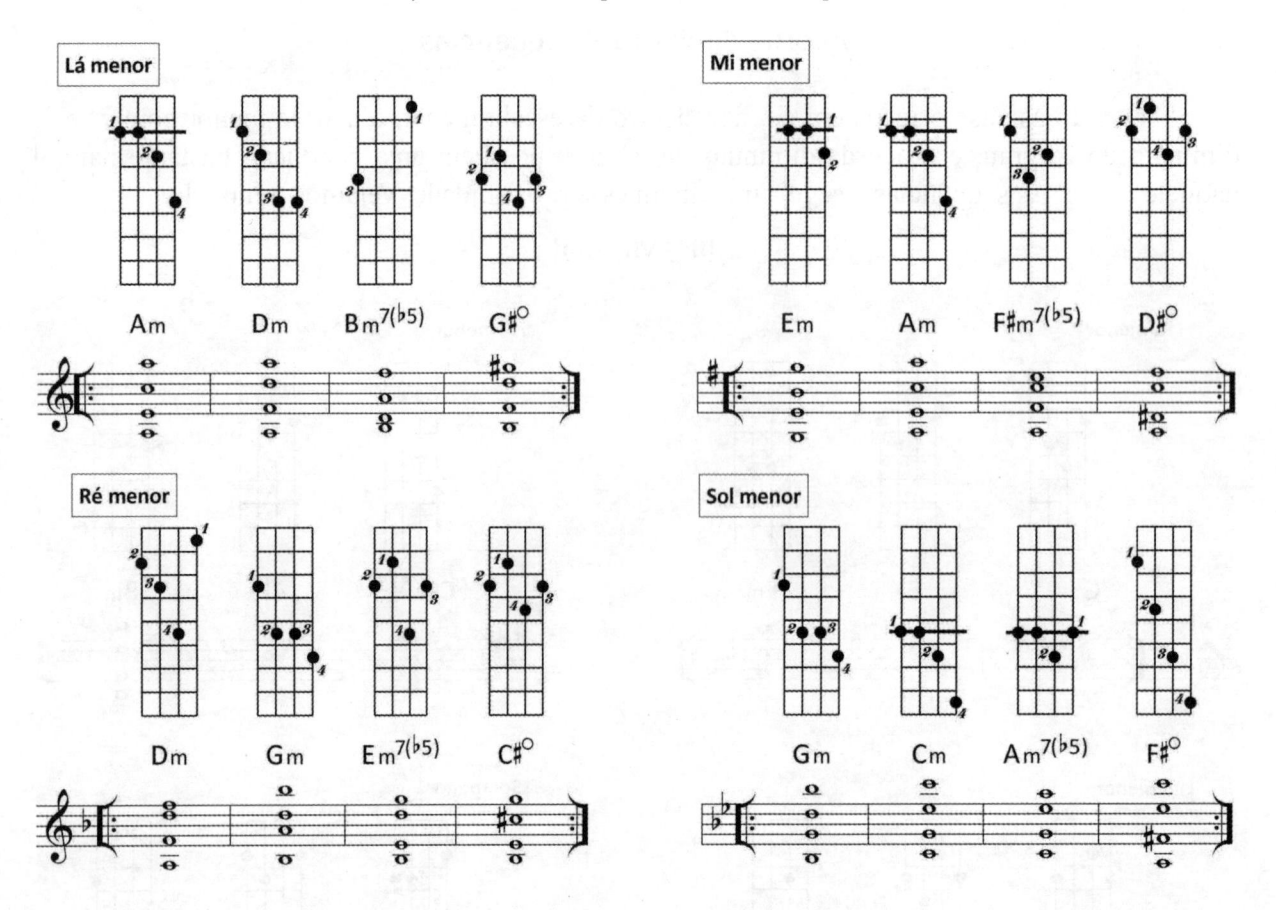

Lá menor

Am Dm Bm7(b5) G#°

Mi menor

Em Am F#m7(b5) D#°

Ré menor

Dm Gm Em7(b5) C#°

Sol menor

Gm Cm Am7(b5) F#°

De forma semelhante à que vimos com o acorde de 7ª da dominante, o acorde diminuto também pode ser utilizado como uma dominante secundária. Nesse caso, qualquer grau secundário da tonalidade poderá ser tratado como uma tônica localizada e precedido por seu VII° grau particular.

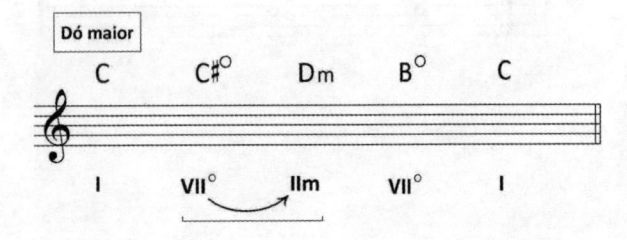

Dó maior

C   C#°   Dm   B°   C
I   VII° IIm VII° I

Aqui, o acorde de Ré menor (IIm de Dó maior) é preparado pelo acorde diminuto sobre sua sensível (Dó#). A função de dominante secundária aqui é exercida pelo acorde diminuto.

Dó maior

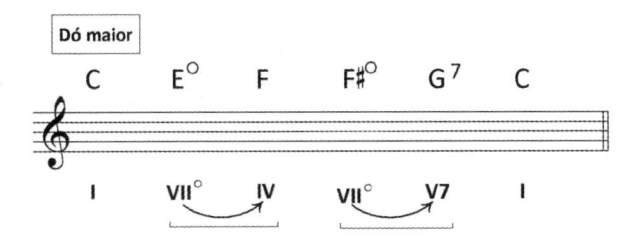

C   E°   F   F#°   G⁷   C

I   VII°→IV   VII°→V⁷   I

Neste outro exemplo, o conceito se expande com os acordes de Fá e Sol (IV e V graus, respectivamente) sendo preparados pelos acordes diminutos do VII de suas tonalidades particulares.

Este conceito é utilizado nas sequências a seguir. Vejamos o modelo:

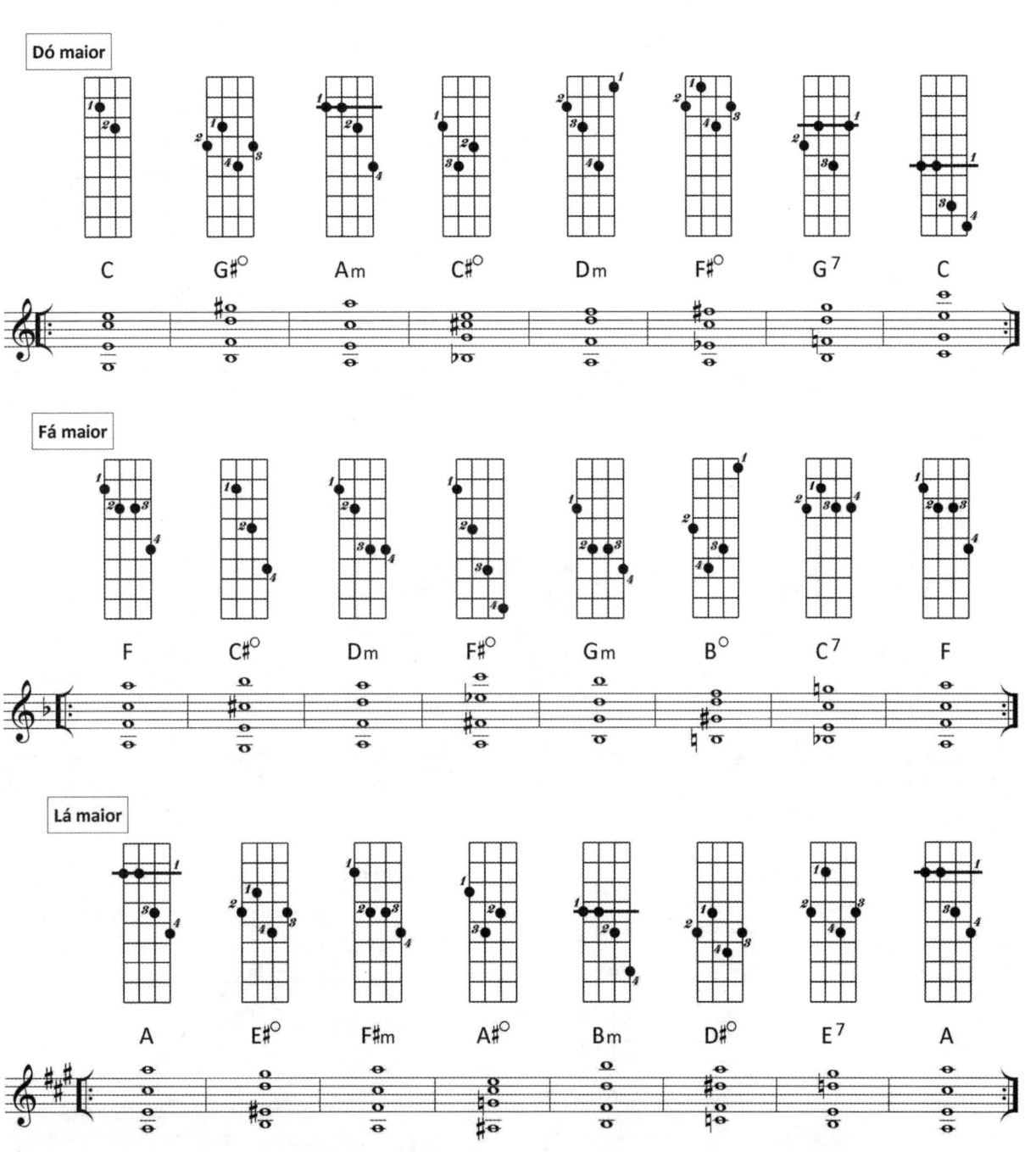

[I - VII°→VIm - VII°→IIm - VII°→V⁷ - I]

Dó maior

C   G#°   Am   C#°   Dm   F#°   G⁷   C

Fá maior

F   C#°   Dm   F#°   Gm   B°   C⁷   F

Lá maior

A   E#°   F#m   A#°   Bm   D#°   E⁷   A

Embora tenha origem como VII da tonalidade menor, com forte caráter dominante, o acorde diminuto passa, paulatinamente, a ser utilizado em outras situações em que sua função primária não é mais tão evidente. São encadeamentos que tiveram origem em situações cadenciais nas quais a sua função de dominante se exercia plenamente, mas das quais ficaram apenas pequenos clichês.

Um destes usos não dominante mais comum é quando o acorde diminuto alterna com a tônica maior, criando um tipo de flutuação cromática em torno deste ponto:

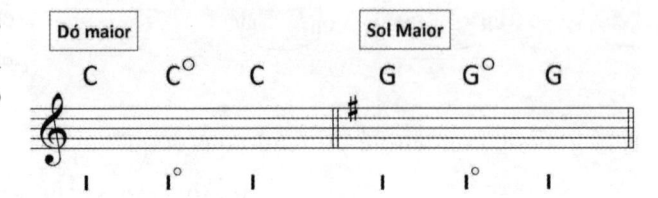

As sequências a seguir usam o seguinte tipo de encadeamento: [I - I°]

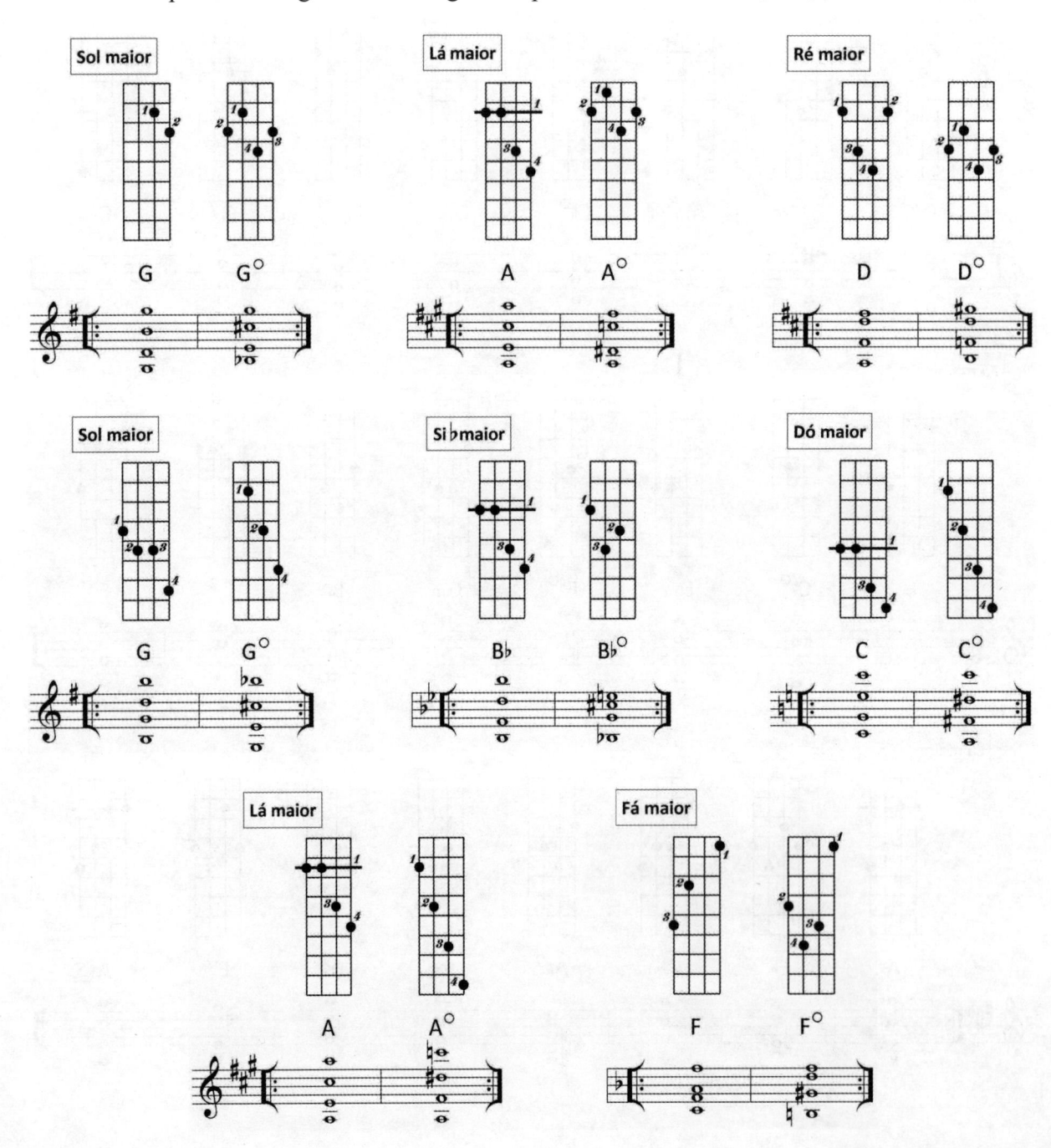

Outra situação comum, e semelhante à construção anterior, é a resolução de uma cadência dominante/tônica em que o acorde de dominante, antes de resolver sobre a tônica, passa pelo acorde diminuto e depois se dirige definitivamente ao seu objetivo.

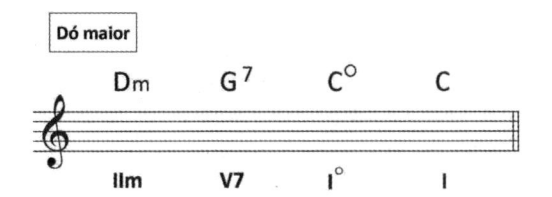

Dó maior

Dm   G⁷   C°   C

IIm   V⁷   I°   I

Neste exemplo, a resolução da cadência dominante/tônica (G7 - C) é adiada pela introdução do acorde diminuto sobre o I grau.

As sequências a seguir trabalham o modelo: **[IIm - V⁷ - I°- I]**

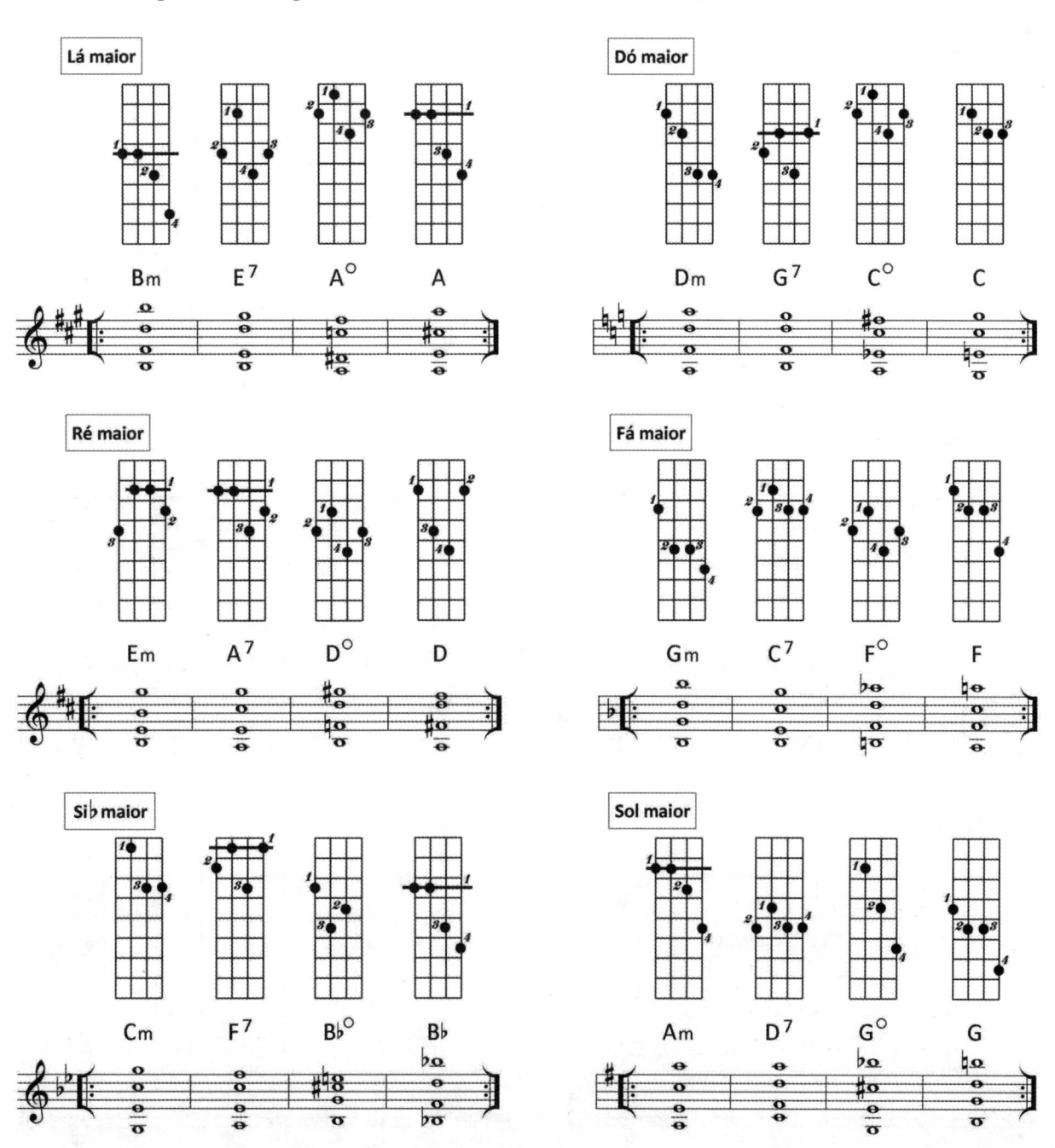

Lá maior

Bm   E⁷   A°   A

Dó maior

Dm   G⁷   C°   C

Ré maior

Em   A⁷   D°   D

Fá maior

Gm   C⁷   F°   F

Si♭ maior

Cm   F⁷   B♭°   B♭

Sol maior

Am   D⁷   G°   G

Outro uso do acorde diminuto com uma função não dominante é a utilização desse acorde sobre o 3º grau abaixado da escala maior (chamado ♭III°) resolvendo sobre o acorde menor do 2º grau:

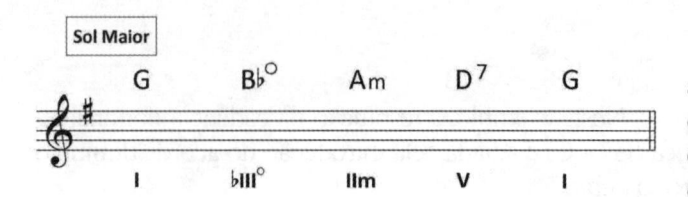

Sol Maior

G   B♭°   Am   D⁷   G

I   ♭III°   IIm   V   I

Neste exemplo, podemos entrever a origem do encadeamento se repararmos que este B♭° é uma inversão do C#°, e este poderia ser pensado como VII° da dominante, que vem logo a seguir (D⁷).

As sequências a seguir trabalham o modelo: **[I - ♭III°- IIm - V⁷]**

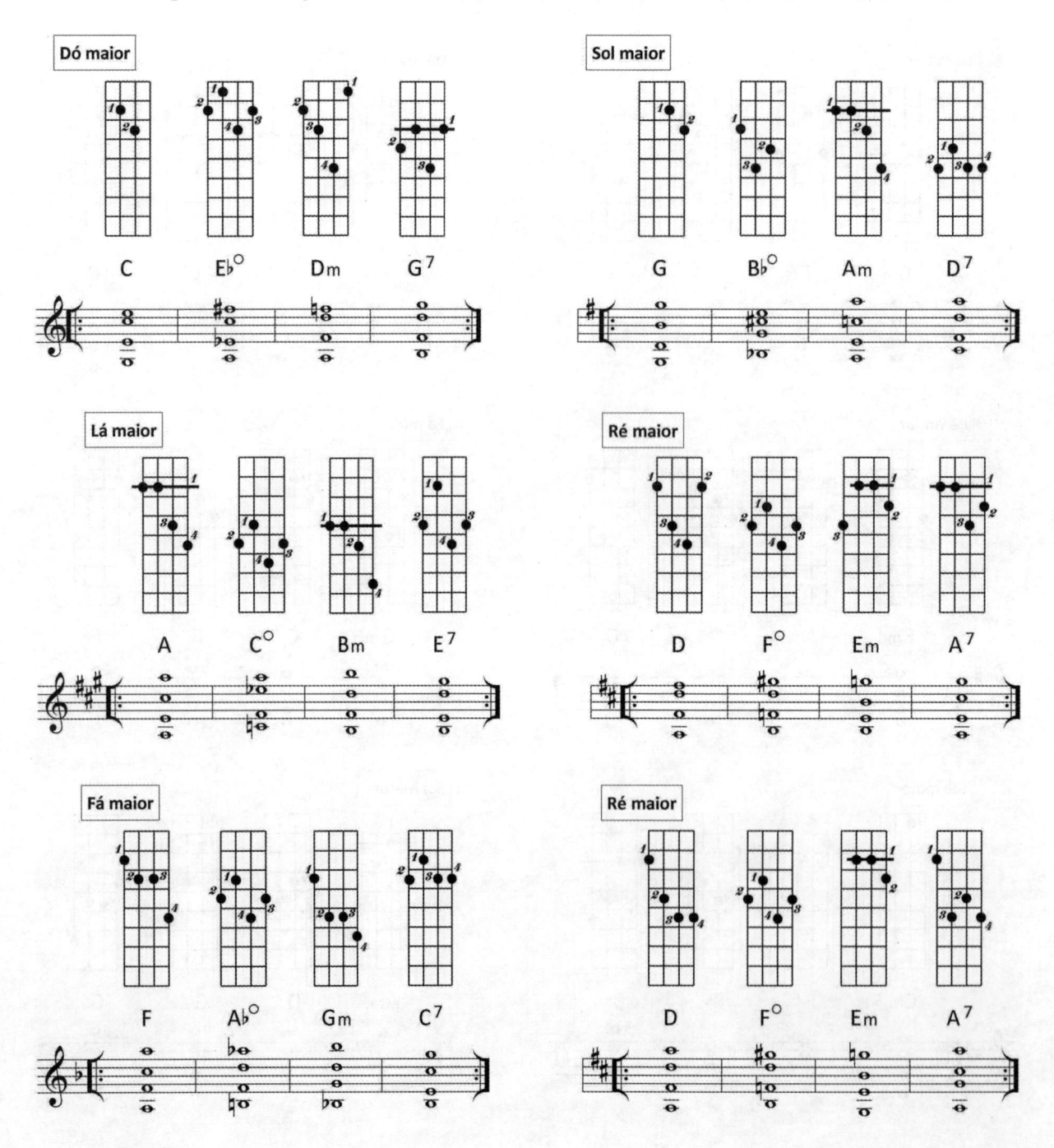

Dó maior

C   E♭°   Dm   G⁷

Sol maior

G   B♭°   Am   D⁷

Lá maior

A   C°   Bm   E⁷

Ré maior

D   F°   Em   A⁷

Fá maior

F   A♭°   Gm   C⁷

Ré maior

D   F°   Em   A⁷

Tomando partido da simetria interna do acorde diminuto, propomos os seguintes exercícios que sempre apresentam o mesmo acorde transposto uma 3ª menor acima ou abaixo. Fragmentos desses encadeamentos são comuns como partes do acompanhamento, e o instrumentista poderá utilizar qualquer subgrupo deles.

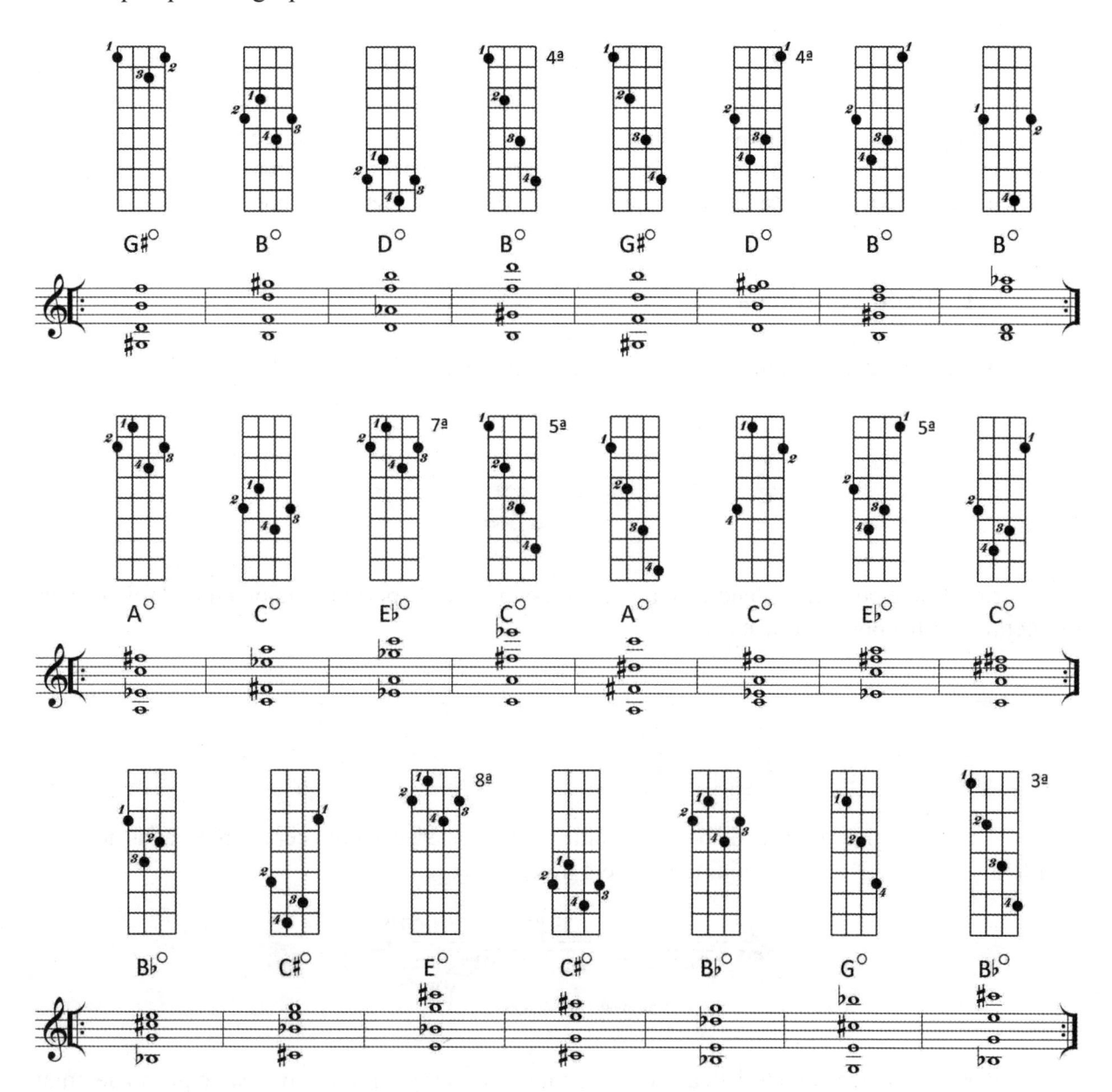

5. Outros acordes diatônicos

Outros dois tipos de tríades são ainda relacionados na harmonia tradicional, além das tríades maior e menor: a tríade diminuta e a tríade de 5ª aumentada.

A tríade de 5ª diminuta é formada por uma 3ª menor e uma 5ª diminuta:

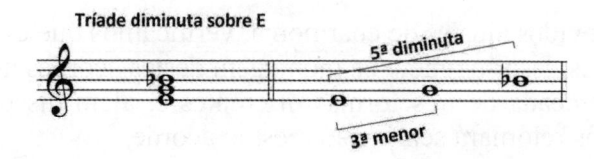

Embora seja um acorde bastante recorrente em composições e arranjos populares da primeira metade do século XX (Nazareth, Pixinguinha, etc.), este acorde termina por ser completamente incorporado pelo acorde 7ª da dominante ou pelo acorde diminuto:

Na figura acima, podemos verificar que as notas da tríade diminuta sobre E podem ser tratadas como parte de um acorde dominante (C⁷) ou como parte de um acorde diminuto (Eº). Tal associação se tornou tão comum na prática da música popular que este acorde terminou por não ganhar uma cifra específica.

5.1. Tríade aumentada

A tríade aumentada é formada por uma 3ª maior e uma 5ª aumentada:

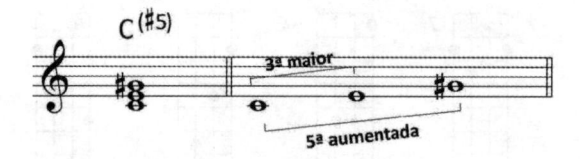

Esta tríade pode ser entendida também como um acorde perfeito maior, cuja 5ª foi elevada. Em geral é neste contexto que ele aparece:

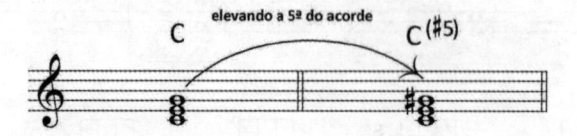

Apresenta uma sonoridade bem marcante e uma construção com certa simetria: as notas do acorde distam uma 3ª maior, dividindo a 8ª em três partes iguais:

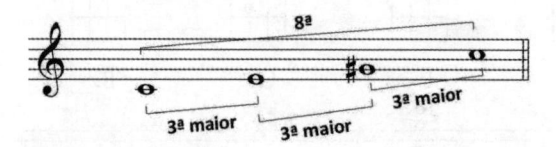

Por conta dessa característica, a tríade aumentada sempre retorna o mesmo grupo de notas quando é transposta uma 3ª maior para cima ou para baixo:

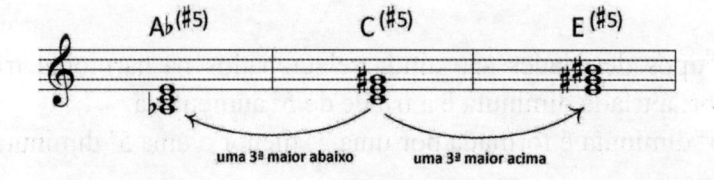

Descontados os devidos ajustes de enarmonia, verificamos que estes três acordes possuem o mesmo conjunto de notas. Isso se reflete na montagem destes acordes no bandolim: uma mesma montagem poderá ser nomeada de três formas diferentes e, além disso, a transposição uma 3ª maior acima ou abaixo nos retornará sempre ao mesmo acorde.

Tríade aumentada / montagens

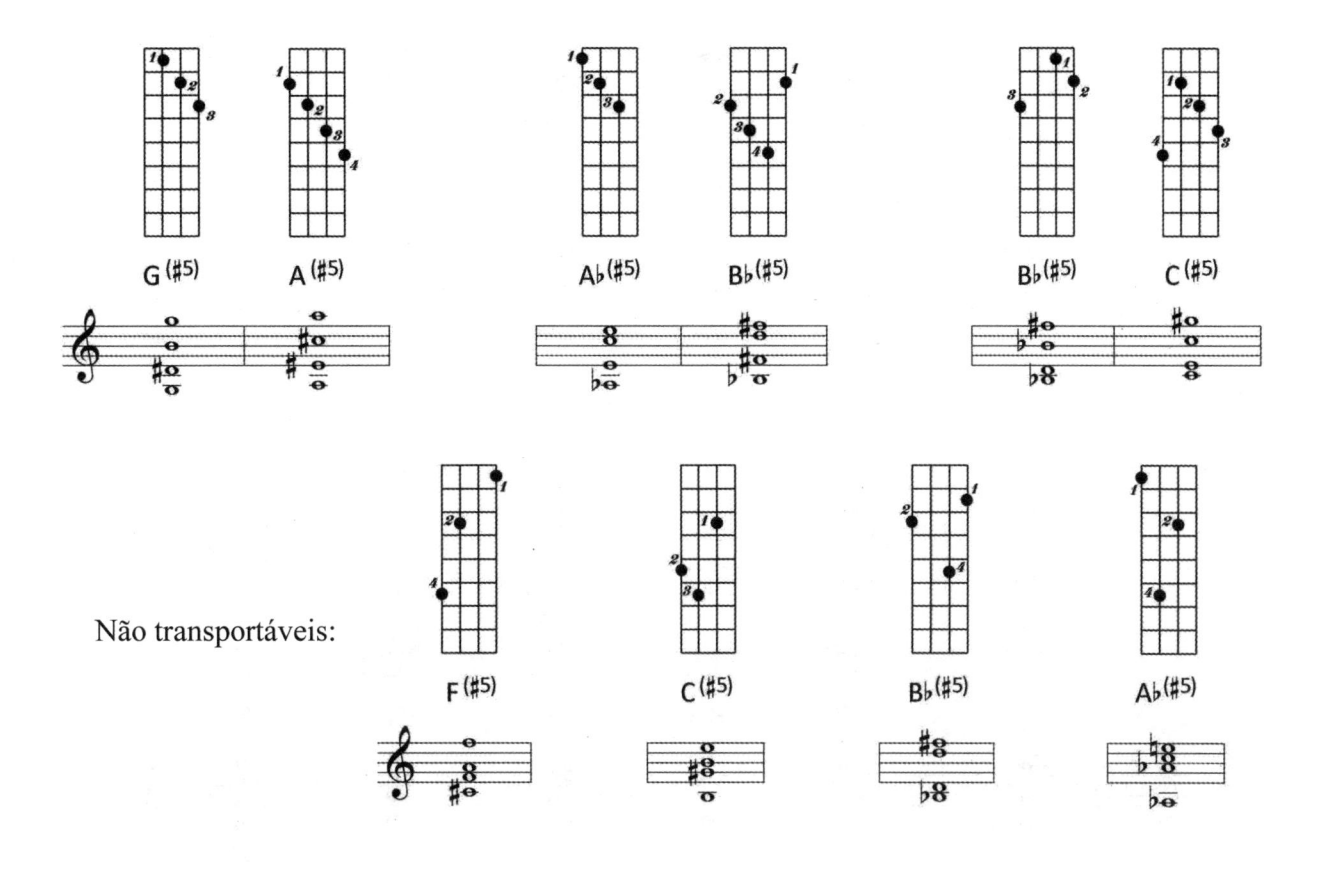

G (#5)   A (#5)   Ab (#5)   Bb (#5)   Bb (#5)   C (#5)

Não transportáveis:

F (#5)   C (#5)   Bb (#5)   Ab (#5)

Da mesma forma que vimos com o acorde diminuto, qualquer nota da tríade pode ser pensada como a fundamental do acorde e, dessa forma, cada montagem apresentada pode ser referida de três formas diferentes. Para a 1ª montagem, por exemplo:

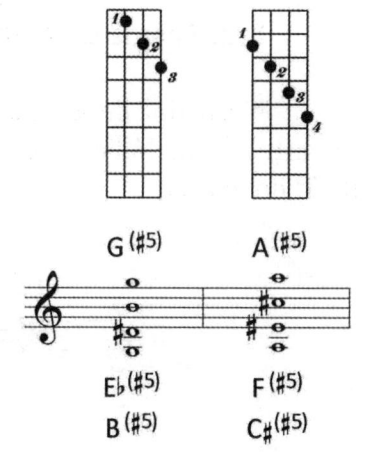

G (#5)   A (#5)
Eb (#5) F (#5)
B (#5)   C# (#5)

Tríade aumentada / sequências

No modelo abaixo não existe, essencialmente, uma mudança de função entre o primeiro e o segundo acordes. A colocação da marca (#5) é somente para chamar atenção da mudança de colorido de um acorde para o outro.

[I – I#5 – VIm - VII°→IIm - V7]

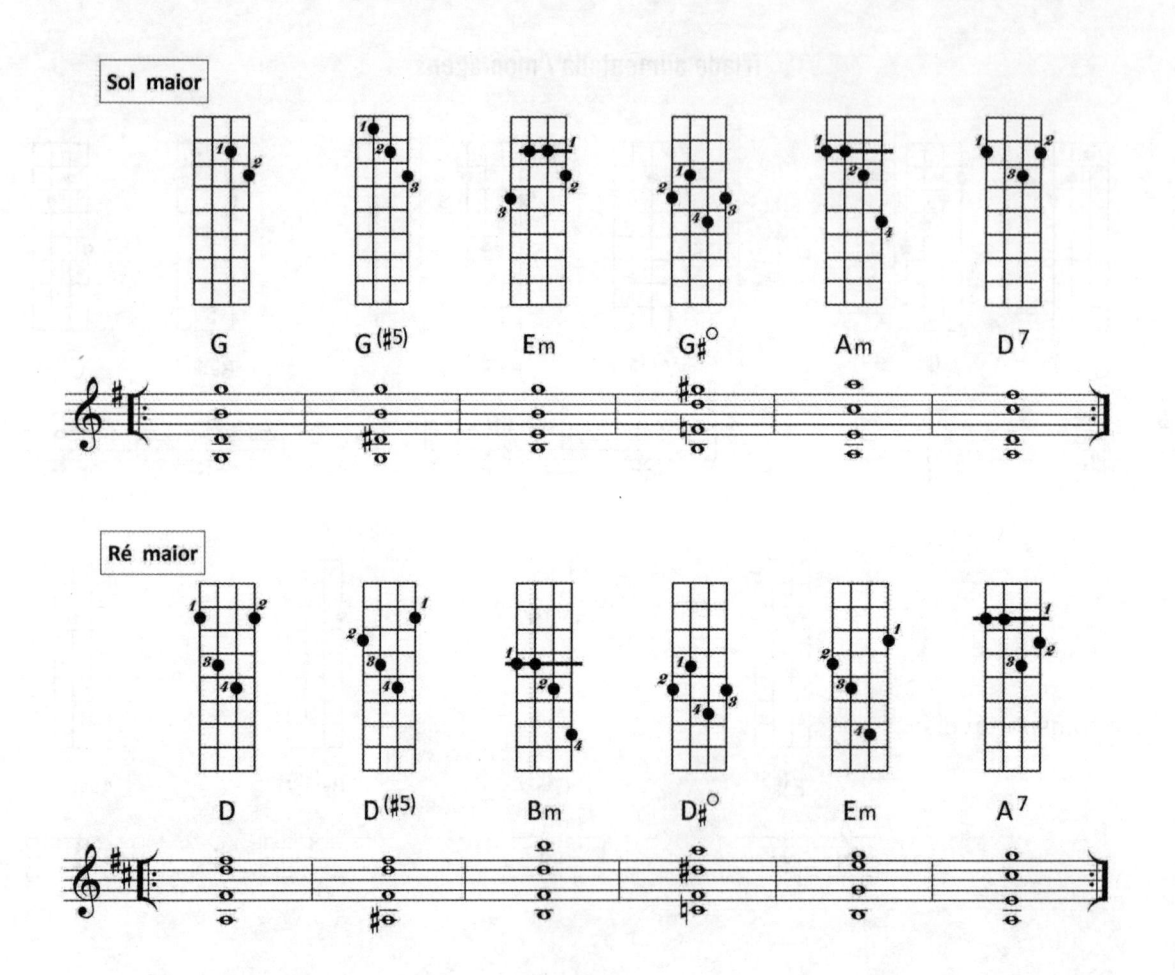

5.2. Acorde de 7ª da dominante com 4ª

Neste tipo de acorde, a 4ª não se configura, de fato, como uma nota do acorde, mas como um artifício melódico. Representa, na realidade, uma suspensão, um atraso no aparecimento da 3ª do acorde:

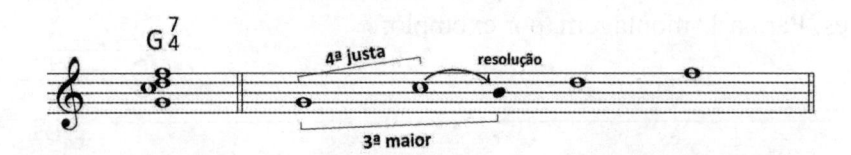

Embora possa seguir para outro acorde sem tal resolução, na maior parte das vezes o acorde dominante com 4ª desfaz esta dissonância sobre a sua configuração normal:

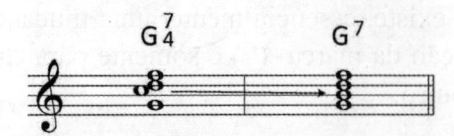

Dominante com 4ª / montagens

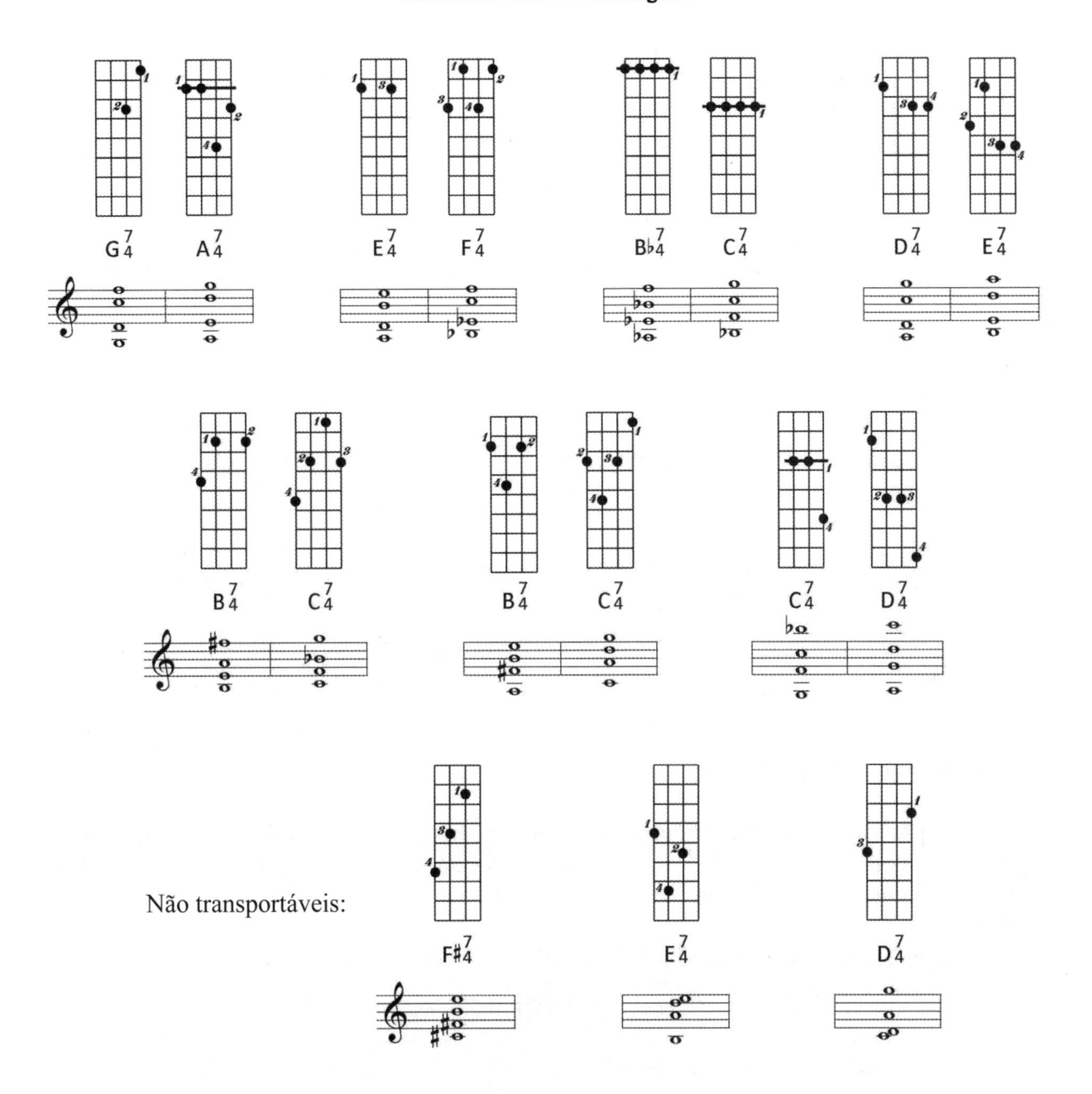

Dominante com 4ª / sequências

As sequências a seguir trabalham o modelo:

$$[V^{4/7} - V^7 - I]$$

Não existe, essencialmente, uma mudança de função entre os dois primeiros acordes. A marca ($^{4/7}$) é somente para chamar a atenção para a resolução da 4ª sobre a 3ª do acorde seguinte. Em todas essas sequências deve-se, também, experimentar a substituição da tônica final por uma tríade menor.

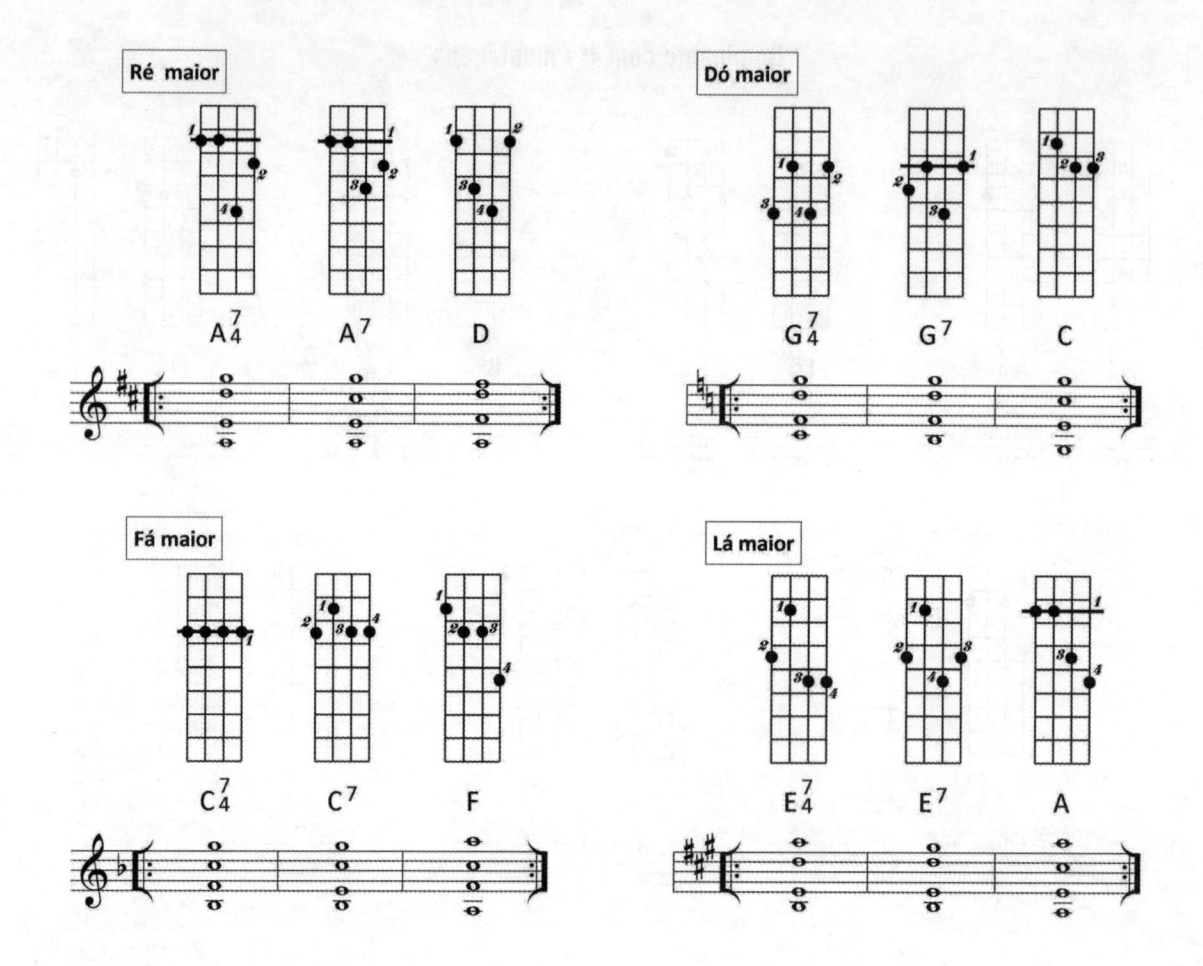

6. Acordes em três cordas

Na prática da música popular, a sequência típica de tônica/dominante é, muitas vezes, conduzida com acordes simplificados, sendo a levada realizada com acordes reduzidos, com apenas três sons. A corda externa, a 1ª ou a 4ª, é evitada nos ataques da palheta.

As sequências a seguir, em tonalidade maior, são montadas a partir do padrão:

[I – V^7]

Obs.: a corda solta marcada com um "x" não deverá ser atacada.

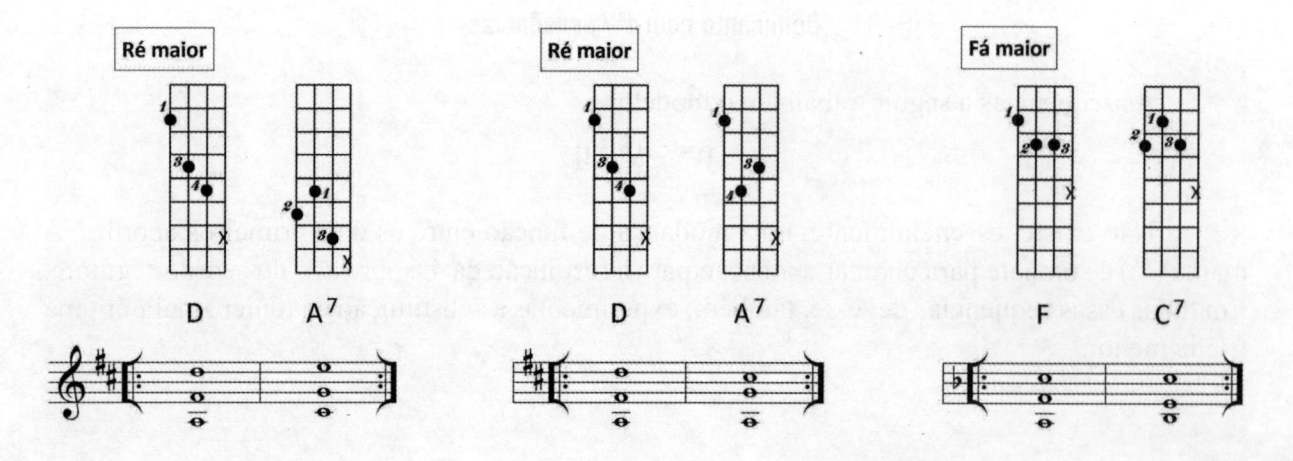

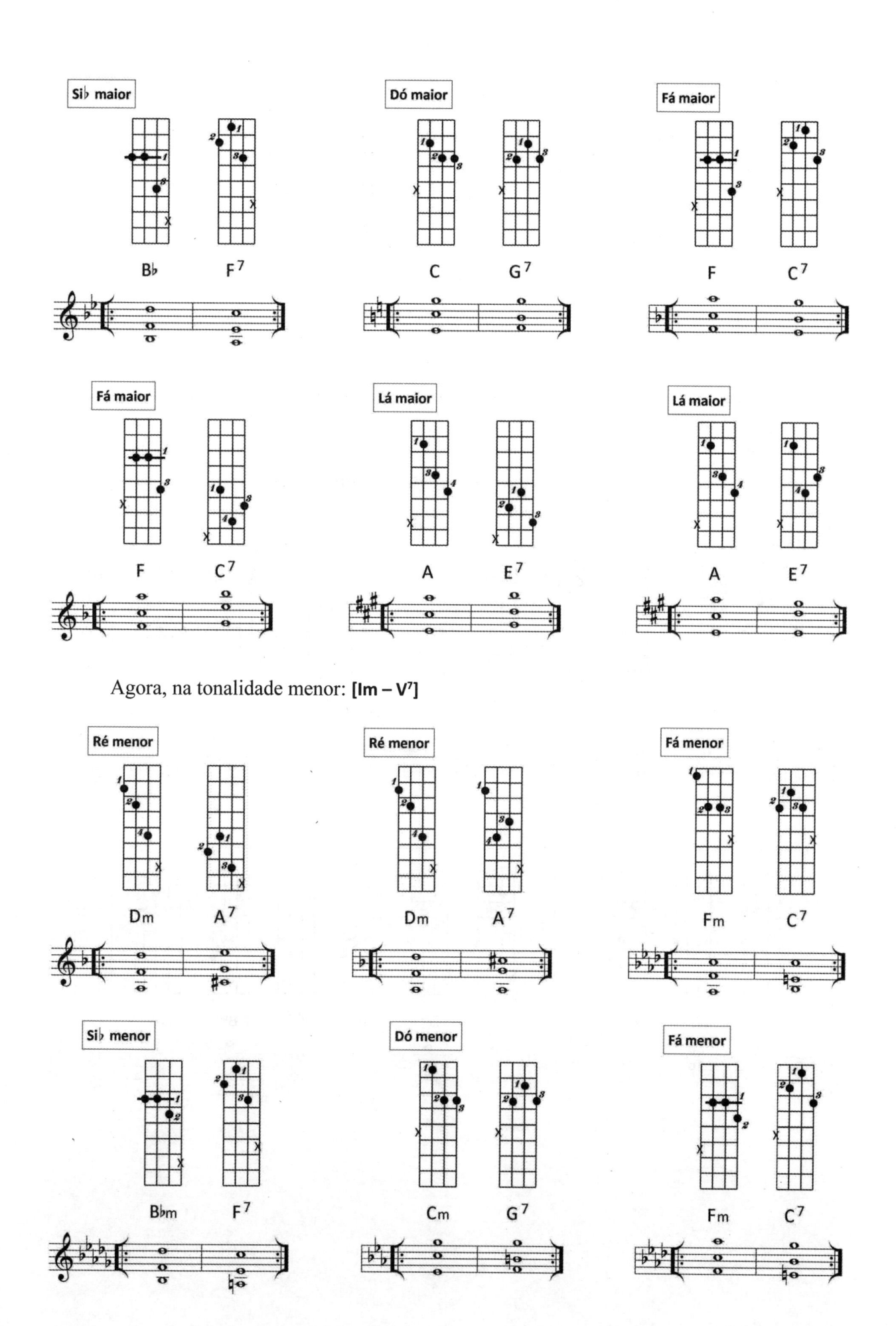

Agora, na tonalidade menor: [Im – V⁷]

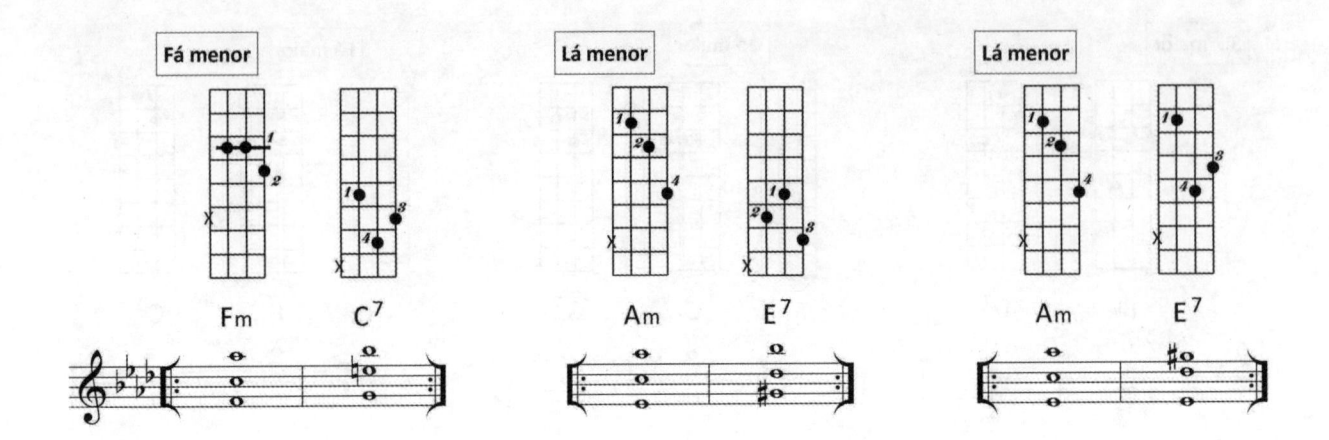

A sequência a seguir exemplifica a utilização desses tipos de montagem numa sequência mais longa, em que todos os graus da escala são preparados por suas dominantes secundárias. Eis o modelo:

[I - V⁷ → VIm - V⁷ → IIIm - V⁷ → IIm - V⁷ → IV - V⁷ → V⁷]

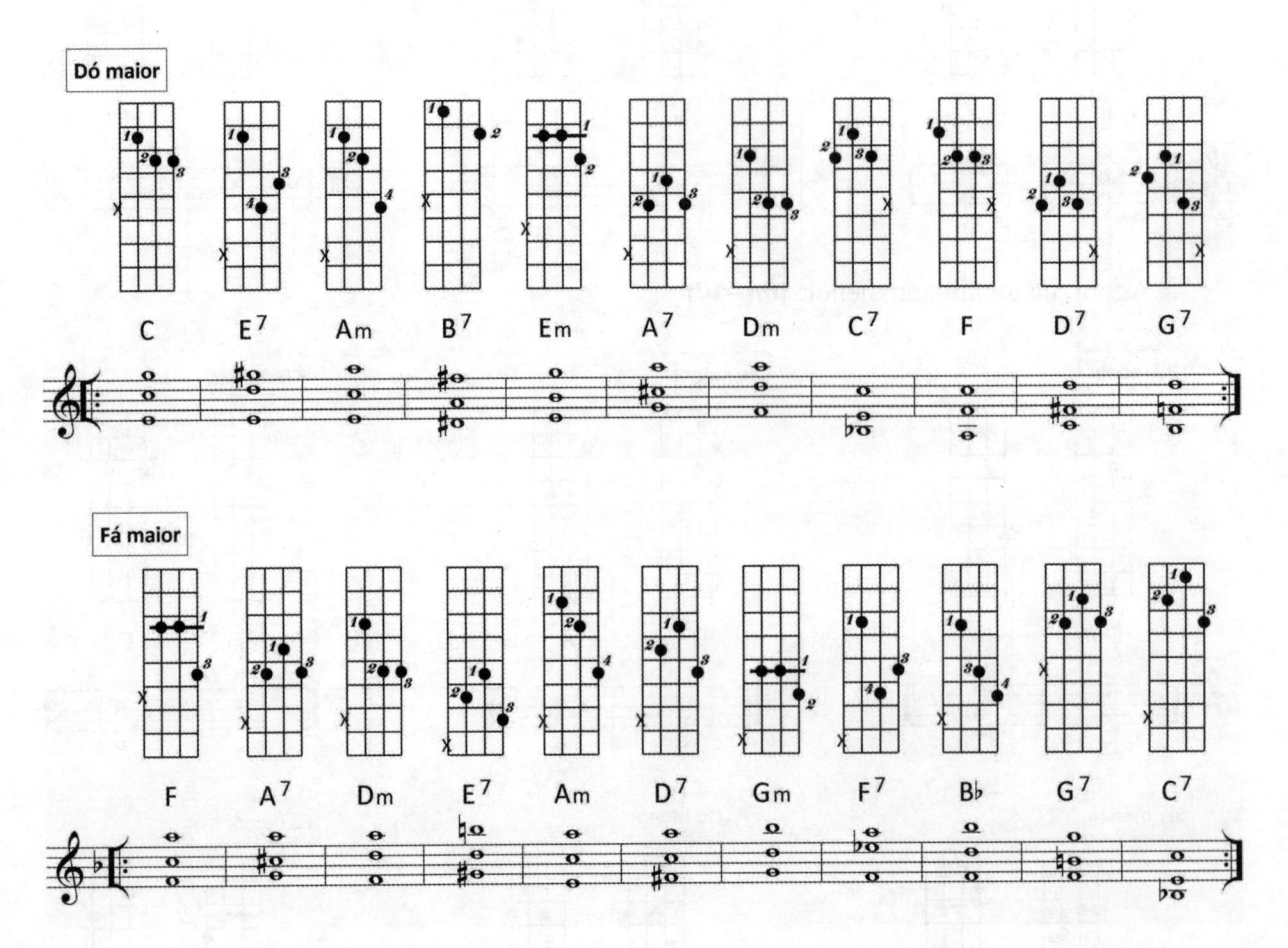

2ª Parte: Tensões ordinárias

7. Sobre a tríade maior

7.1. Acorde maior com 7ª maior

Este tipo de acorde é formado por uma 3ª maior, 5ª justa e 7ª maior. Também pode ser obtido adicionando-se uma 7ª maior a uma tríade maior.

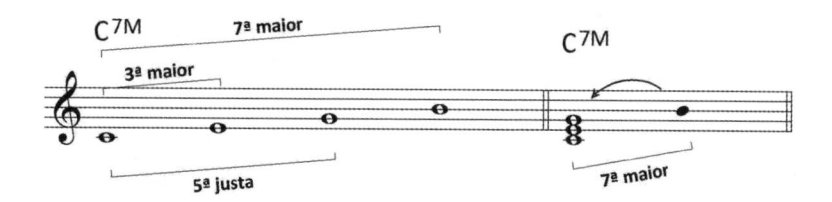

Este tipo de tétrade ocorre, normalmente, sobre o I e IV graus da tonalidade maior. Na tonalidade menor ocorre sobre o III grau (com o 7º grau como subtônica) e sobre o VI grau.

Acorde de 7ª maior / montagens

As formas mais estáveis deste tipo de acorde são as que apresentam a 7ª maior numa posição acima da fundamental. A estabilidade aqui é entendida como a capacidade de uma dada configuração do acorde (montagem) de representar a sonoridade que é, normalmente, associada a essa ou aquela dissonância. Devido à restrição das quatro notas do instrumento, é necessário, por vezes, fazer escolhas quanto às notas de uma determinada configuração (notas reais, tensões e alterações) que serão tocadas.

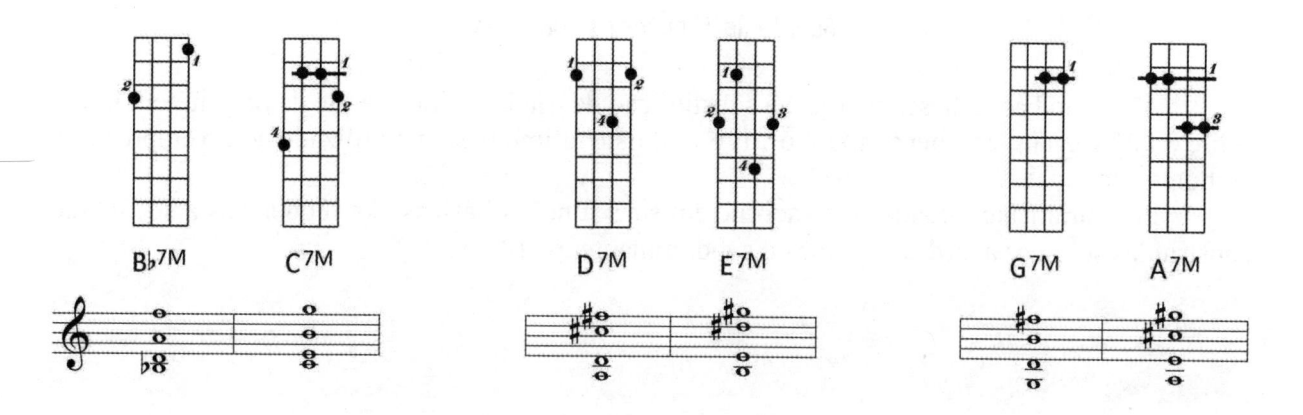

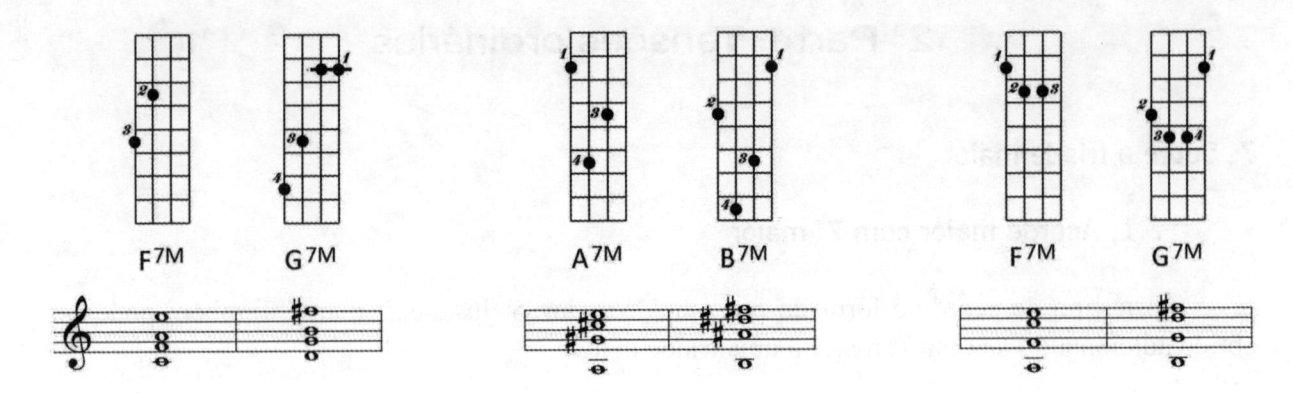

A montagem abaixo é incompleta com a ausência da 5ª e com a 3ª dobrada:

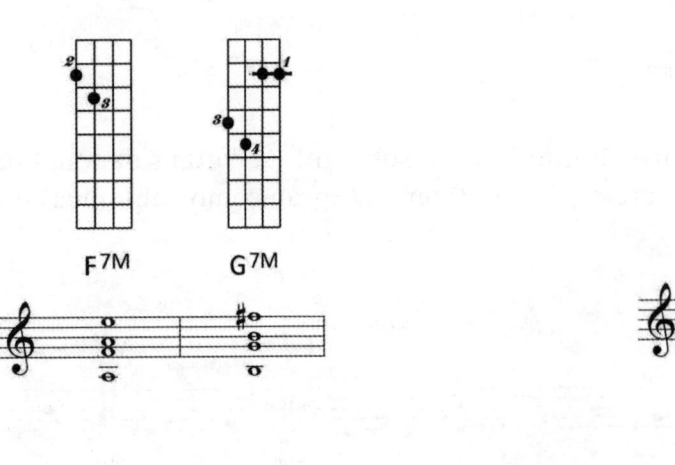

Estas são não transportáveis:

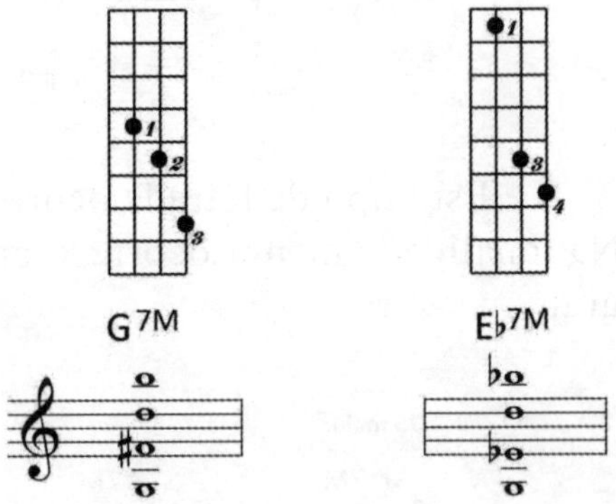

As duas montagens ao lado, além do fato de não serem transportáveis, possuem a 7ª junto da fundamental gerando um intervalo de 2ª menor. Pode-se, no entanto, tomar partido da aspereza desse intervalo, utilizando-se estes acordes em acompanhamentos mais dedilhados.

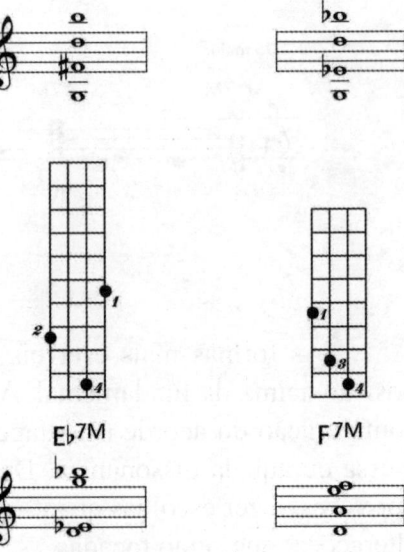

Acorde de 7ª maior / sequências

A função básica deste acorde é a substituição da tríade maior que lhe dá origem: em maior sobre o I e IV graus, em menor sobre o ♭III e ♭VI. Este último bastante utilizado como empréstimo no homônimo maior.

Primeiramente, fixamos este acorde em suas funções básicas. As sequências a seguir são construídas sobre os acordes de tônica e subdominante: **[I - IV]**

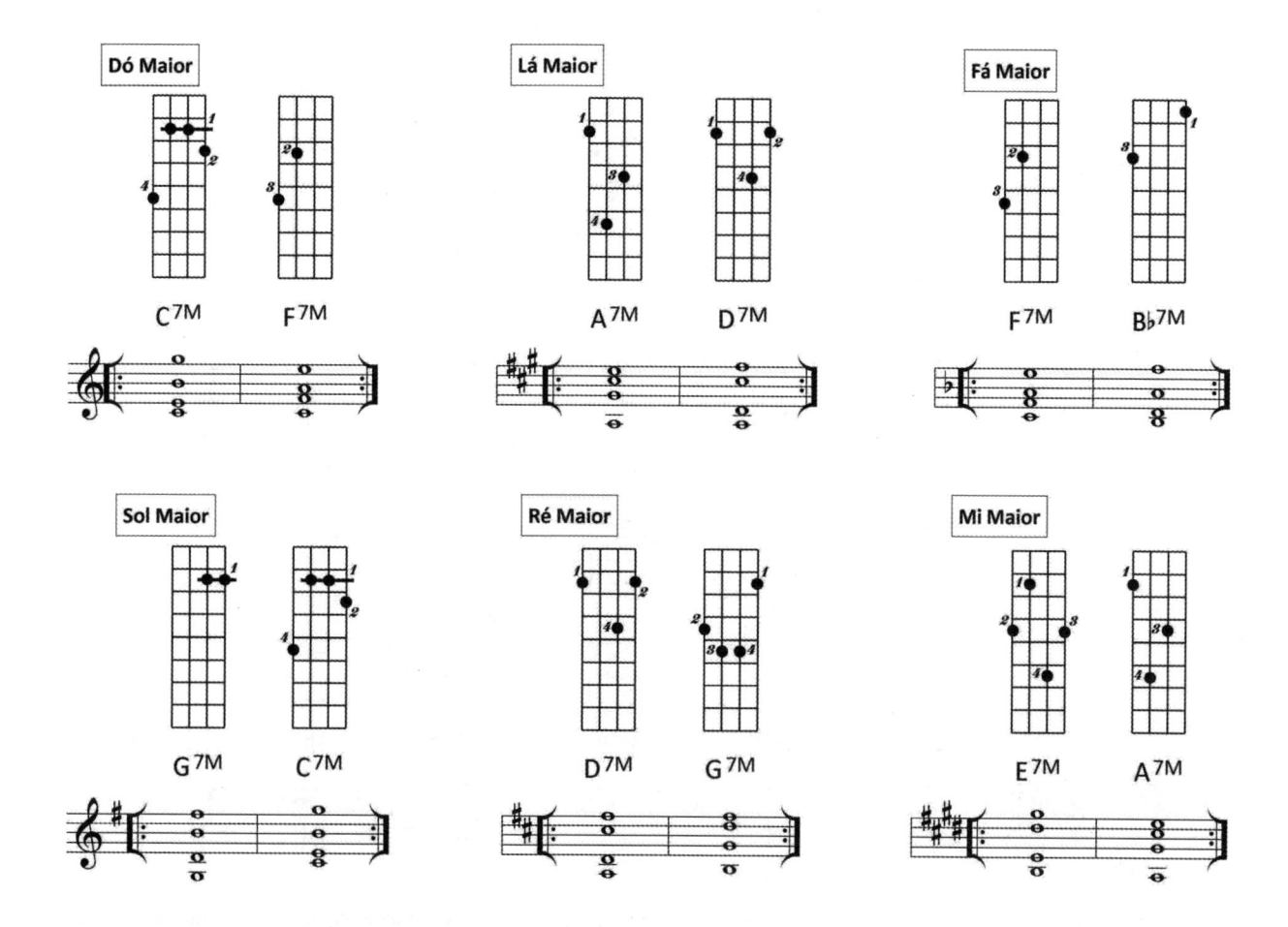

A sequência a seguir fixa a utilização da 7ª maior sobre o ♭VI e o ♭II – tonalidade menor. Este último foi apresentado anteriormente e tem sua origem numa alteração do acorde de 5ª diminuta que surge no II grau do modo menor. Sua função primordial de subdominante fica mais bem caracterizada quando usamos as tensões de 6ª ou 7ª maior sobre ele. A incorporação da 7ª menor neste acorde, transformando-o num acorde de 7ª da dominante, será discutida em seção posterior. A seguir o modelo:

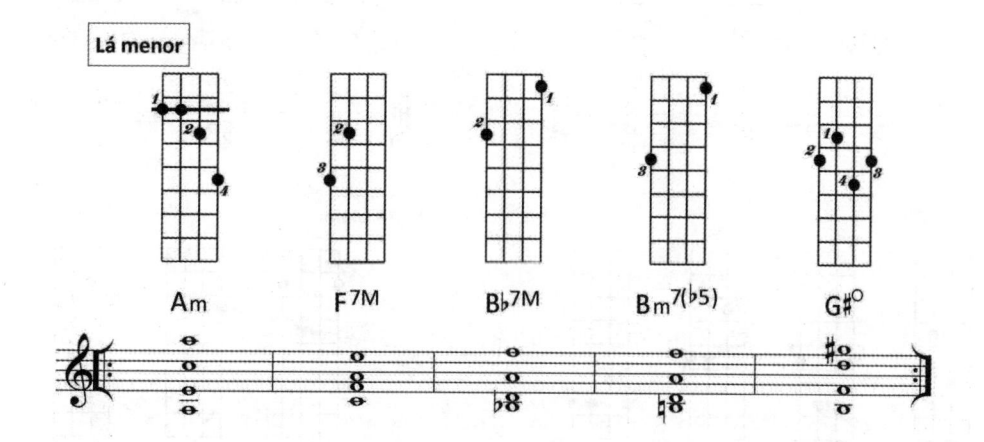

[Im - ♭VI - ♭II - II^ø - VII°]

Ré menor

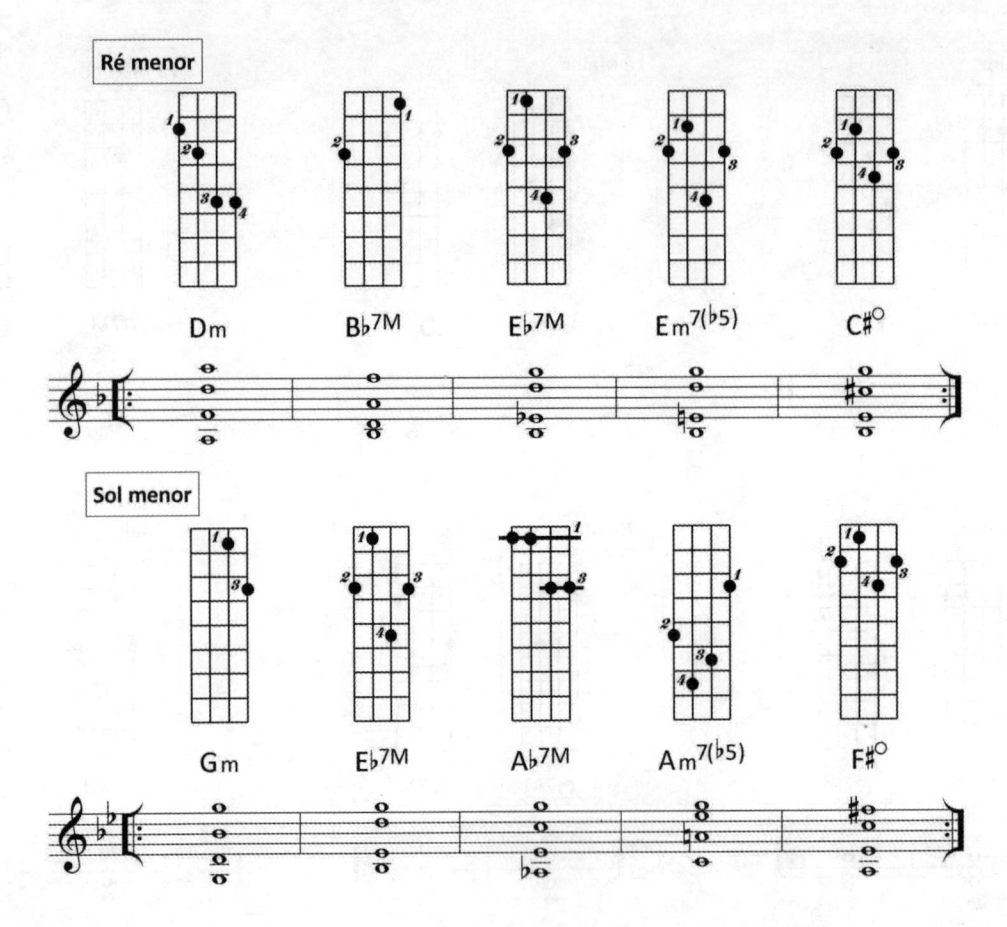

Dm — Bb7M — Eb7M — Em7(b5) — C#°

Sol menor

Gm — Eb7M — Ab7M — Am7(b5) — F#°

Os acordes bVI e IIø do modo menor são utilizados agora como empréstimo na tonalidade maior. O modelo é o seguinte: **[I - bVI - IIø - V7]**

Dó Maior

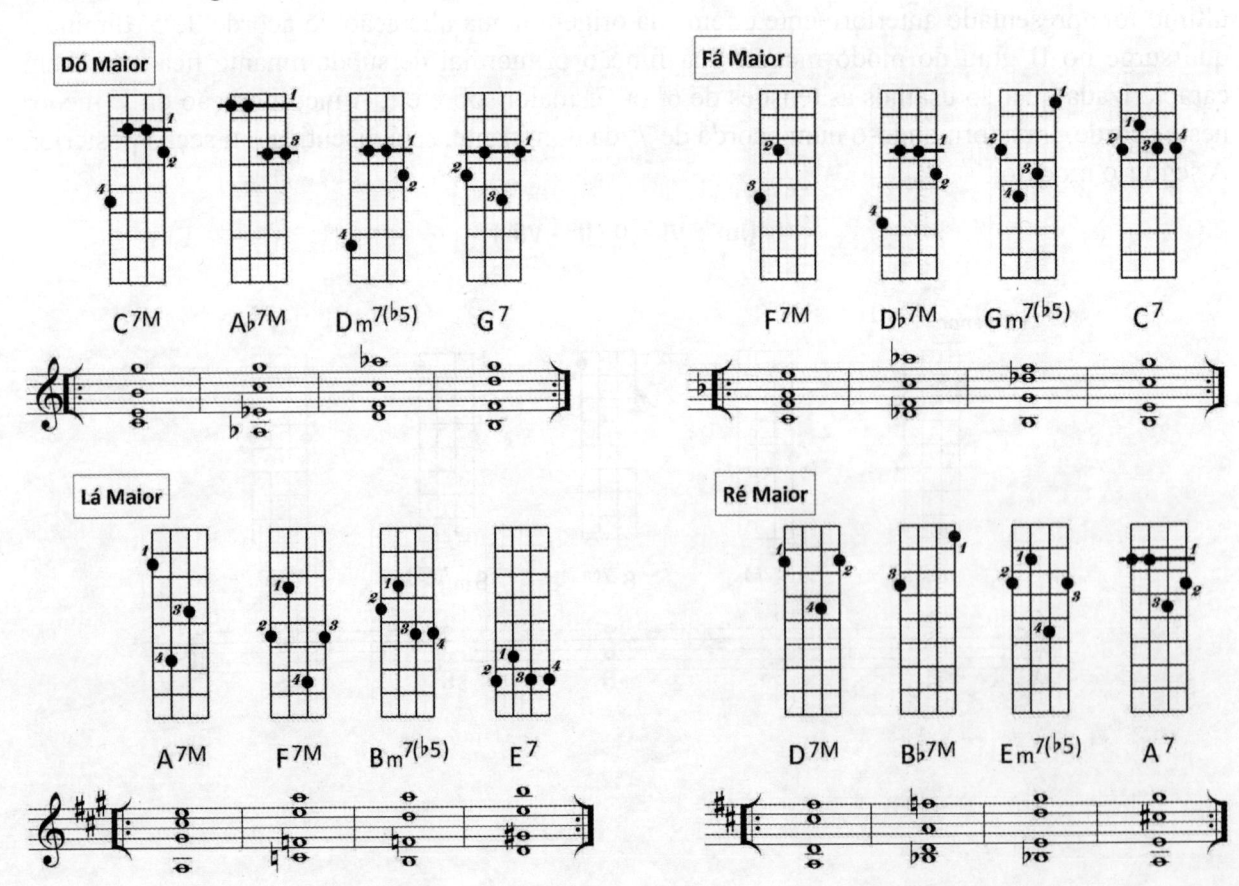

C7M — Ab7M — Dm7(b5) — G7

Fá Maior

F7M — Db7M — Gm7(b5) — C7

Lá Maior

A7M — F7M — Bm7(b5) — E7

Ré Maior

D7M — Bb7M — Em7(b5) — A7

7.2. Acorde maior com 6ª

Este acorde é obtido juntando-se uma 6ª maior a uma tríade maior. Tem, basicamente, a mesma função do acorde de 7ª maior. A diferença fundamental está no colorido harmônico de cada dissonância e surge, também, sobre as tríades maiores que ocorrem no modo maior (I e IV) e no modo menor (♭III e ♭VI).

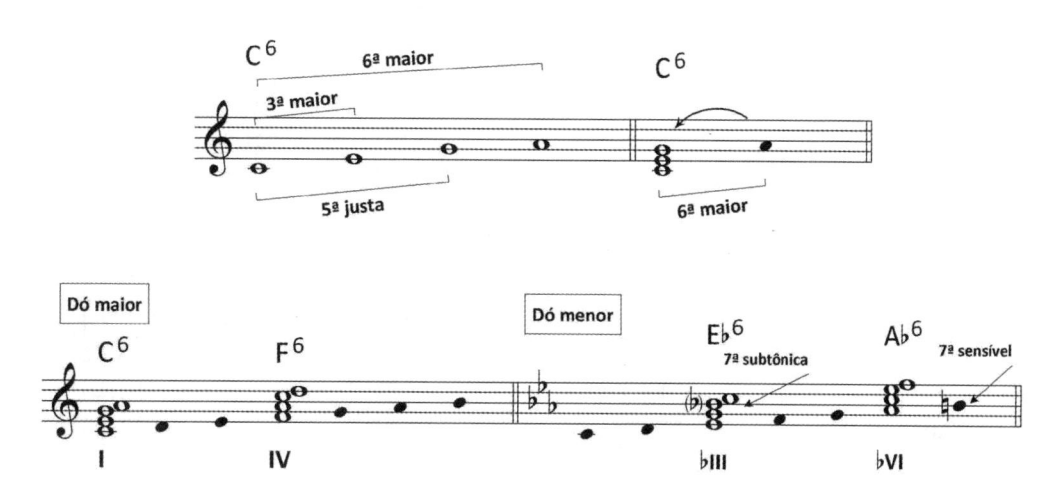

Acorde maior com 6ª / montagens

As formas mais estáveis deste acorde são as que apresentam a 6ª maior acima da fundamental. A colocação da 6ª abaixo da fundamental é possível nos casos em que o bandolim faz parte de um grupo maior e a articulação do baixo é garantida por outro instrumento mais grave: violão, piano, contrabaixo etc.

Sua similaridade com o acorde menor com 7ª será discutida logo a seguir.

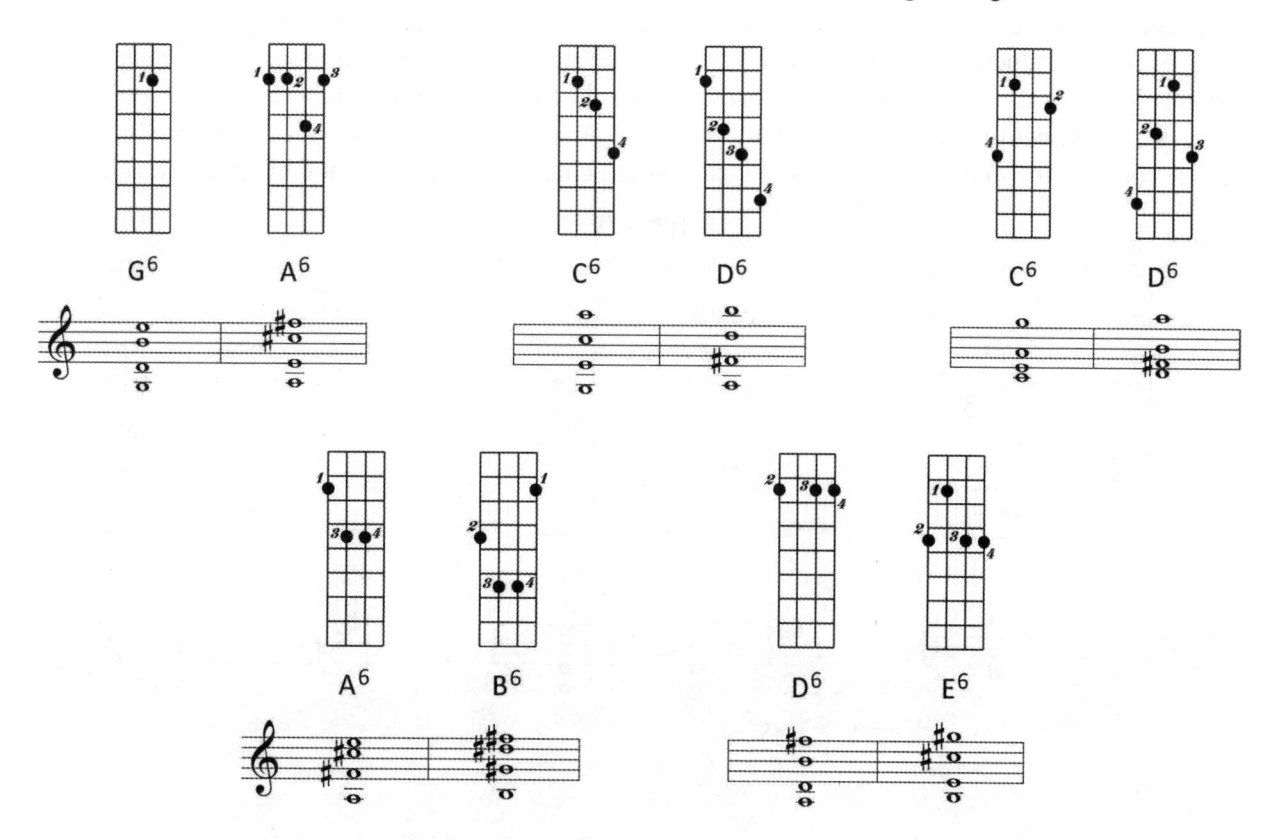

A montagem ao lado é incompleta – sem a fundamental e com a 5ª dobrada – mas funciona muito bem quando o bandolim faz parte de uma formação instrumental maior, com o baixo articulado por outro instrumento.

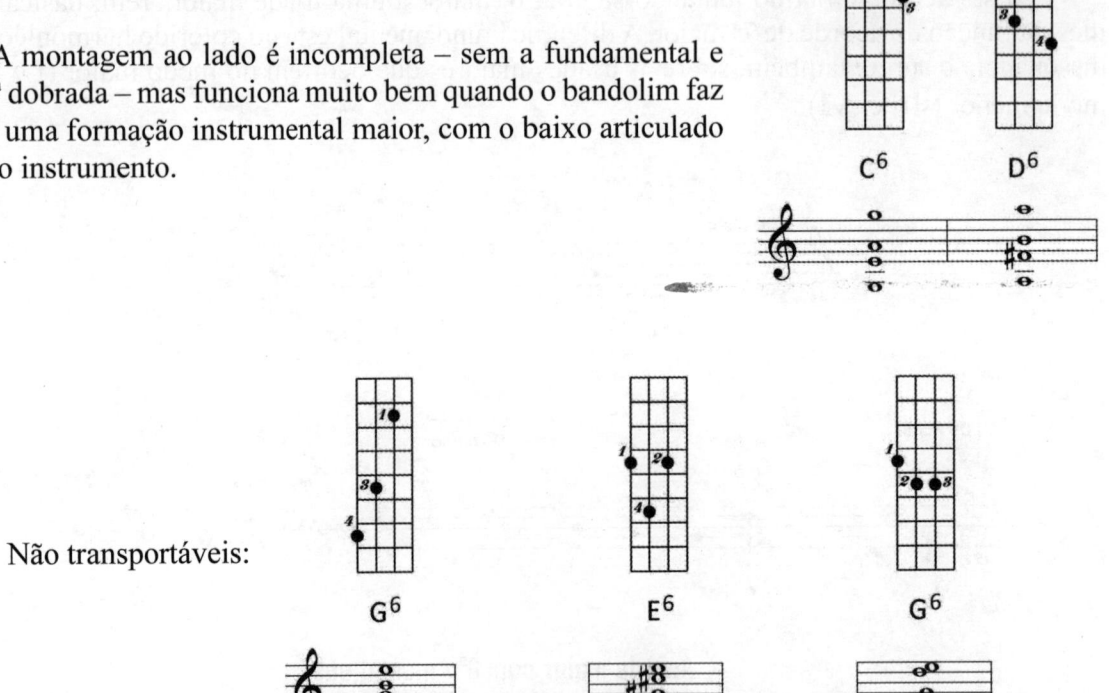

Não transportáveis:

Acorde maior com 6ª / sequências

Fixamos, neste primeiro grupo, a relação de similaridade entre acordes de 6ª e 7ª maior. Mantendo-se como base a tríade de origem, essas dissonâncias atuam como variação do colorido. Esse tipo de condução é bastante comum quando se dá um repouso mais longo na tônica ou na subdominante. Embora apresentada sobre a tônica de cada tonalidade no modelo a seguir, essa alternância também deve ser experimentada sobre a subdominante (IV). O modelo é simples e sem mudança efetiva de função. Os índices são para chamar atenção da mudança de colorido:

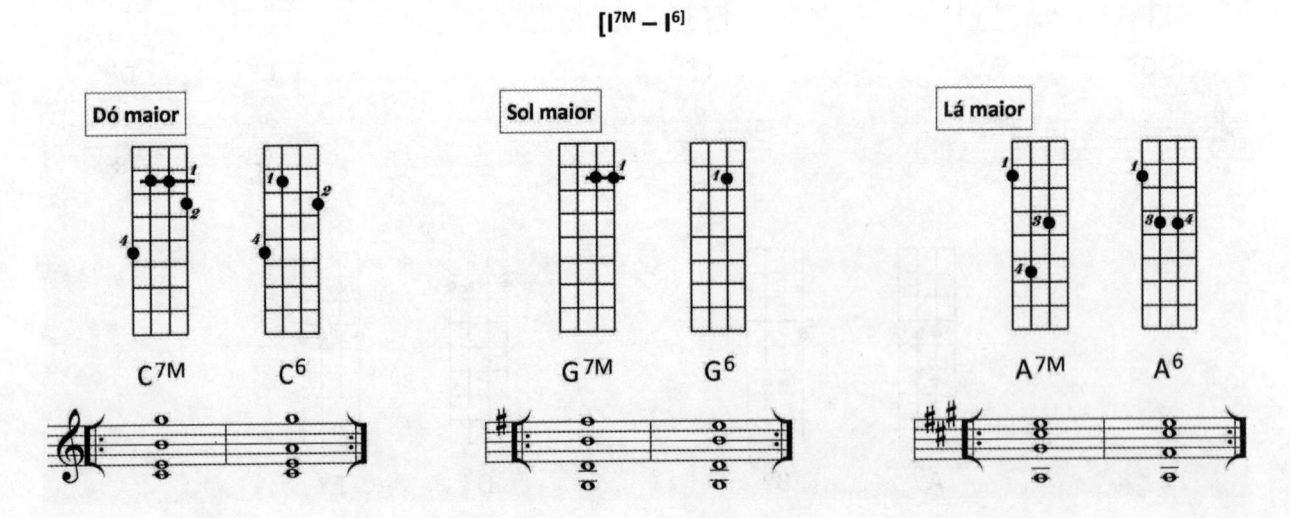

$$[I^{7M} - I^{6}]$$

Mi maior

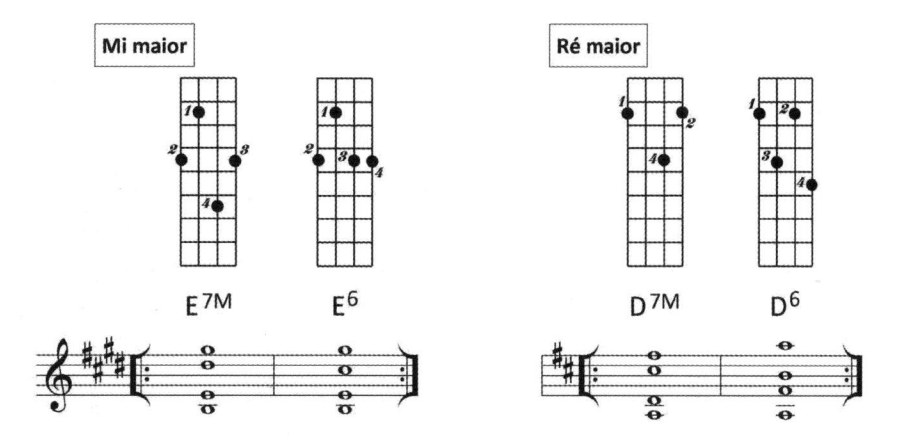

E⁷ᴹ   E⁶

Ré maior

D⁷ᴹ   D⁶

Nas sequências a seguir, os acordes de tônica e subdominante são apresentados com suas sextas. Vejamos o modelo: **[I - IV - V⁷ → V⁷]**

Lá maior

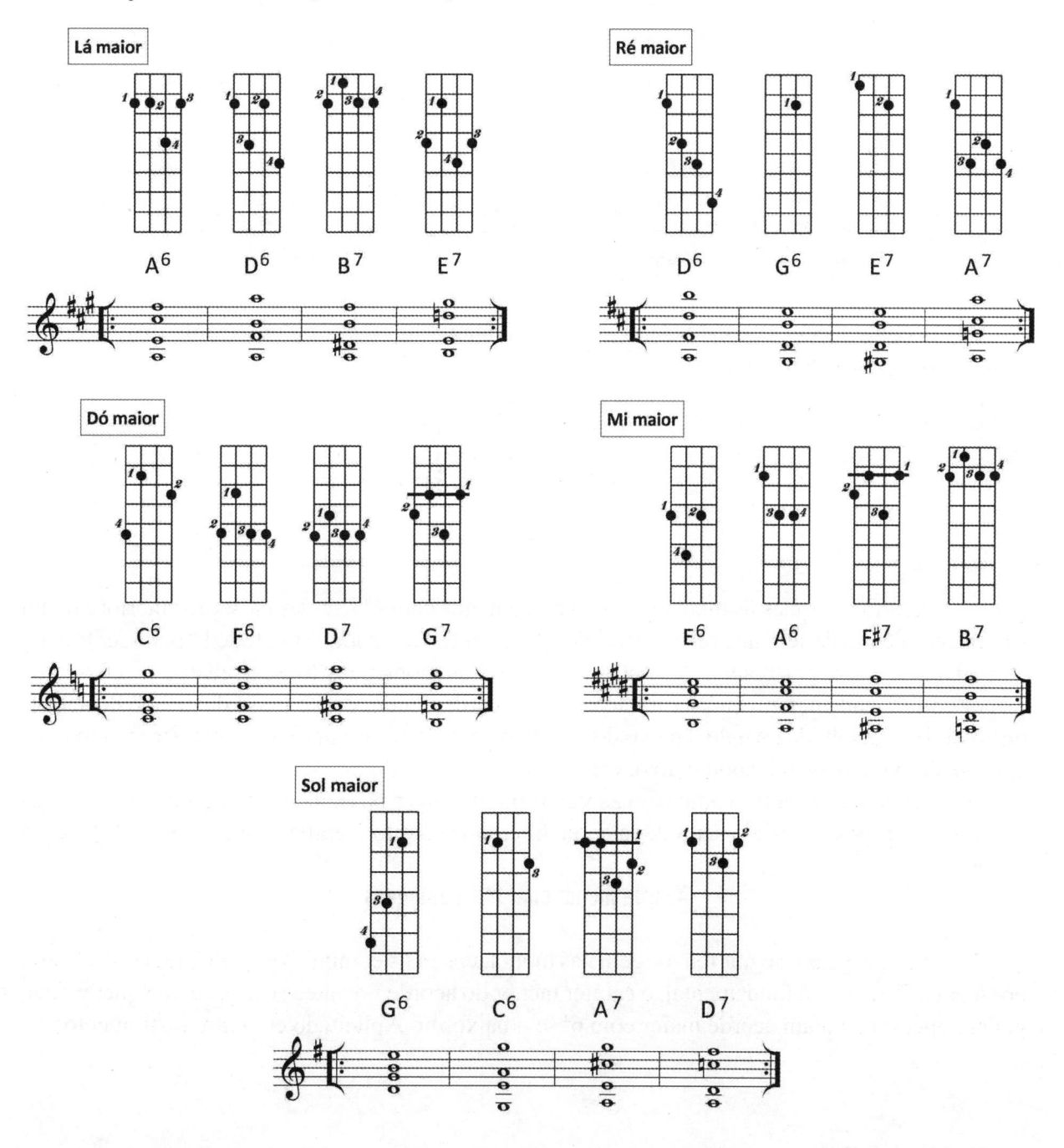

A⁶   D⁶   B⁷   E⁷

Ré maior

D⁶   G⁶   E⁷   A⁷

Dó maior

C⁶   F⁶   D⁷   G⁷

Mi maior

E⁶   A⁶   F♯⁷   B⁷

Sol maior

G⁶   C⁶   A⁷   D⁷

49

8. Sobre a tríade menor

8.1. Acorde menor com 7ª

Forma-se pela adição de uma 7ª menor a uma tríade menor, ficando assim constituído de uma 3ª menor, 5ª justa e 7ª menor. Este tipo de acorde surge nos mesmos pontos das escalas maior e menor em que surge o acorde perfeito menor. Na tonalidade maior, no II, III e VI graus. Na tonalidade menor, no IV grau e, utilizando-se o 7º grau subtônica, no I. Em contextos modais é possível também o aparecimento desse tipo de acorde sobre o V grau da tonalidade menor.

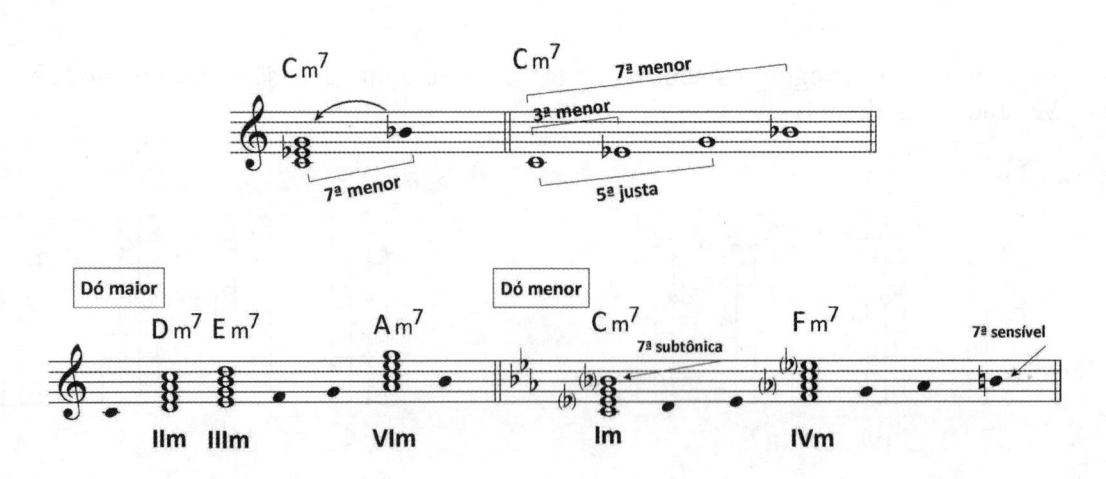

O acorde menor com 7ª possui o mesmo conjunto de notas de um acorde maior com 6ª distando uma terça menor acima:

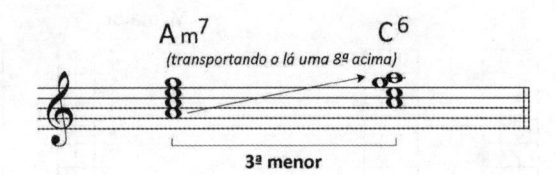

Dessa forma todas as montagens do acorde maior com 6ª listadas na seção anterior podem ser tratadas dentro da seguinte relação: todo G⁶ pode ser tratado como Em⁷; todo F⁶ pode ser tratado como Dm⁷, e assim por diante. Por outro lado, todas as montagens listadas abaixo como acorde menor com 7ª podem, também, ser tratadas como acorde maior com 6ª. Essa dualidade do acorde fica mais bem resolvida quando o baixo do acompanhamento é garantido por um instrumento mais apropriado: violão, piano, contrabaixo, etc.

A separação proposta aqui para as várias montagens é baseada nas tríades de origem. Nas sequências propostas poderá ser notada certa liberdade quanto à grafia de cada uma delas, como **m⁷** ou **⁶**.

Acorde menor com 7ª / montagens

As montagens a seguir têm origem nas montagens mais comuns das tríades menores. Como possuem a 7ª acima da fundamental, o caráter menor do acorde prevalece (mas, de qualquer forma, podem operar como um acorde maior com 6ª se o baixo for explicitado em outro instrumento).

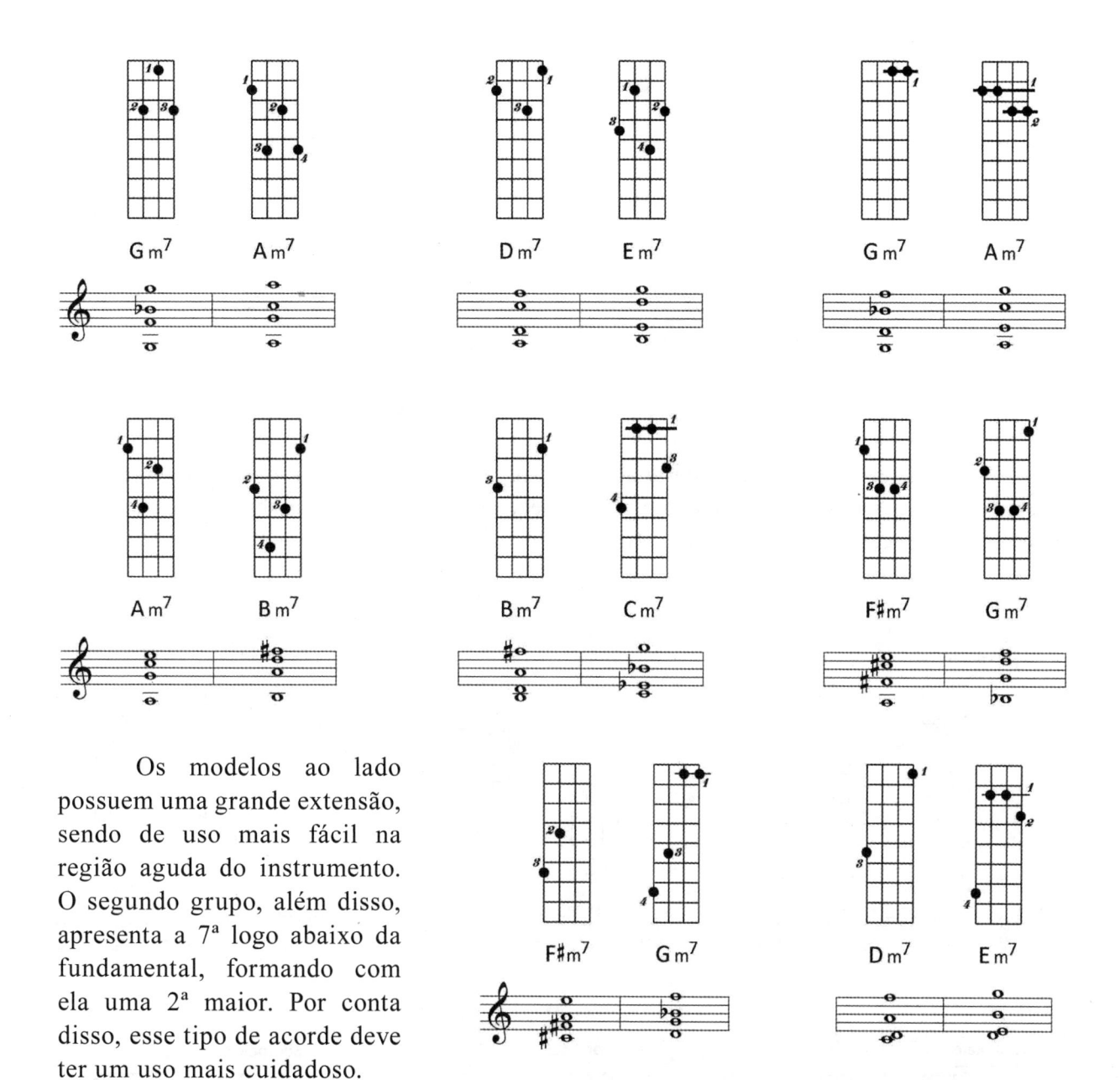

Os modelos ao lado possuem uma grande extensão, sendo de uso mais fácil na região aguda do instrumento. O segundo grupo, além disso, apresenta a 7ª logo abaixo da fundamental, formando com ela uma 2ª maior. Por conta disso, esse tipo de acorde deve ter um uso mais cuidadoso.

Repetimos, a seguir, as montagens principais dos acordes maiores com 6ª, com a sua cifra correspondente, no caso do uso como acorde menor com 7ª. Compare com os acordes da seção 7.2:

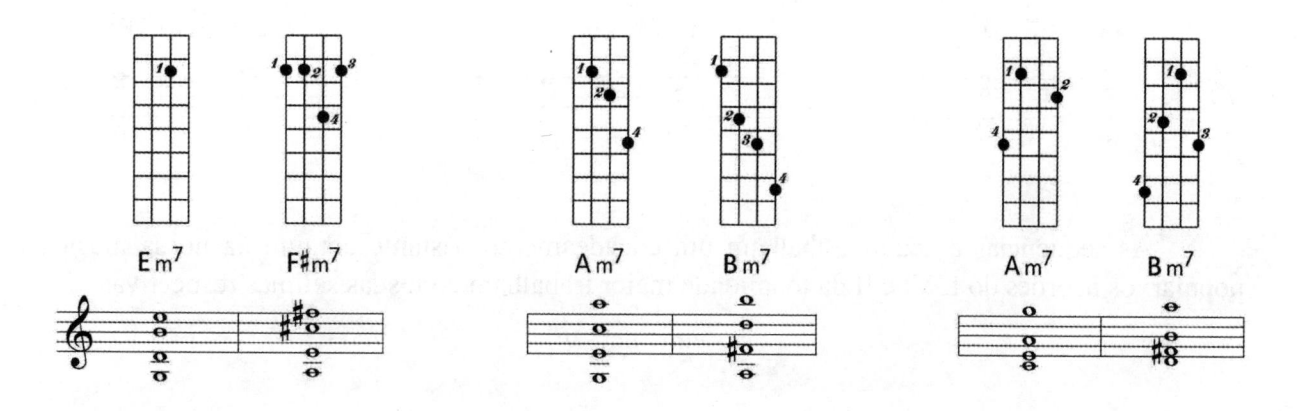

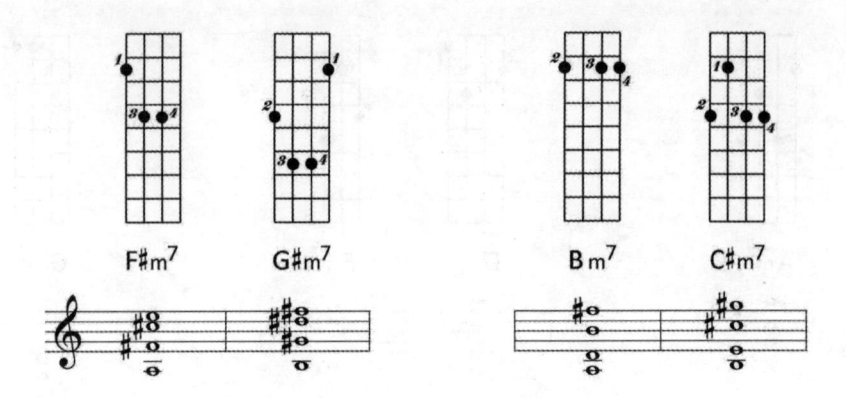

Acorde menor com 7ª / sequências

Um dos usos mais comuns deste acorde é sobre o IIm, ainda mais quando se encaminha diretamente para o acorde de 7ª da dominante. As sequências a seguir têm o objetivo de exercitar a associação entre esses dois acordes. Em tonalidade maior, o modelo é o seguinte:

[IIm - V⁷]

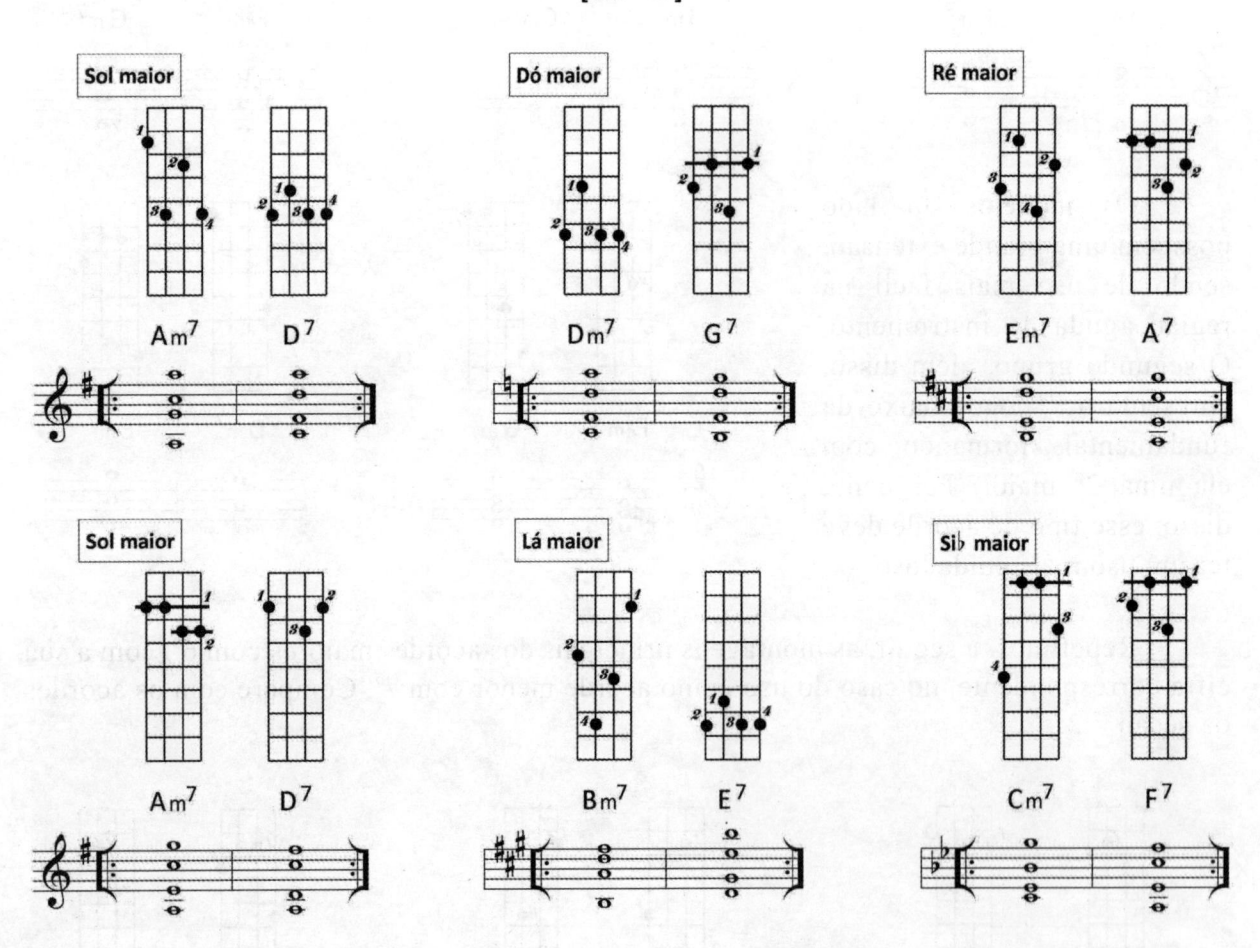

As sequências a seguir trabalham um encadeamento bastante comum na nossa música popular: os acordes do I, VI e II da tonalidade maior trabalham com suas sétimas respectivas:

[I - VIm - IIm - V⁷]

Dó maior: C⁷ᴹ Am⁷ Dm⁷ G⁷

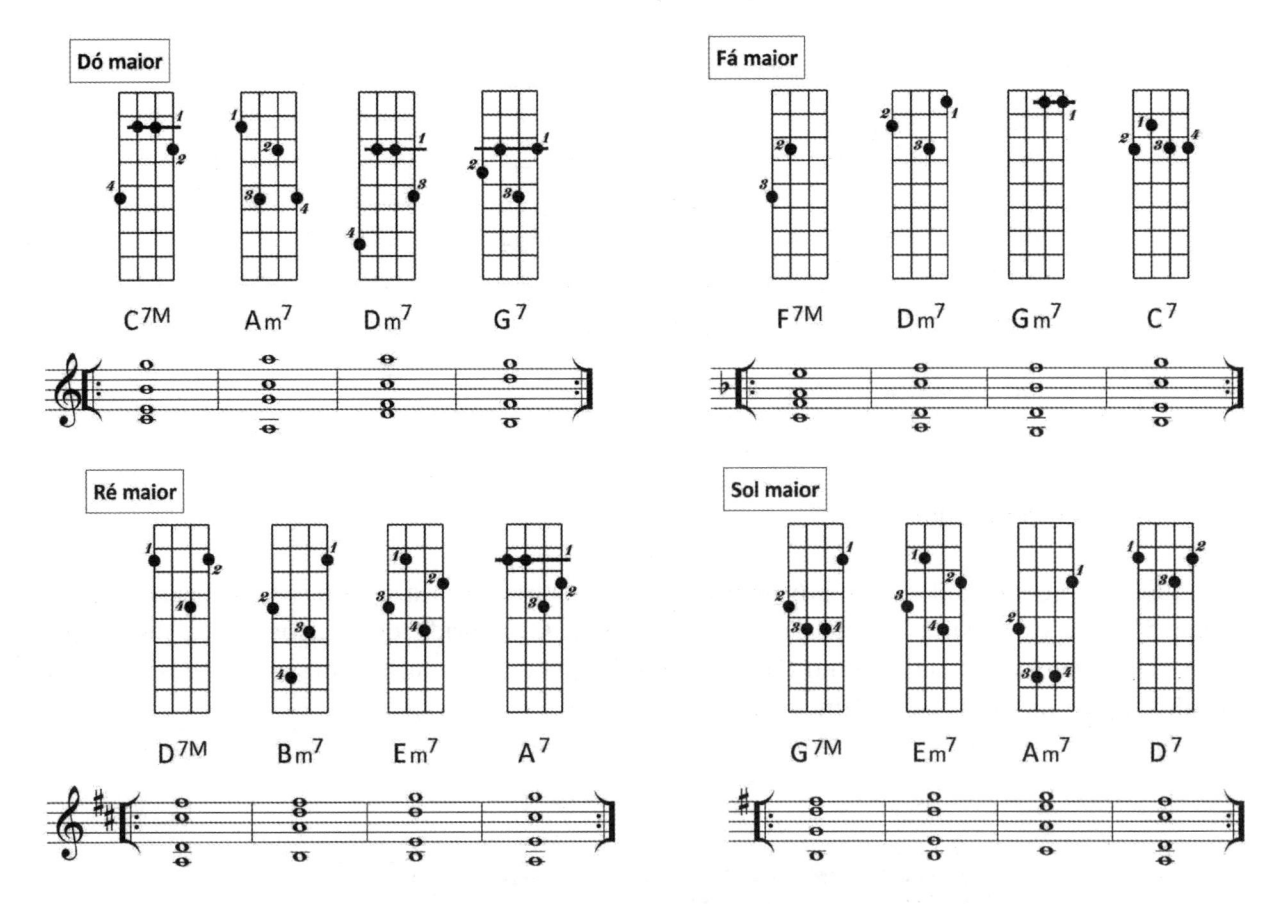

Fá maior: F⁷ᴹ Dm⁷ Gm⁷ C⁷

Ré maior: D⁷ᴹ Bm⁷ Em⁷ A⁷

Sol maior: G⁷ᴹ Em⁷ Am⁷ D⁷

Ainda na tonalidade maior, outra sequência bastante comum: a tonalidade circula pelas quatro primeiras funções da tonalidade com suas sétimas, depois toma como empréstimo o IVm⁶ do modo menor, antes de alcançar a dominante: **[I - IIm – IIIm - IV - IVm⁶ - V⁷]**

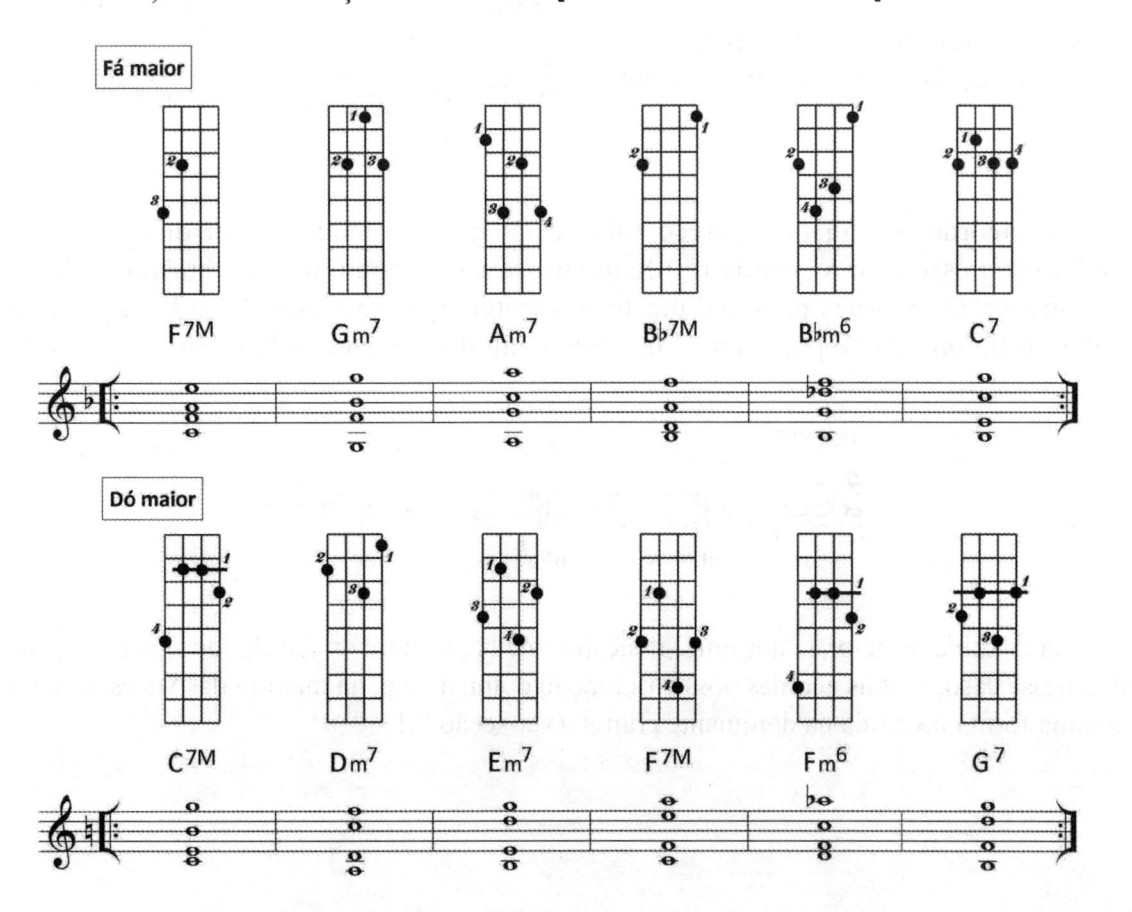

Fá maior: F⁷ᴹ Gm⁷ Am⁷ B♭⁷ᴹ B♭m⁶ C⁷

Dó maior: C⁷ᴹ Dm⁷ Em⁷ F⁷ᴹ Fm⁶ G⁷

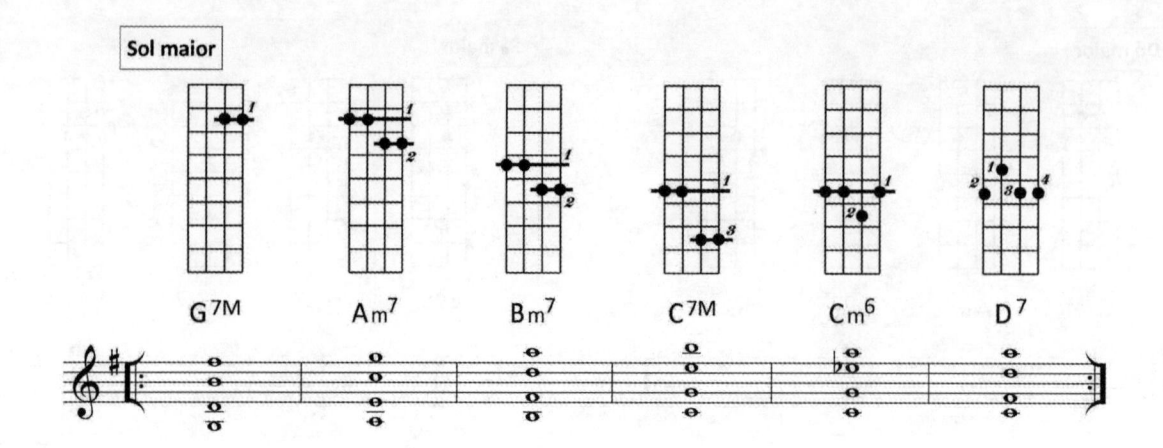

8.2. Acorde menor com 6ª

Obtido adicionando-se uma 6ª maior a uma tríade menor, o acorde se apresenta com 3ª menor, 5ª justa e 6ª maior em relação à fundamental. O colorido deste acorde fica mais bem caracterizado se for analisado como tônica do modo menor, mas utilizando-se o 6º e o 7º graus elevados, como na forma ascendente da escala melódica:

Assim, temos a 6ª se configurando como uma tensão em relação à tríade menor.

Um acorde semelhante aparece sobre o IV grau do modo menor quando juntamos uma 6ª. Mas, nesse caso, o acorde resultante passa a soar como uma inversão do acorde do II grau menor. Os acordes possuem um forte caráter subdominante (II$^\emptyset$ e IVm^6) e a opção por uma grafia ou outra é puramente circunstancial, direcionada pela facilidade de leitura.

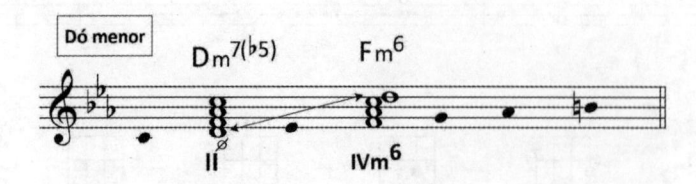

Na tonalidade maior, temos uma situação semelhante entre os acordes do II com 6ª e do VII, porém, nesse caso, os dois acordes possuem função dominante e, na maioria das vezes, funcionam como uma forma invertida da dominante com 9ª (ver seção 9.1):

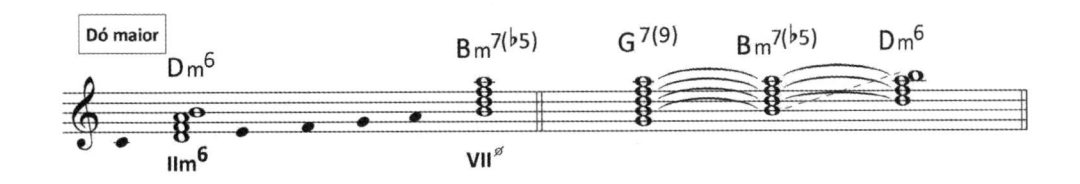

Acorde menor com 6ª / montagens

As montagens são as mesmas dos acordes menores com 7ª e 5ª diminuta distando uma 3ª menor abaixo (comparar com os acordes da seção 3):

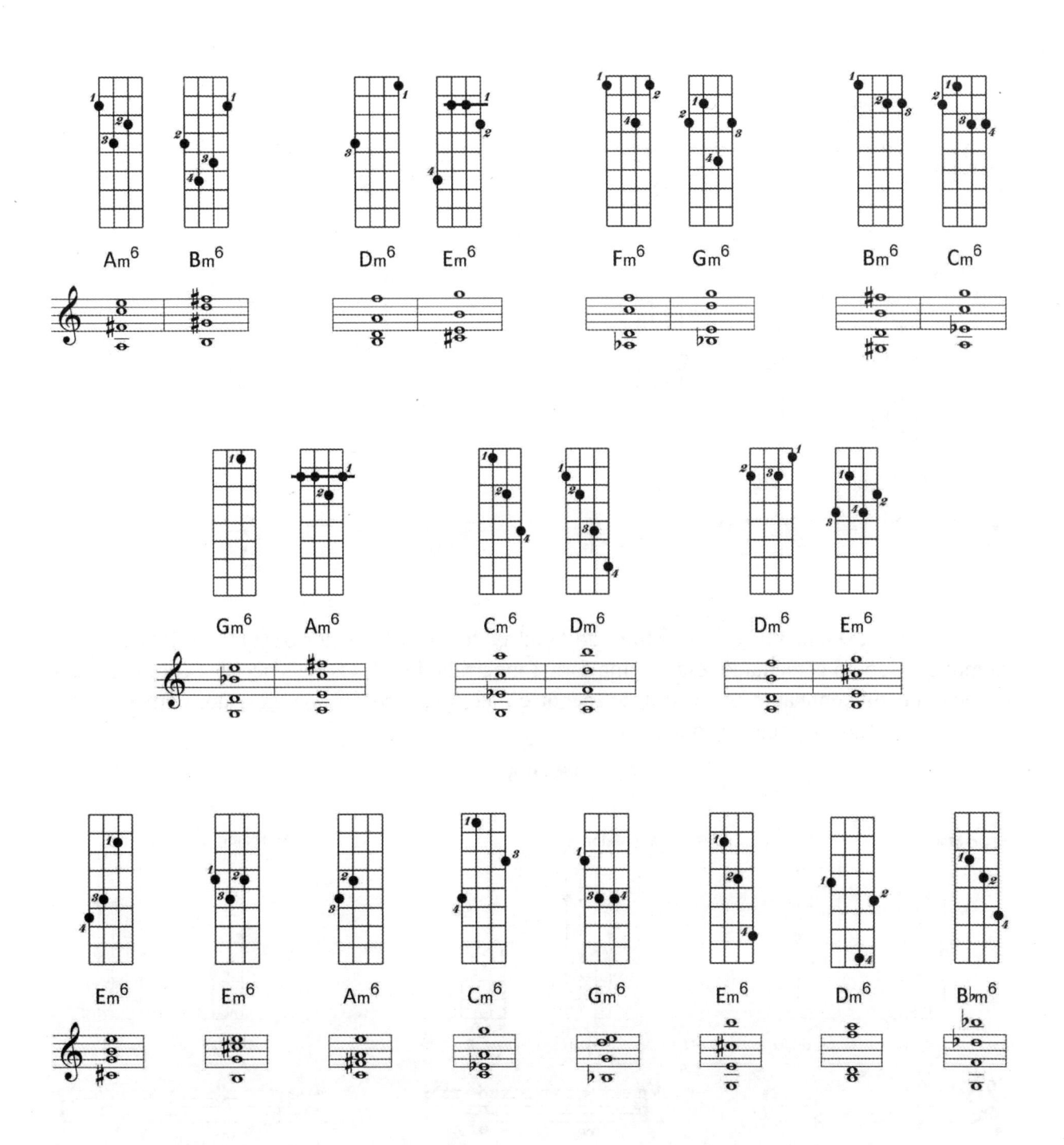

Acorde menor com 6ª / sequências

Em primeiro lugar, fixamos a 6ª funcionando como tensão sobre a tríade menor como tônica. Vejamos o modelo:

[IIØ - VII° - Im⁶]

Sol menor: Am⁷⁽♭⁵⁾ — F#° — Gm⁶

Lá menor: Bm⁷⁽♭⁵⁾ — G#° — Am⁶

Ré menor: Em⁷⁽♭⁵⁾ — C#° — Dm⁶

Dó menor: Dm⁷⁽♭⁵⁾ — B° — Cm⁶

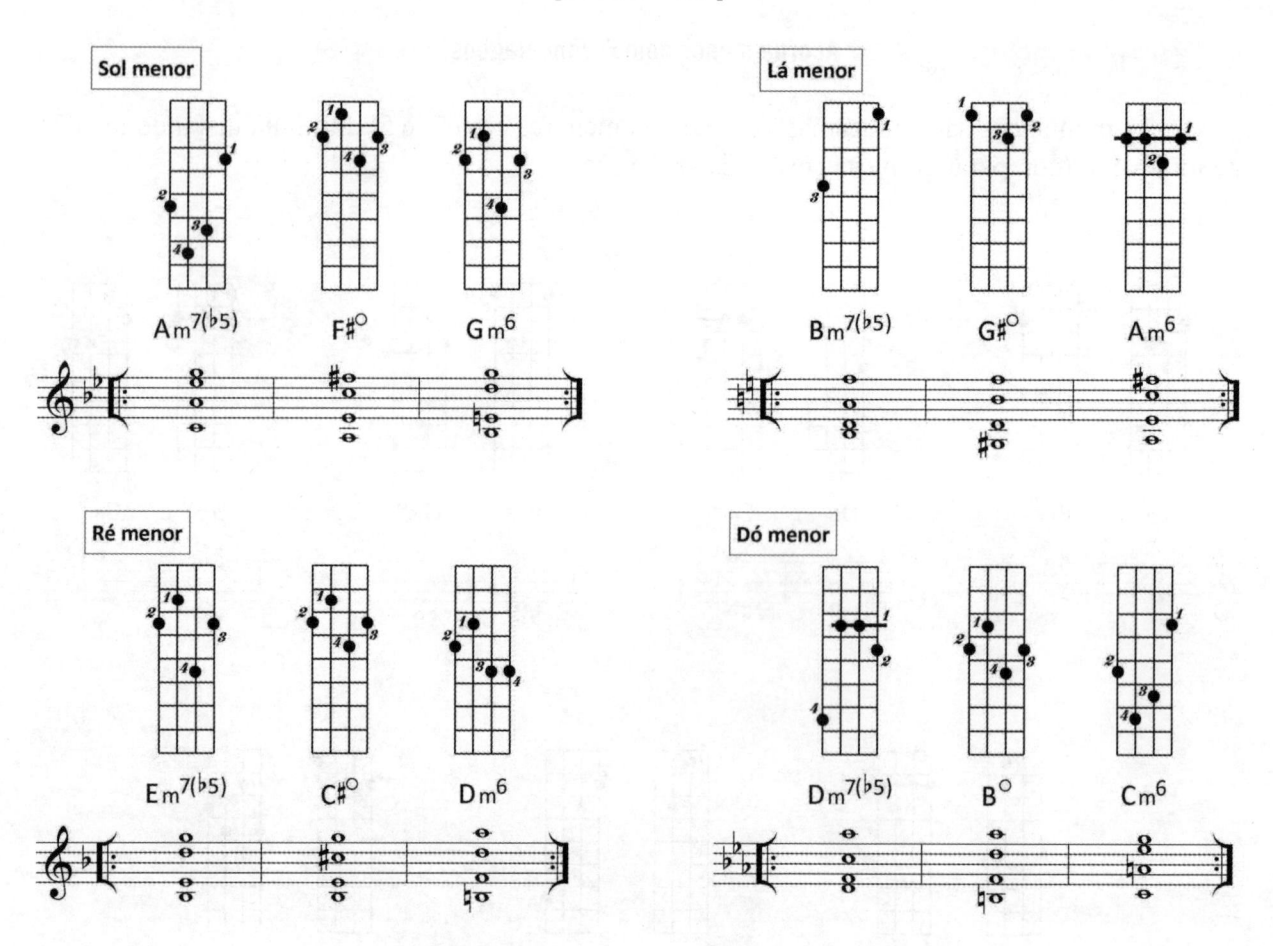

Agora, exercitamos o empréstimo do IVm⁶ da tonalidade menor para maior. Ressaltamos sempre que, como comentado, essa é uma forma invertida do IIØ. Os dois acordes compartilham a função de subdominante na tonalidade menor e é com essa visão que eles são, normalmente, tratados na música popular. Eis o modelo:

[I⁷ᴹ - IVm⁶]

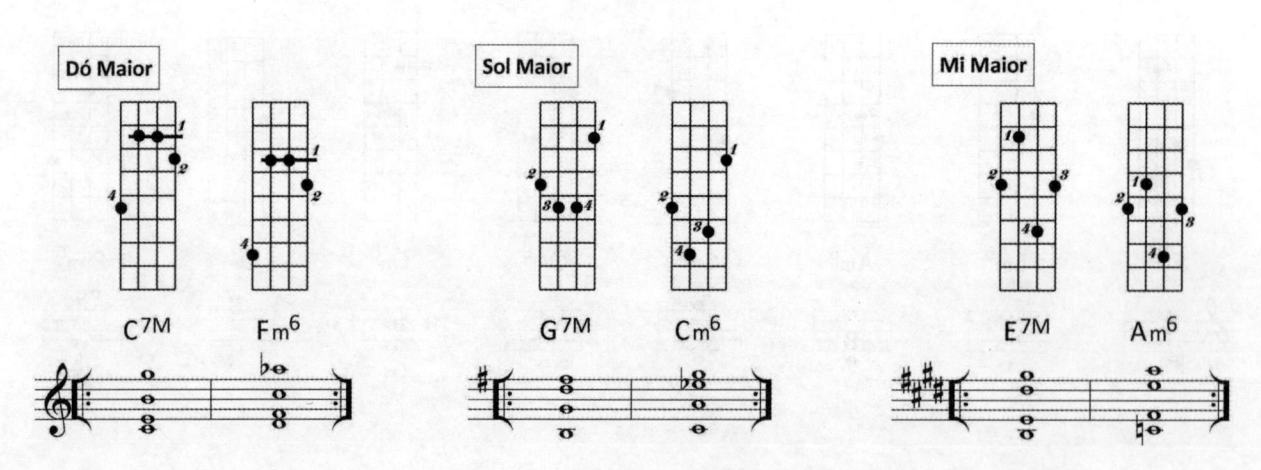

Dó Maior: C⁷ᴹ — Fm⁶

Sol Maior: G⁷ᴹ — Cm⁶

Mi Maior: E⁷ᴹ — Am⁶

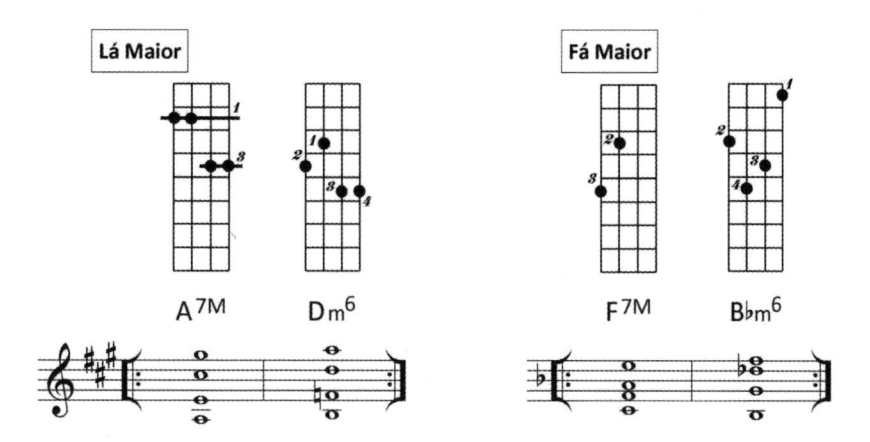

8.3. Acorde menor com 7ª maior

Acorde obtido adicionando-se uma 7ª maior a uma tríade menor. Aparece no I grau da escala menor quando se utiliza o 7º grau elevado. Embora a simples elevação do VII grau seja suficiente para dar origem a esse tipo de acorde, sua sonoridade fica mais bem caracterizada quando o associamos à escala melódica ascendente, com o 6º grau também elevado, de maneira semelhante àquela do acorde menor com 6ª (seção 8.2):

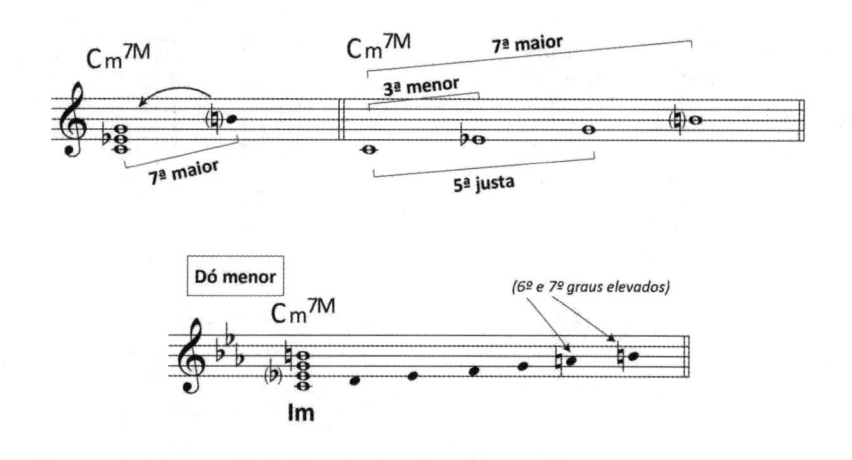

Acorde menor com 7ª maior / montagens

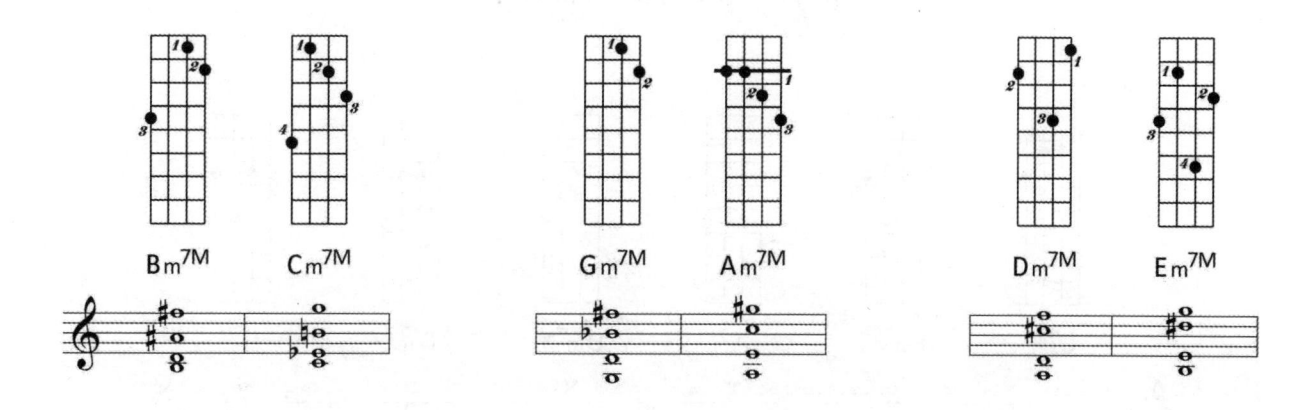

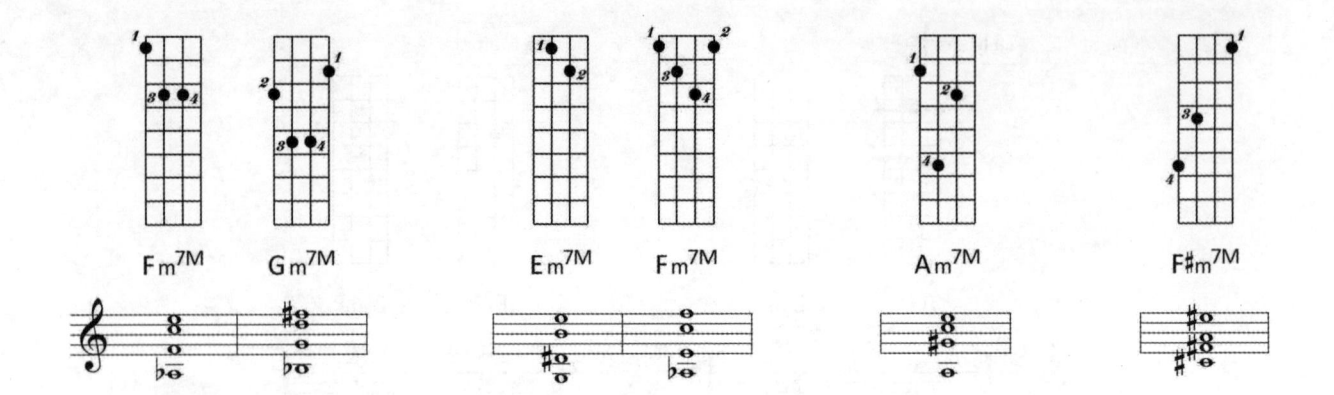

Fm⁷ᴹ   Gm⁷ᴹ   Em⁷ᴹ   Fm⁷ᴹ   Am⁷ᴹ   F♯m⁷ᴹ

Acorde menor com 7ª maior / sequências

Como resultado de sua origem, este acorde é utilizado como substituição da tríade menor funcionando como tônica menor ou, momentaneamente, como tal. É comum sua dissonância (a 7ª maior) resolver na 8ª ou migrar para dissonâncias mais estáveis, como a 7ª menor ou a 6ª maior.

Na tonalidade menor, o acorde de tônica tem seu colorido variado pela 7ª maior e pela 6ª:

[IIø - V⁷ – Im⁷ᴹ - Im⁶]

Lá menor
Bm⁷(♭5)   E⁷   Am⁷ᴹ   Am⁶

Mi menor
F♯m⁷(♭5)   B⁷   Em⁷ᴹ   Em⁶

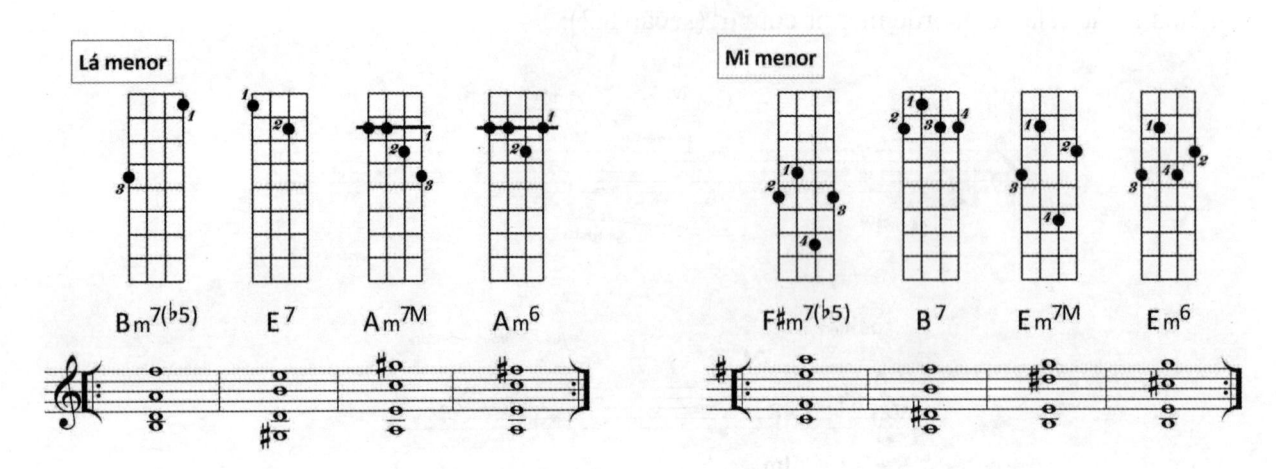

Na tonalidade maior, a 7ª maior do II grau resolve sobre a 7ª menor no mesmo grau (o trecho entre parênteses no modelo abaixo será abordado à frente, na seção 8.4):

[I - (IIø - V⁷)↪IIm⁷ᴹ - IIm⁷ - V⁷]

Dó maior
C⁷ᴹ   Em⁷(♭5)   A⁷   Dm⁷ᴹ   Dm⁷   G⁷

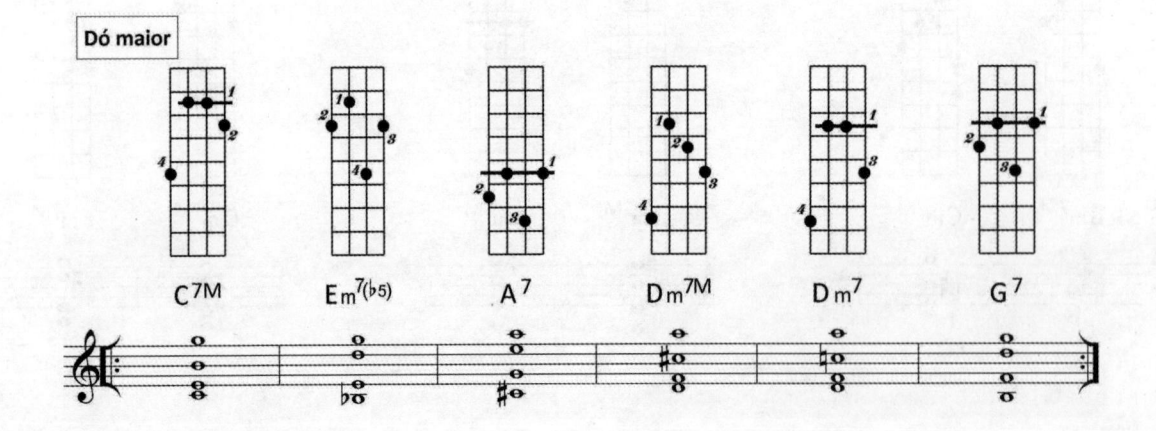

Lá maior

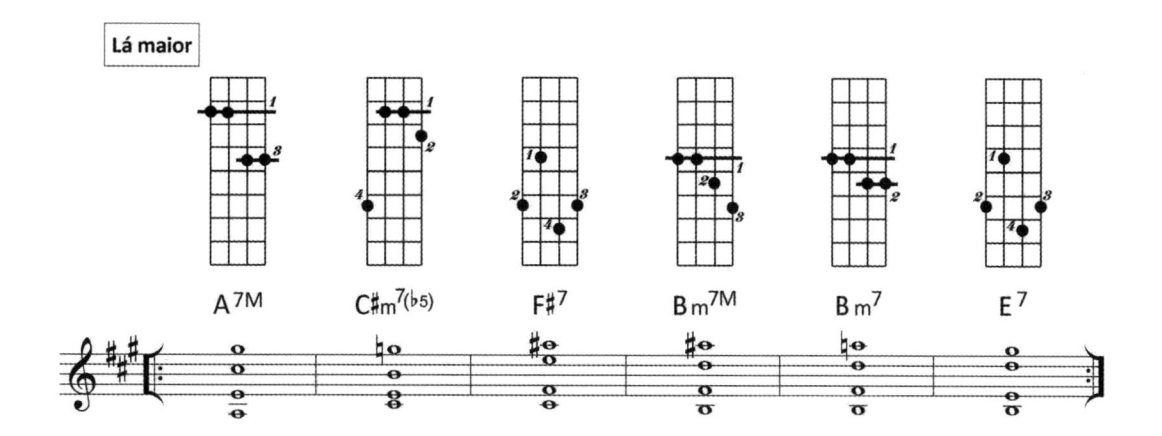

A⁷ᴹ   C#m⁷⁽♭⁵⁾   F#⁷   Bm⁷ᴹ   Bm⁷   E⁷

A sequência a seguir apresenta uma tríade maior sobre a qual se deslocam as tensões comuns deste tipo de acorde. É um procedimento comum e deve ser experimentado sobre as várias montagens da tríade menor, inclusive nos casos de acordes com três notas apontados na seção 6. Pode ocorrer em qualquer ponto da tonalidade em que, normalmente, encontramos uma tríade menor.

[Im - Im⁷ᴹ - Im⁷ - Im⁶]

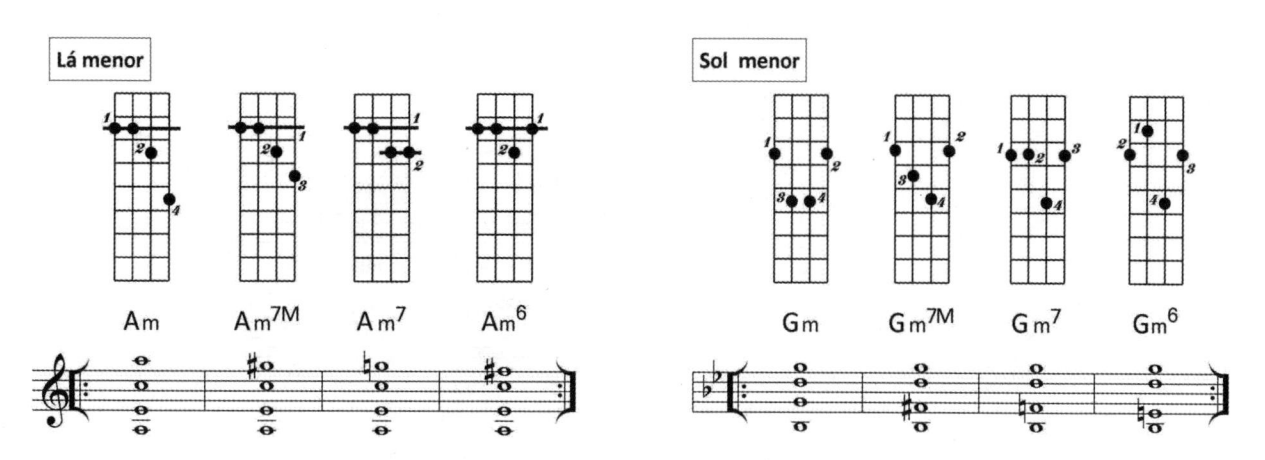

Lá menor

Am   Am⁷ᴹ   Am⁷   Am⁶

Sol menor

Gm   Gm⁷ᴹ   Gm⁷   Gm⁶

8.4. [II - V] cadencial

Apresentamos, na seção 2.3, o uso das dominantes secundárias para intensificar a aproximação da tonalidade principal em direção aos graus auxiliares. Aqui, temos uma extensão natural desse conceito pela utilização, também, de um acorde subdominante (geralmente o II) da tonalidade auxiliar, à qual nos dirigimos, precedendo a dominante secundária:

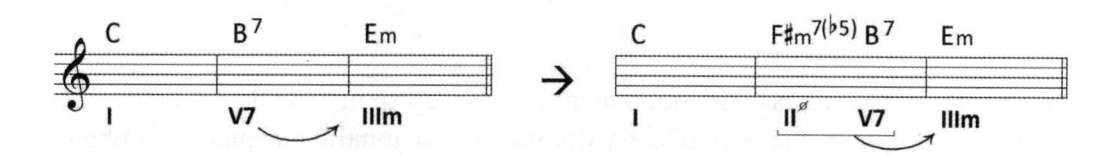

| C | B⁷ | Em | → | C | F#m⁷⁽♭⁵⁾ B⁷ | Em |
| I | V7 | IIIm | | I | IIø   V7 | IIIm |

No primeiro caso acima, o IIIm é precedido por sua dominante secundária. Depois, a sequência aumenta o foco na tonalidade auxiliar pela utilização do IIø antes da dominante secundária (F#m⁷⁽♭⁵⁾, que é o II da tonalidade de Mi menor para o qual aponta B⁷). Repare que todo o conjunto [II-V] se relaciona com a tonalidade para a qual se dirige a harmonia naquele ponto.

Podemos estender esse conceito para todos os graus da tonalidade:

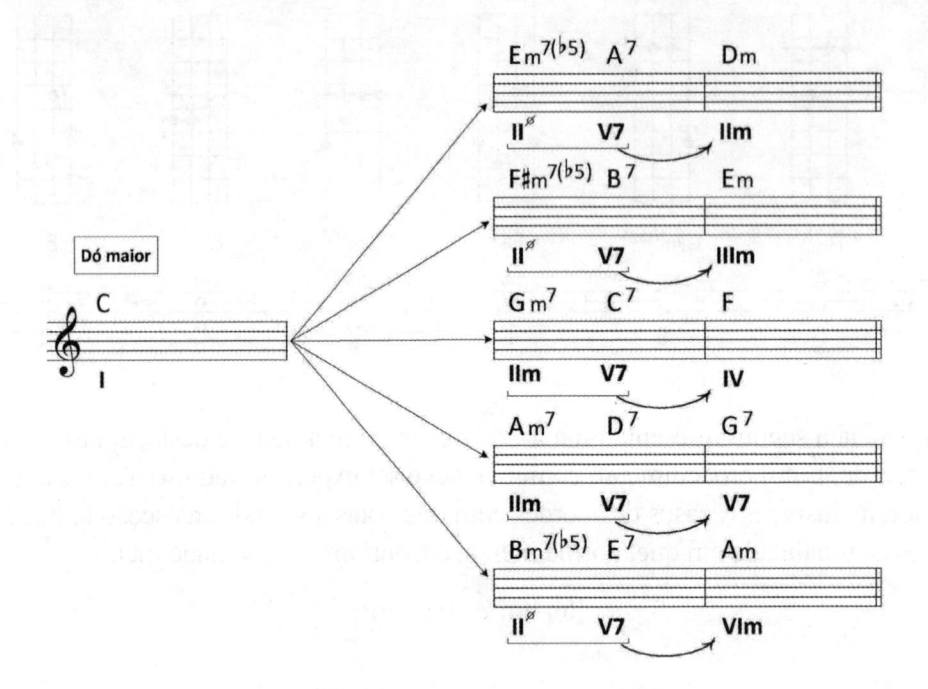

Dó maior — C (I)

- Em⁷(♭5) A⁷ Dm → II⁰ V7 IIm
- F#m⁷(♭5) B⁷ Em → II⁰ V7 IIIm
- Gm⁷ C⁷ F → IIm V7 IV
- Am⁷ D⁷ G⁷ → IIm V7 V7
- Bm⁷(♭5) E⁷ Am → II⁰ V7 VIm

O mesmo para a tonalidade menor:

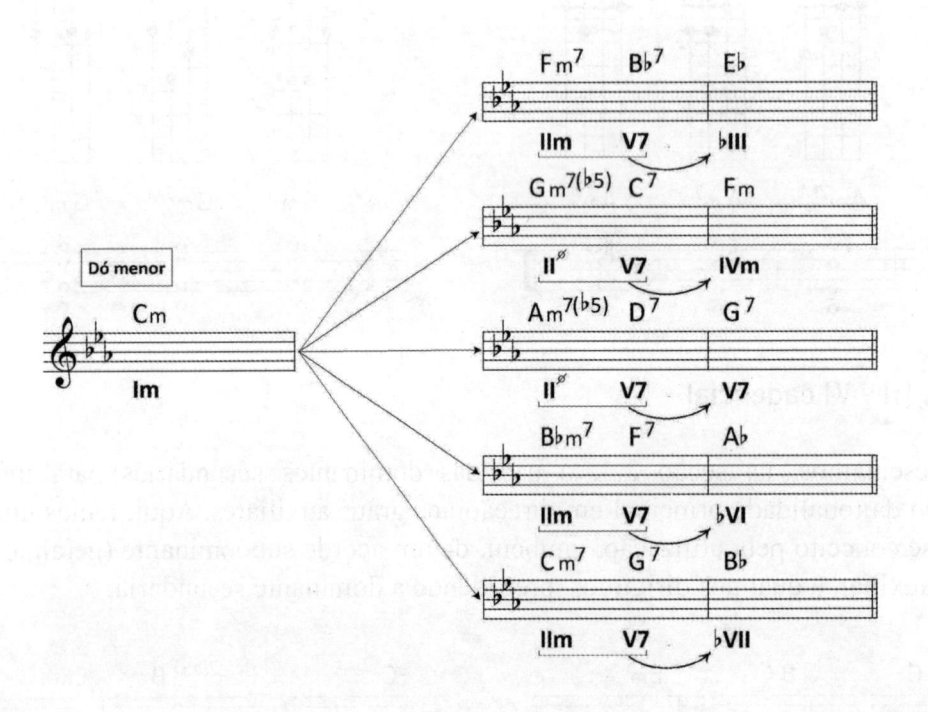

Dó menor — Cm (Im)

- Fm⁷ B♭⁷ E♭ → IIm V7 ♭III
- Gm⁷(♭5) C⁷ Fm → II⁰ V7 IVm
- Am⁷(♭5) D⁷ G⁷ → II⁰ V7 V7
- B♭m⁷ F⁷ A♭ → IIm V7 ♭VI
- Cm⁷ G⁷ B♭ → IIm V7 ♭VII

Repare acima que, no caso do modo menor, para a aproximação da região da dominante, utilizamos o II⁰, uma vez que a região da dominante na tonalidade menor também é uma tonalidade menor, embora o acorde que exerça o V grau seja dominante e tem como base uma tríade maior.

As sequências a seguir são montadas a partir do padrão:

[I - (II⁰ - V⁷)→VIm - (IIm⁷ - V⁷)→ ♭III - II⁰ - V⁷]

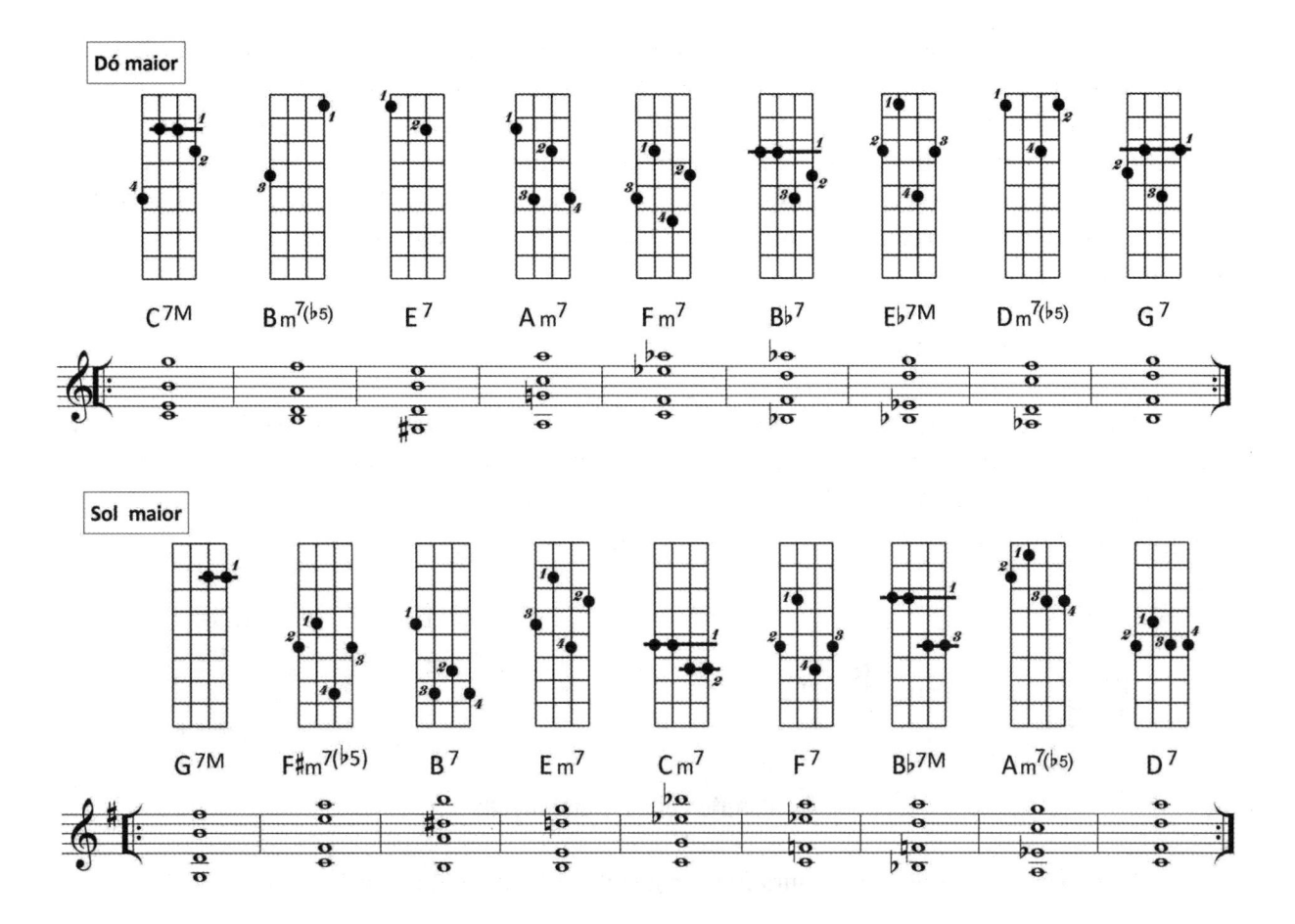

9. Sobre o acorde de 7ª da dominante

Com o limite de quatro notas para a construção dos acordes no bandolim, a representação de acordes de cinco ou mais sons no instrumento passa, necessariamente, pela escolha de alguns sons e pela supressão de outros.

Uma primeira opção é a retirada das dissonâncias superiores usando-se a estrutura mais simples: usando-se, por exemplo, em acorde de Em^7 quando se pede Em$^{7(11)}$. Este é um caso comum quando o instrumento faz parte de uma formação maior e a dissonância é articulada, de qualquer forma, por outro instrumento:

A outra opção é a retirada de notas menos significativas daquele tipo de construção. É comum, por exemplo, dispensarmos a 5ª quando a base da construção é uma tríade menor ou maior. Nesse caso, a fundamental e a 3ª são suficientes para fornecer a estabilidade associada a esse tipo de acorde:

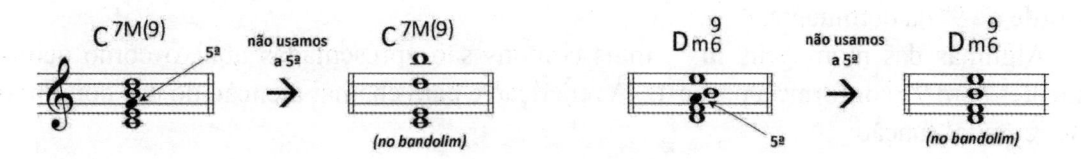

Outra possibilidade é trabalhar somente com as notas superiores do acorde. No caso do C⁷ᴹ⁽⁹⁾ do exemplo acima, se deixarmos de lado a fundamental, as notas restantes formam um acorde de Em7. Este tipo de substituição, quando possível, será proposta logo após as montagens dos vários tipos de acordes a partir deste ponto.

No caso do acorde dominante é comum dispensarmos a 5ª e a própria fundamental. Nesse caso, o trítono restante, entre a 3ª e a 7ª, será suficiente para garantir o caráter dominante do acorde.

9.1. Dominante com 9ª

Surge sobre a dominante da tonalidade maior, agregando as funções do V⁷ e do VII⁰. Para a montagem no instrumento torna-se necessária a supressão da 5ª ou da fundamental. Neste último caso, o acorde de 9ª da dominante passa a ser representado no instrumento por um acorde meio diminuto:

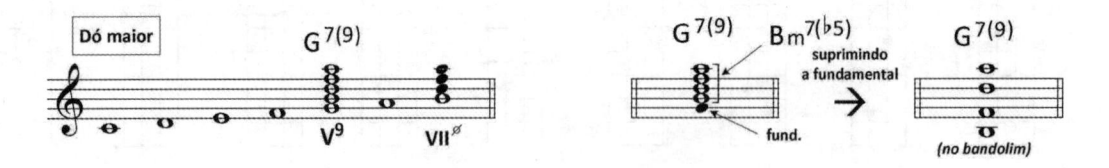

Dominante com 9ª / montagens

Este primeiro grupo é configurado com a supressão da 5ª do acorde:

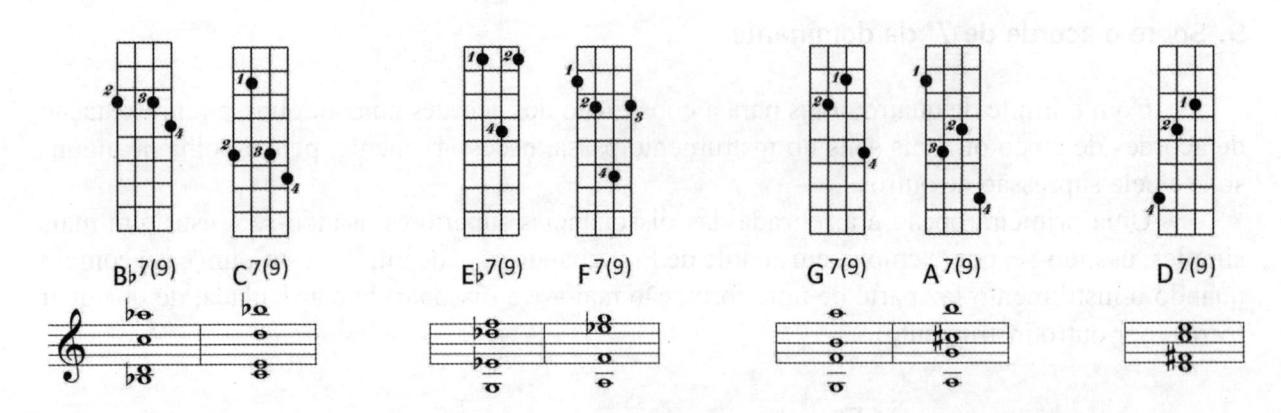

Com a supressão da fundamental, teremos então um acorde meio diminuto distando uma 3ª maior acima. Esse tipo de possibilidade passa a ser apresentado de agora em diante pela indicação:

Substituição: para C7/9 use Em7(@5) ou Gm6.

Usaremos sempre Dó como referência: a proposta indica então a utilização possível de um acorde **m⁷⁽♭⁵⁾** uma 3ª maior acima (C → E), bem como um acorde **m⁶** uma 5ª acima (C → G), como um acorde de 9ª da dominante.

Algumas das montagens **m⁷⁽♭⁵⁾** mais comuns são apresentadas abaixo como acordes de dominantes com 9ª, conforme a proposta. A repetição é para chamar atenção do uso comum desses acordes com tal função:

Bb⁷⁽⁹⁾ C⁷⁽⁹⁾   E⁷⁽⁹⁾ F⁷⁽⁹⁾   D⁷⁽⁹⁾ E⁷⁽⁹⁾   A⁷⁽⁹⁾   D⁷⁽⁹⁾

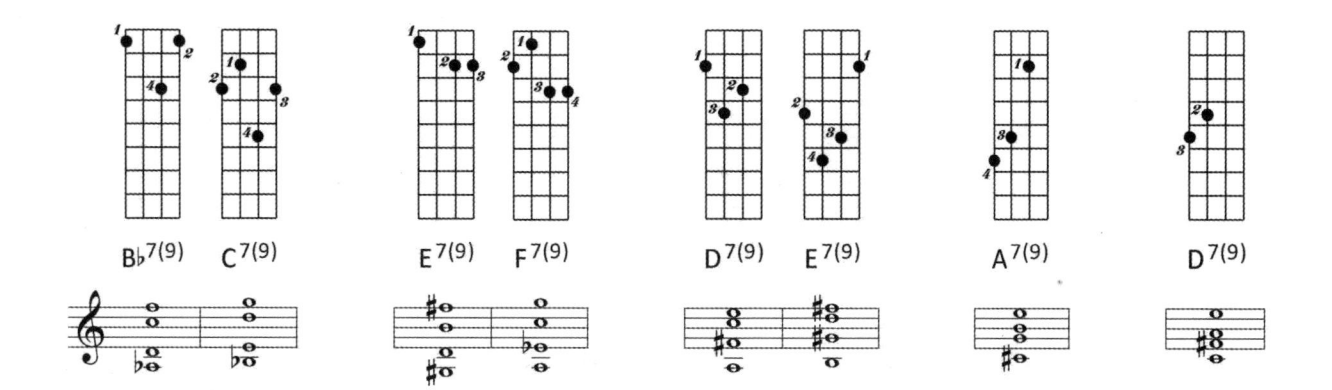

Dominante com 9ª / sequências

Eis o modelo, exercitando também o [II-V] cadencial em direção à subdominante:

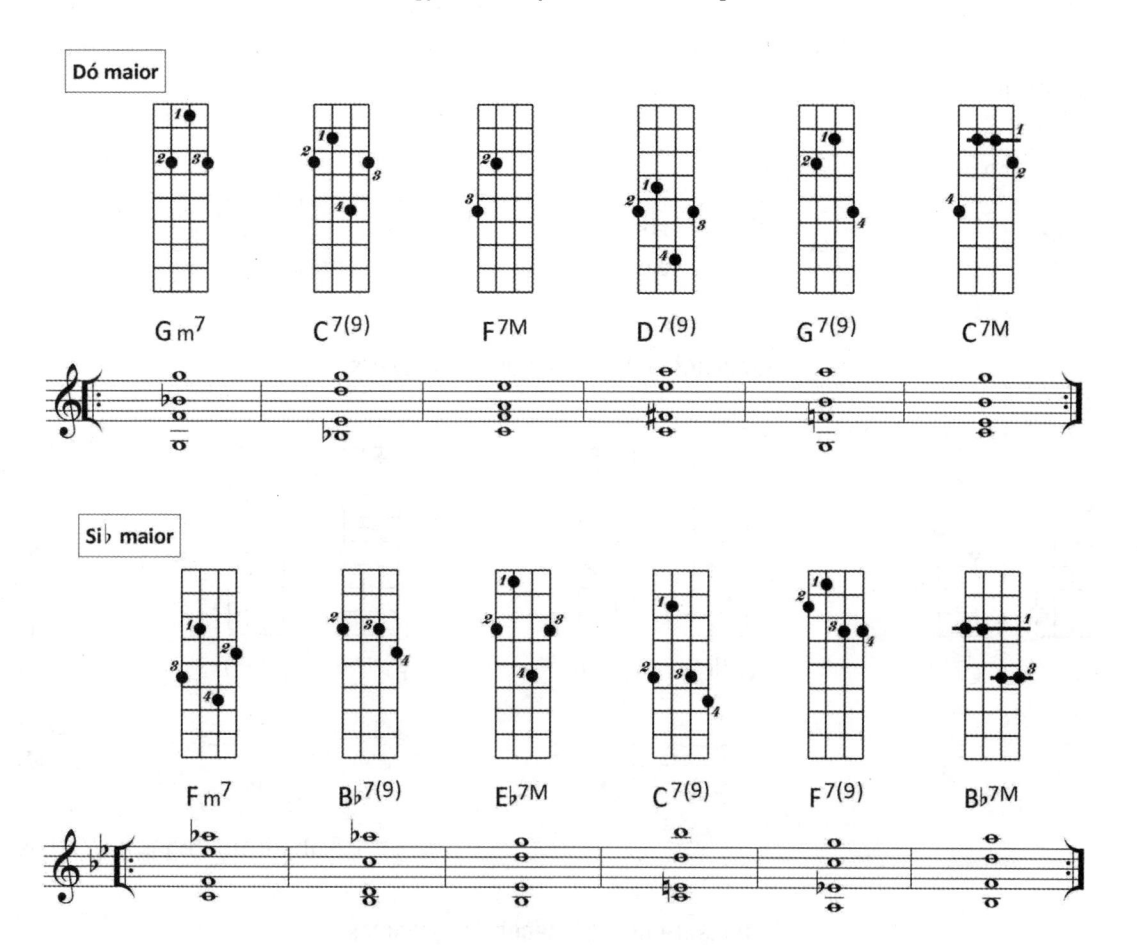

[(IIm⁷ - V⁷)→IV - V⁷→V⁷ - I]

Dó maior

Gm⁷   C⁷⁽⁹⁾   F⁷M   D⁷⁽⁹⁾   G⁷⁽⁹⁾   C⁷M

Sib maior

Fm⁷   Bb⁷⁽⁹⁾   Eb⁷M   C⁷⁽⁹⁾   F⁷⁽⁹⁾   Bb⁷M

Outro encadeamento que se tornou comum na música popular: a flutuação entre a tônica e a subdominante com 7ª. No exemplo proposto, as tônicas variam as tensões de 6ª e 7ª maior:

[I - IV⁷]

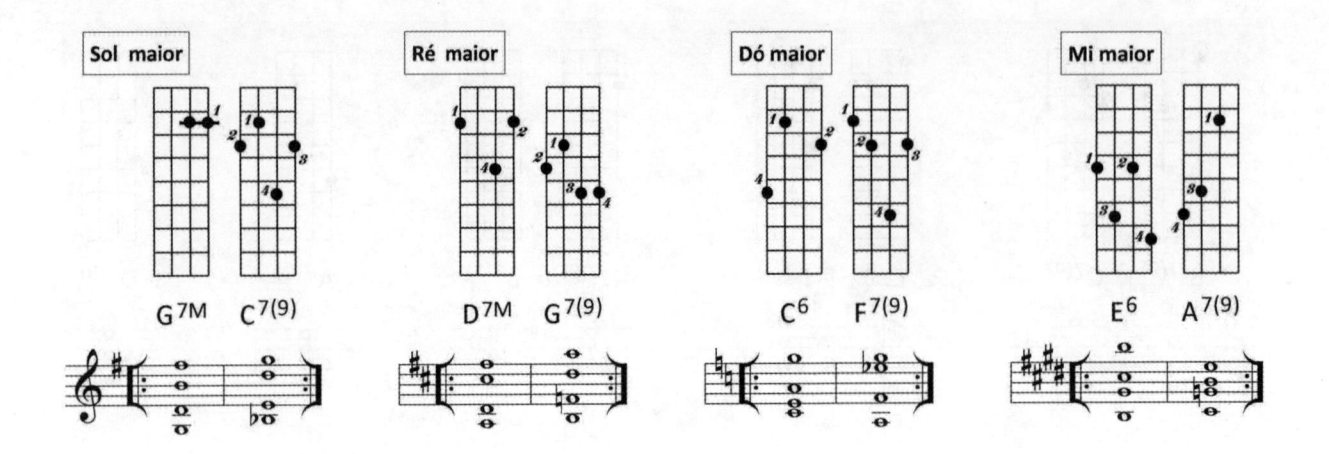

[Diagramas: Sol maior — G⁷M C⁷⁽⁹⁾ ; Ré maior — D⁷M G⁷⁽⁹⁾ ; Dó maior — C⁶ F⁷⁽⁹⁾ ; Mi maior — E⁶ A⁷⁽⁹⁾]

9.2. Dominante com 9ª menor

É o acorde de 9ª que surge sobre a dominante do modo menor, agregando as funções do V⁷ e do VII° . Para a montagem no instrumento será necessário suprimir a 5ª ou a fundamental. Neste último caso, o acorde de 9ª menor da dominante passa a ser representado no instrumento por um acorde diminuto:

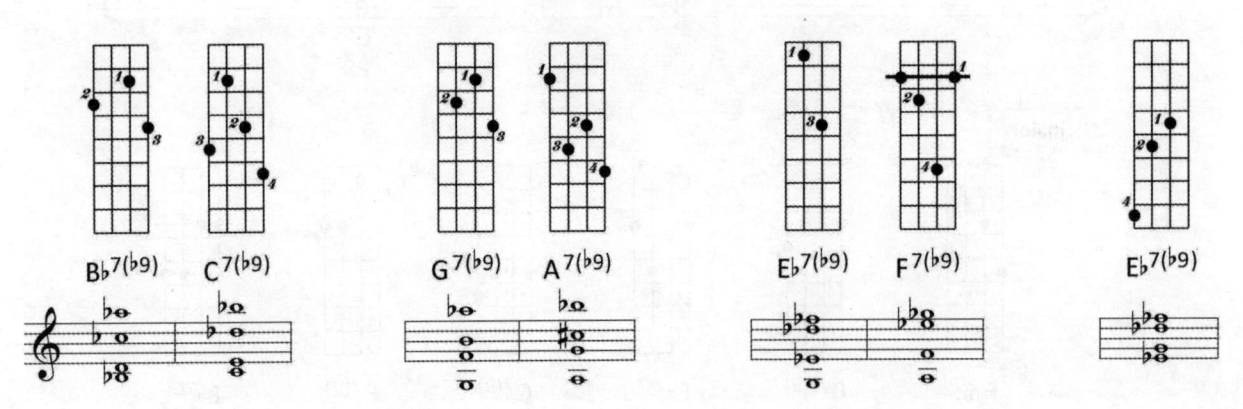

Dominante com 9ª menor / montagens

[Diagramas: B♭⁷⁽♭⁹⁾ C⁷⁽♭⁹⁾ ; G⁷⁽♭⁹⁾ A⁷⁽♭⁹⁾ ; E♭⁷⁽♭⁹⁾ F⁷⁽♭⁹⁾ ; E♭⁷⁽♭⁹⁾]

Substituição: para C⁷⁽♭⁹⁾ use E°.

Dominante com 9ª menor / sequências

Chamamos atenção para a substituição proposta, pois é muito comum o uso do acorde diminuto nesta função exercendo, de fato, o VII° da tonalidade (uma forma de dominante secundária). Na tonalidade menor, esse uso foi trabalhado na seção 4.2. Seu uso na tonalidade maior se relaciona, de fato, com a adição de uma 9ª menor à função da dominante:

O modelo:

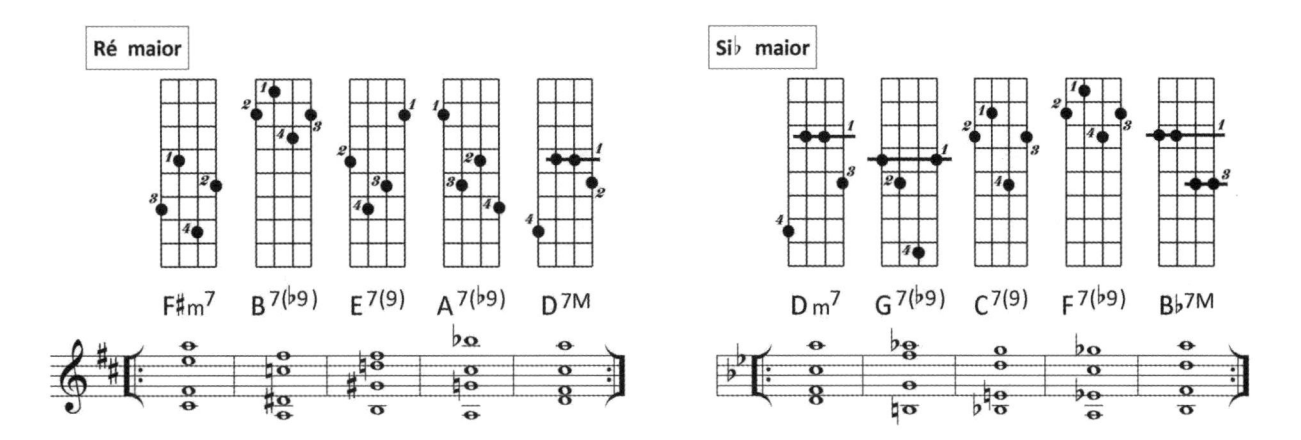

[IIIm⁷ - V⁷→V⁷→V⁷ - I]

Ré maior

F#m⁷   B⁷(♭9)   E⁷(9)   A⁷(♭9)   D⁷M

Si♭ maior

Dm⁷   G⁷(♭9)   C⁷(9)   F⁷(♭9)   B♭⁷M

9.3. Dominante com 13ª

Surge sobre a dominante da tonalidade maior, e a 13ª deve soar como tal, distando uma 6ª mais uma 8ª da fundamental ou pelo menos se mantendo acima da 7ª do acorde. Essa dissonância convive bem com a 5ª do acorde, porém, para sua representação no instrumento, é melhor tratá-la como uma nota substituta da 5ª.

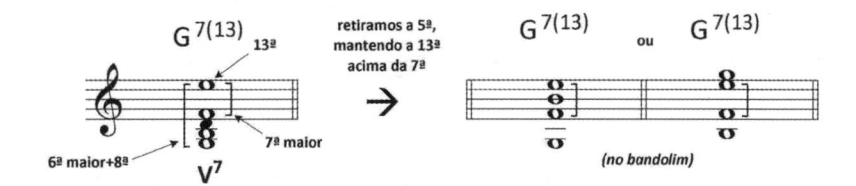

G⁷(13) — retiramos a 5ª, mantendo a 13ª acima da 7ª → G⁷(13) ou G⁷(13) *(no bandolim)*

Tem seu uso mais frequente dentro da tonalidade maior, onde tem origem. Em harmonizações mais modernas, no entanto, tal afinidade deixa de existir.

Dominante com 13ª / montagens

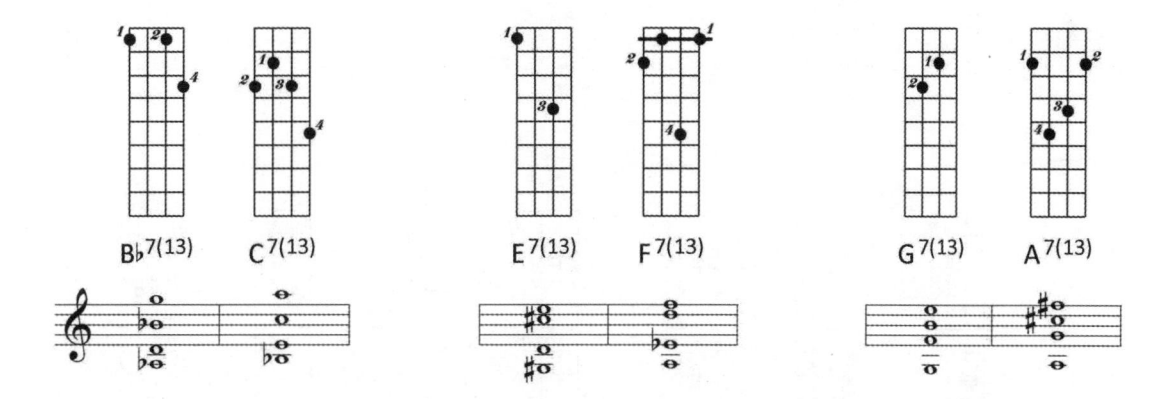

B♭⁷(13)   C⁷(13)   E⁷(13)   F⁷(13)   G⁷(13)   A⁷(13)

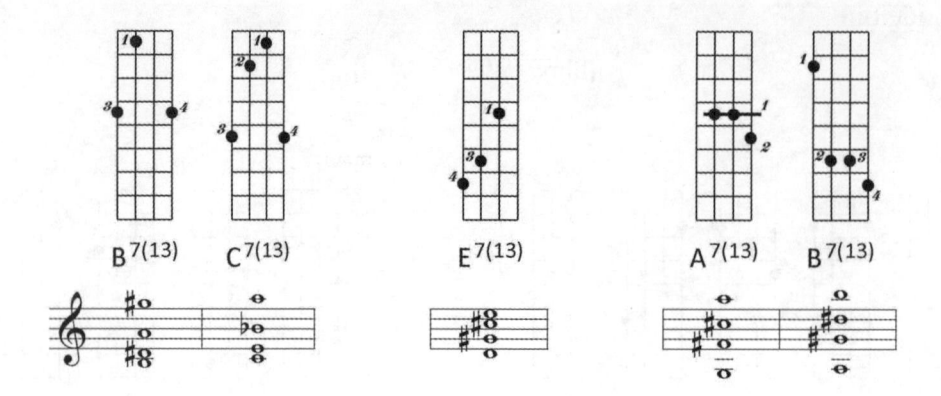

B⁷⁽¹³⁾   C⁷⁽¹³⁾   E⁷⁽¹³⁾   A⁷⁽¹³⁾   B⁷⁽¹³⁾

Temos esta montagem ao lado sem a fundamental, mas mantendo-se a 13ª acima também da 5ª:

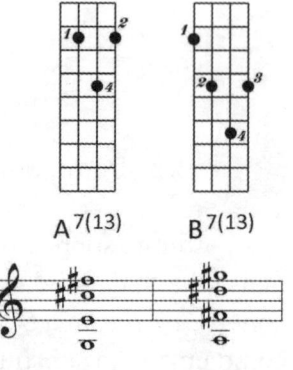

A⁷⁽¹³⁾   B⁷⁽¹³⁾

Dominante com 13ª / sequências

O modelo: **[IVm⁷ - ♭VII⁷ - IIIm⁷ - V⁷↝IIm⁷ - V⁷ - I]**

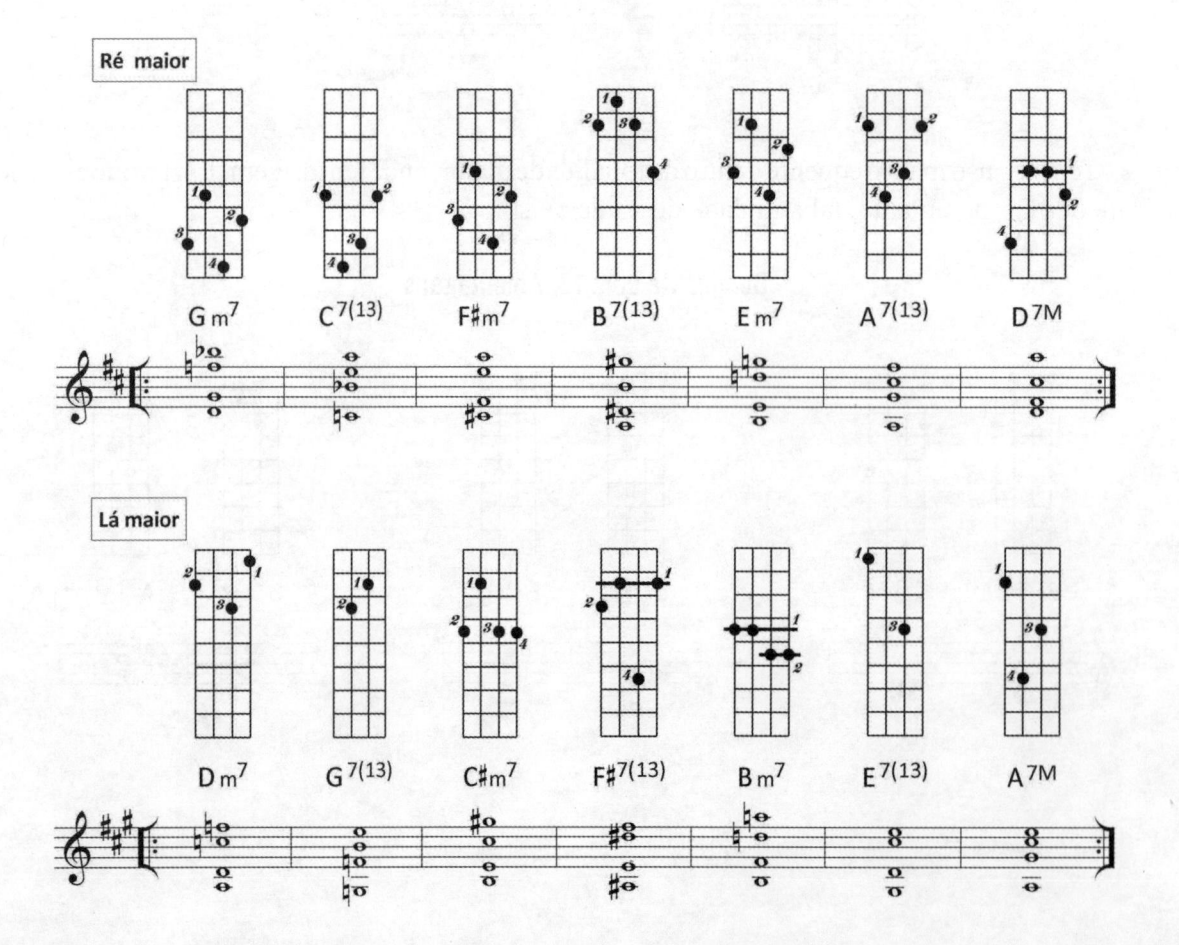

Ré maior

Gm⁷   C⁷⁽¹³⁾   F♯m⁷   B⁷⁽¹³⁾   Em⁷   A⁷⁽¹³⁾   D⁷M

Lá maior

Dm⁷   G⁷⁽¹³⁾   C♯m⁷   F♯⁷⁽¹³⁾   Bm⁷   E⁷⁽¹³⁾   A⁷M

9.4. Dominante com 5ª aumentada / 13ª menor

Embora tenham origens e grafias distintas, estes dois tipos de acordes possuem a mesma sonoridade.

O acorde com 13ª menor tem sua origem no acorde de 7ª da dominante da tonalidade menor quando se dá a suspensão (leia-se substituição) da 5ª do acorde pela 6ª que, nesse caso, é menor:

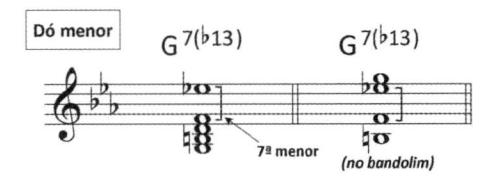

Na tonalidade maior, ele surge como uma forma alterada do acorde dominante. Fala-se em alteração no acorde dominante quando há alteração ascendente ou descendente da 5ª do acorde. A alteração descendente será tratada a seguir (seção 9.5). A alteração ascendente da 5ª cria uma forma homófona do acorde com 13ª menor:

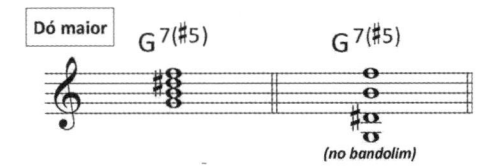

Essa dualidade do acorde permite, por um lado, liberdade quanto à grafia; por outro, um uso bastante comum nos dois modos da tonalidade.

Dominante com 5ª aumentada / montagens

As montagens a seguir podem ser tratadas também como $^{7(\flat 13)}$:

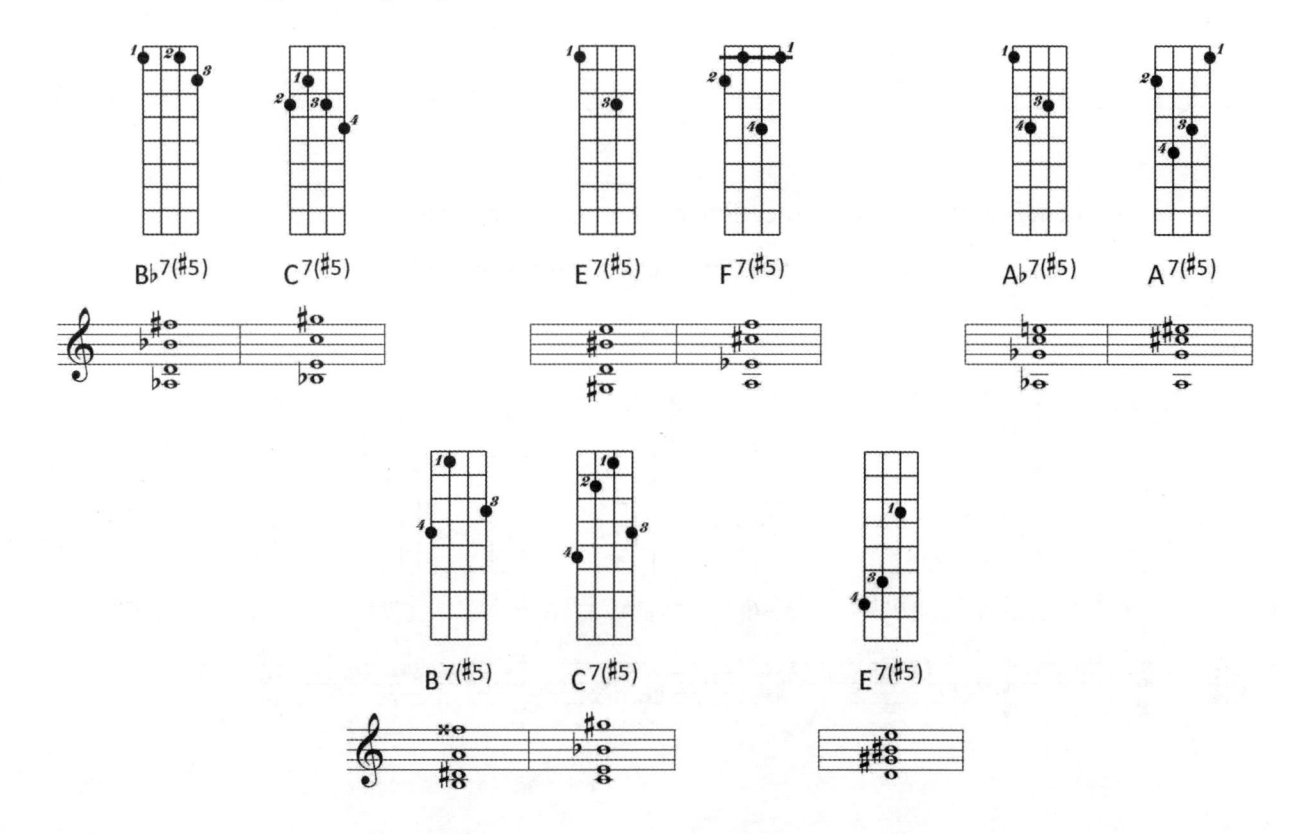

B♭7(♯5)   C7(♯5)   E7(♯5)   F7(♯5)   A♭7(♯5)   A7(♯5)

B7(♯5)   C7(♯5)   E7(♯5)

As montagens adiante apresentam a dissonância abaixo da 7ª ou da fundamental e devem ser tratadas, prioritariamente, como de 5ª aumentada:

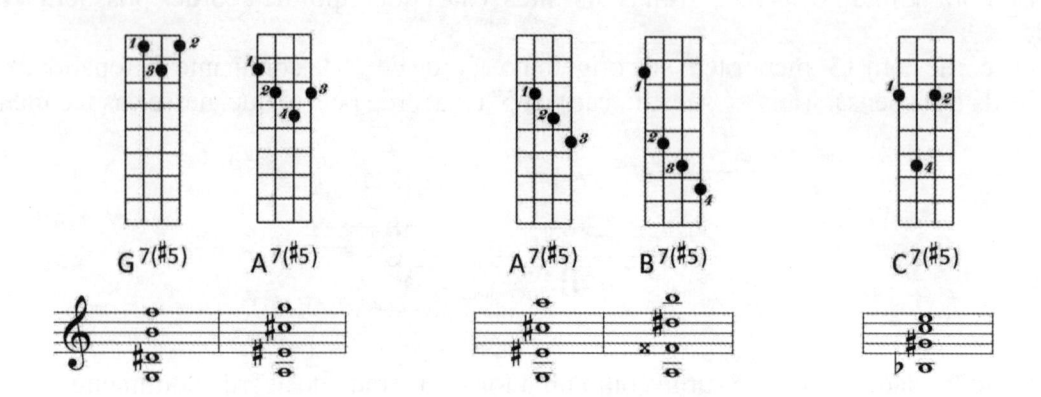

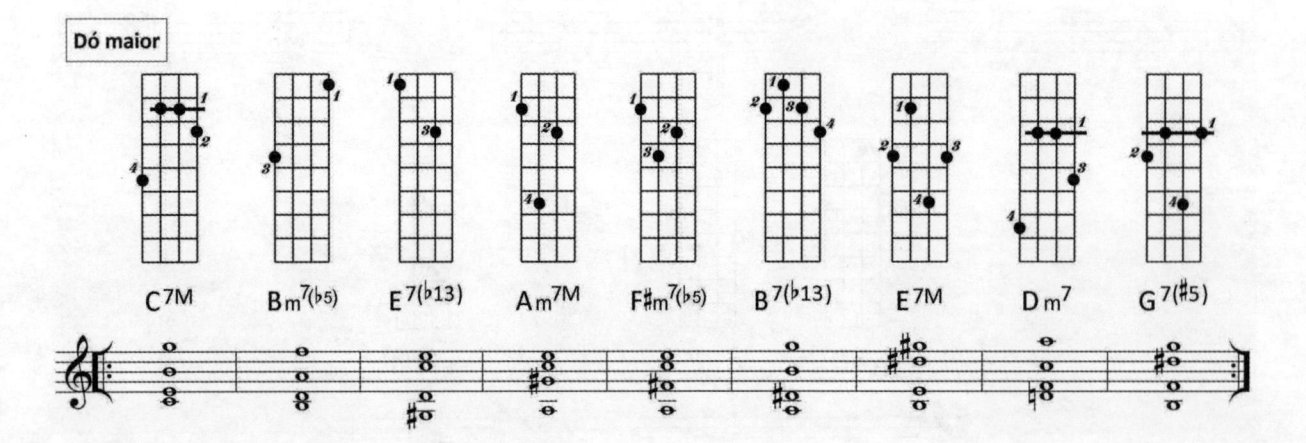

G7(#5)   A7(#5)   A7(#5)   B7(#5)   C7(#5)

Dominante com 5ª aumentada / sequências

Os acordes de dominante com 13ª e com 13ª menor são, por vezes, associados como na sequência a seguir. O modelo:

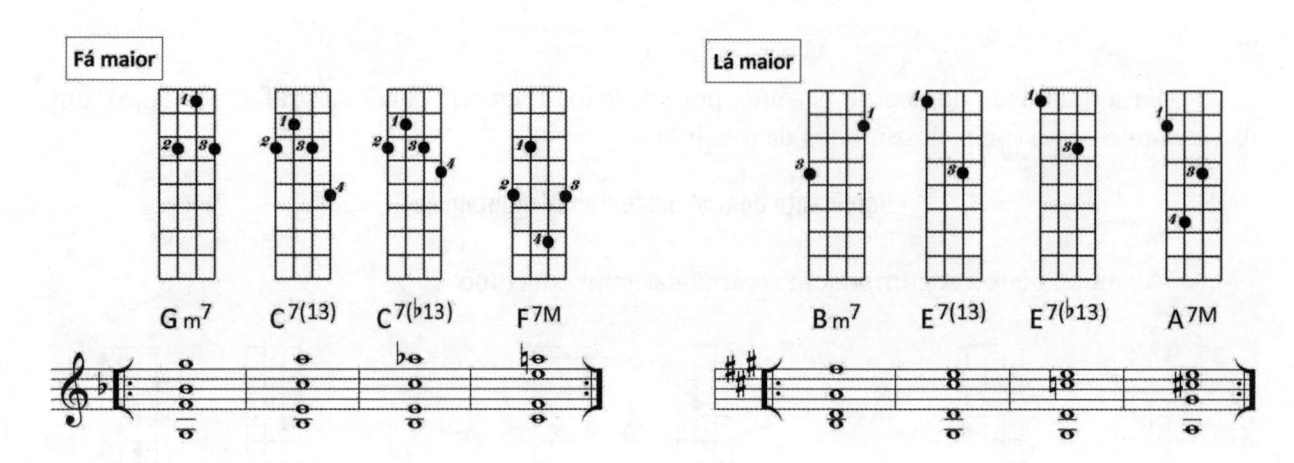

[IIm - V⁷ - I]

Fá maior: Gm⁷   C⁷⁽¹³⁾   C⁷⁽♭¹³⁾   F⁷M

Lá maior: Bm⁷   E⁷⁽¹³⁾   E⁷⁽♭¹³⁾   A⁷M

Na sequência adiante há um procedimento comum: a inversão de modo do III grau menor:

[I - (IIø - V⁷)→VIm - (IIø - V⁷)→III - IIm - V⁷]

Dó maior: C⁷M   Bm⁷⁽♭⁵⁾   E⁷⁽♭¹³⁾   Am⁷M   F#m⁷⁽♭⁵⁾   B⁷⁽♭¹³⁾   E⁷M   Dm⁷   G⁷⁽#⁵⁾

Lá maior

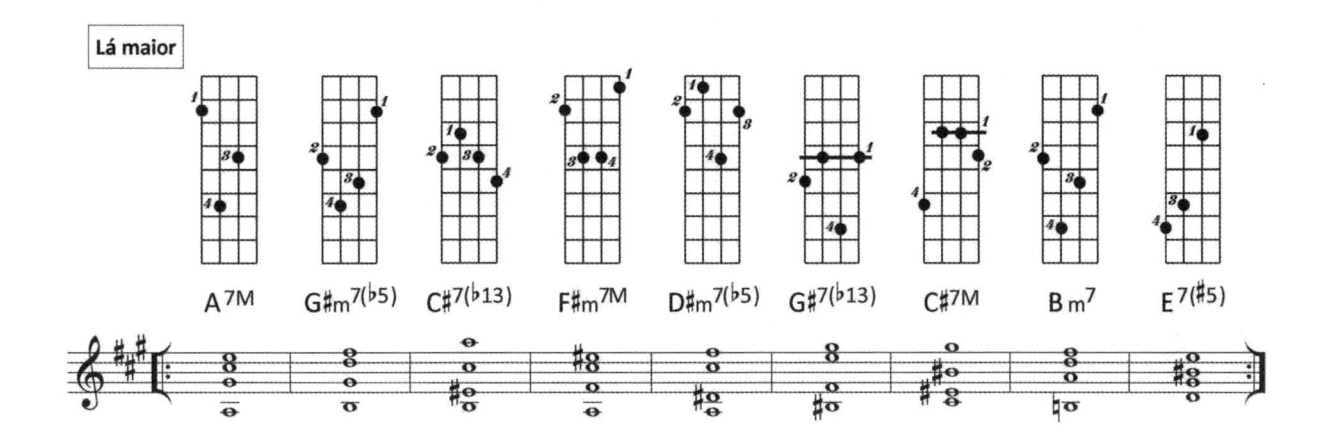

A⁷ᴹ G♯m⁷⁽♭⁵⁾ C♯⁷⁽♭¹³⁾ F♯m⁷ᴹ D♯m⁷⁽♭⁵⁾ G♯⁷⁽♭¹³⁾ C♯⁷ᴹ Bm⁷ E⁷⁽♯⁵⁾

9.5. Dominante com 5ª diminuta / 11ª aumentada

Da mesma forma que o anterior, estes dois grupos de acorde possuem grafias e origens diferentes, mas com a mesma sonoridade no bandolim.

O acorde com 11ª aumentada tem sua origem no acorde de 7ª da dominante quando ocorre a adição dessa tensão à tétrade básica. Dessa forma, a 5ª é mantida na base do acorde e a 11ª aumentada (uma 4ª aumentada + 8ª) soa sobre todo o conjunto:

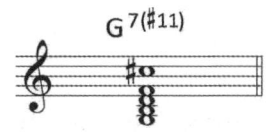

$$G^{7(\sharp 11)}$$

A dominante com 5ª diminuta é uma forma alterada do acorde de 7ª, em que a 5ª do acorde é abaixada na própria estrutura básica:

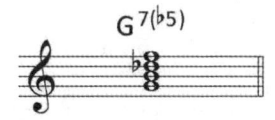

$$G^{7(\flat 5)}$$

As duas cifras acima, no bandolim, se equivalem: $G^{7(\sharp 11)}$ e $G^{7(\flat 5)}$.

Outra característica importante deste tipo de acorde: duas dominantes com 5ª diminuta construídas com uma 5ª diminuta de distância possuem o mesmo grupo de notas:

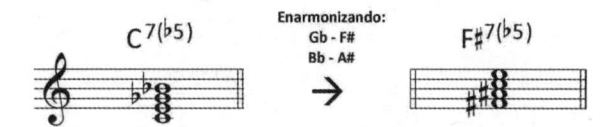

$$C^{7(\flat 5)} \xrightarrow{\text{Enarmonizando: } G\flat - F\sharp,\ B\flat - A\sharp} F\sharp^{7(\flat 5)}$$

Essa relação constitui um caso especial dos acordes SubV apresentados na seção 9.6.

Dominante com 5ª diminuta / montagens

Atenção às duas possibilidades para a fundamental dos acordes:

Bb7(b5)   C7(b5)   D7(b5)   E7(b5)   C7(b5)   D7(b5)

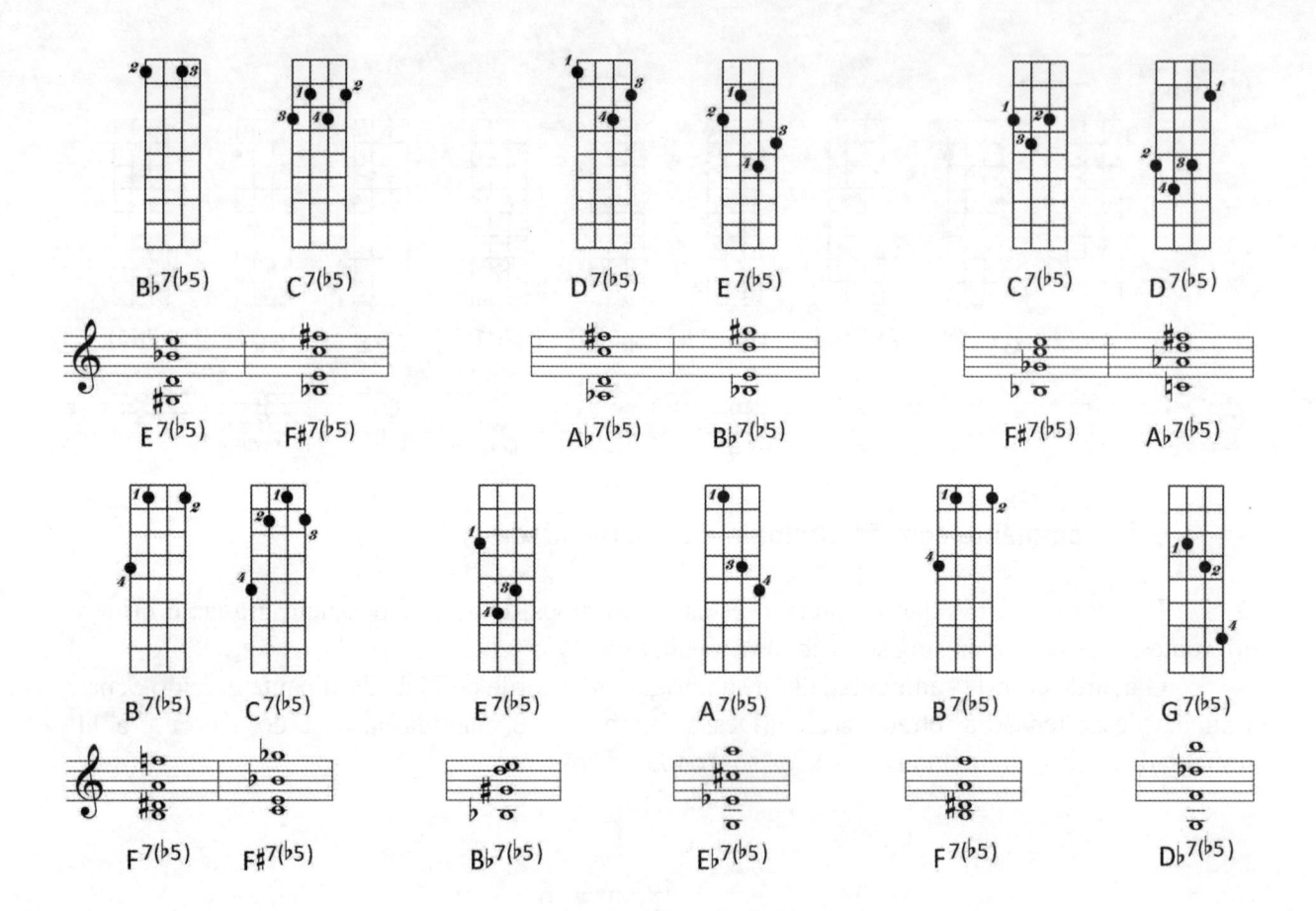

E7(b5)   F#7(b5)   Ab7(b5) Bb7(b5)   F#7(b5) Ab7(b5)

B7(b5)   C7(b5)   E7(b5)   A7(b5)   B7(b5)   G7(b5)

F7(b5)   F#7(b5)   Bb7(b5) Eb7(b5)   F7(b5)   Db7(b5)

Dominante com 5ª diminuta / sequências

Exercitamos a alteração simples da dominante. O modelo: **[IIm - V⁷ - I]**

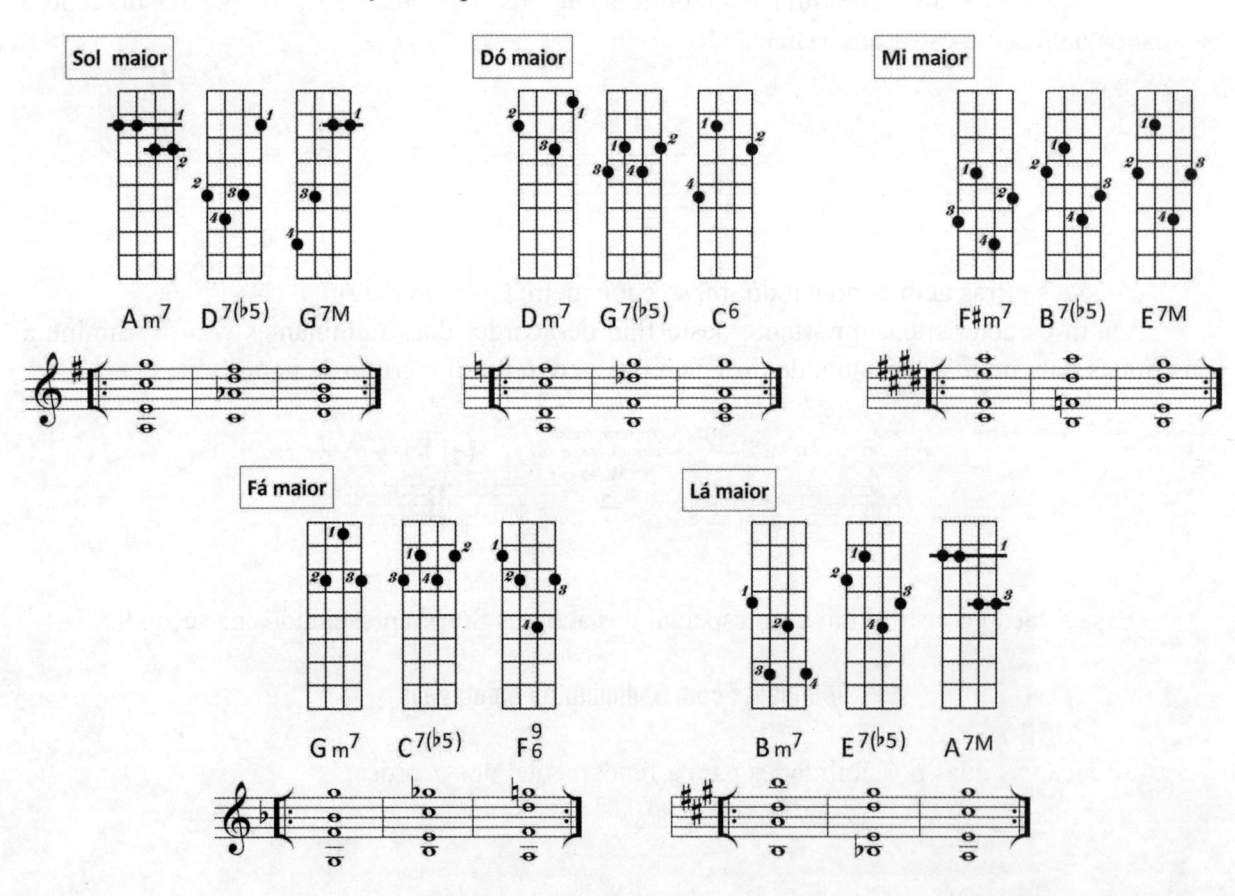

Sol maior
Am7   D7(b5)   G7M

Dó maior
Dm7   G7(b5)   C6

Mi maior
F#m7   B7(b5)   E7M

Fá maior
Gm7   C7(b5)   F9/6

Lá maior
Bm7   E7(b5)   A7M

9.6. Sub V

A dominante substituta (escreve-se SubV) é uma forma específica de alteração do acorde de 7ª da dominante. Tomemos por acorde de G^7. Se adicionarmos uma 9ª menor e abaixarmos a 5ª, teremos:

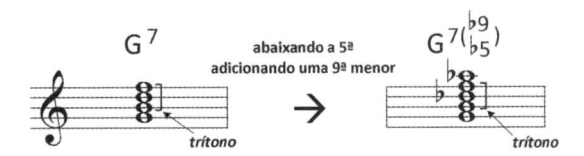

Importante observarmos que, neste novo acorde, o trítono permaneceu inalterado (Si-Fá). O próximo passo é a retirada da fundamental. Com isso, o que resta é um novo acorde que pode ser escrito como uma dominante simples: D♭^{7}.

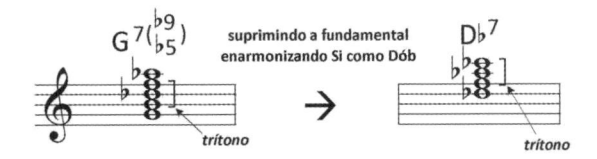

Este acorde surge como uma forma bastante alterada do acorde dominante e é denominado de SubV. Sua resolução é a mesma da dominante original. Nesse caso, em direção a C ou Cm. Aqui há uma observação importante: a dominante normal resolve uma 5ª justa para baixo (G^7 – C). A dominante substituta resolve um semitom para baixo (D♭^{7}-C).

Se tomarmos, por exemplo, a sequência adiante:

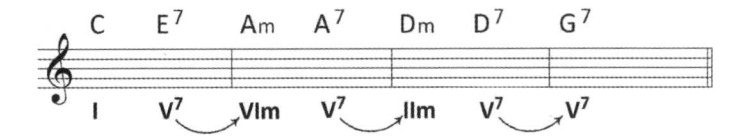

Podemos substituir as dominantes secundárias E^7, A^7 e D^7 por suas substitutas B♭^{7}, E♭^{7} e A♭^{7}:

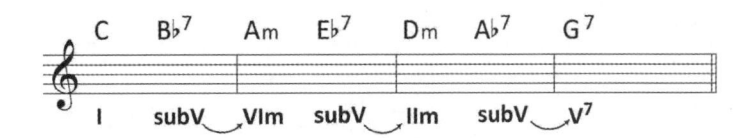

Dois acordes de 7ª da dominante que distam uma 5ª diminuta são sempre substitutos um do outro e possuem o mesmo trítono que resolve em direções diferentes. Vejamos, por exemplo, os casos G^7 e D♭^{7}:

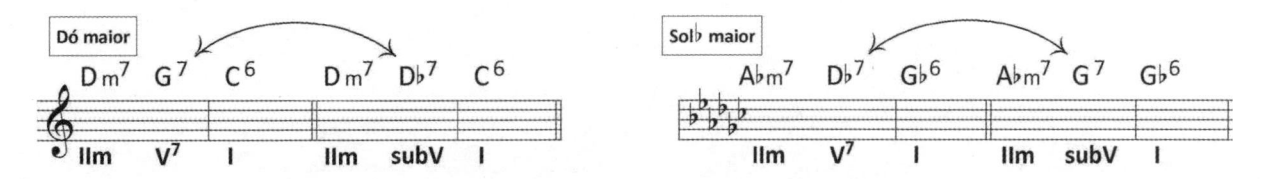

Eis o modelo para as sequências a seguir. Neste exemplo, na aproximação em direção ao Vim, a dominante substituta vem preparada pelo II grau cadencial:

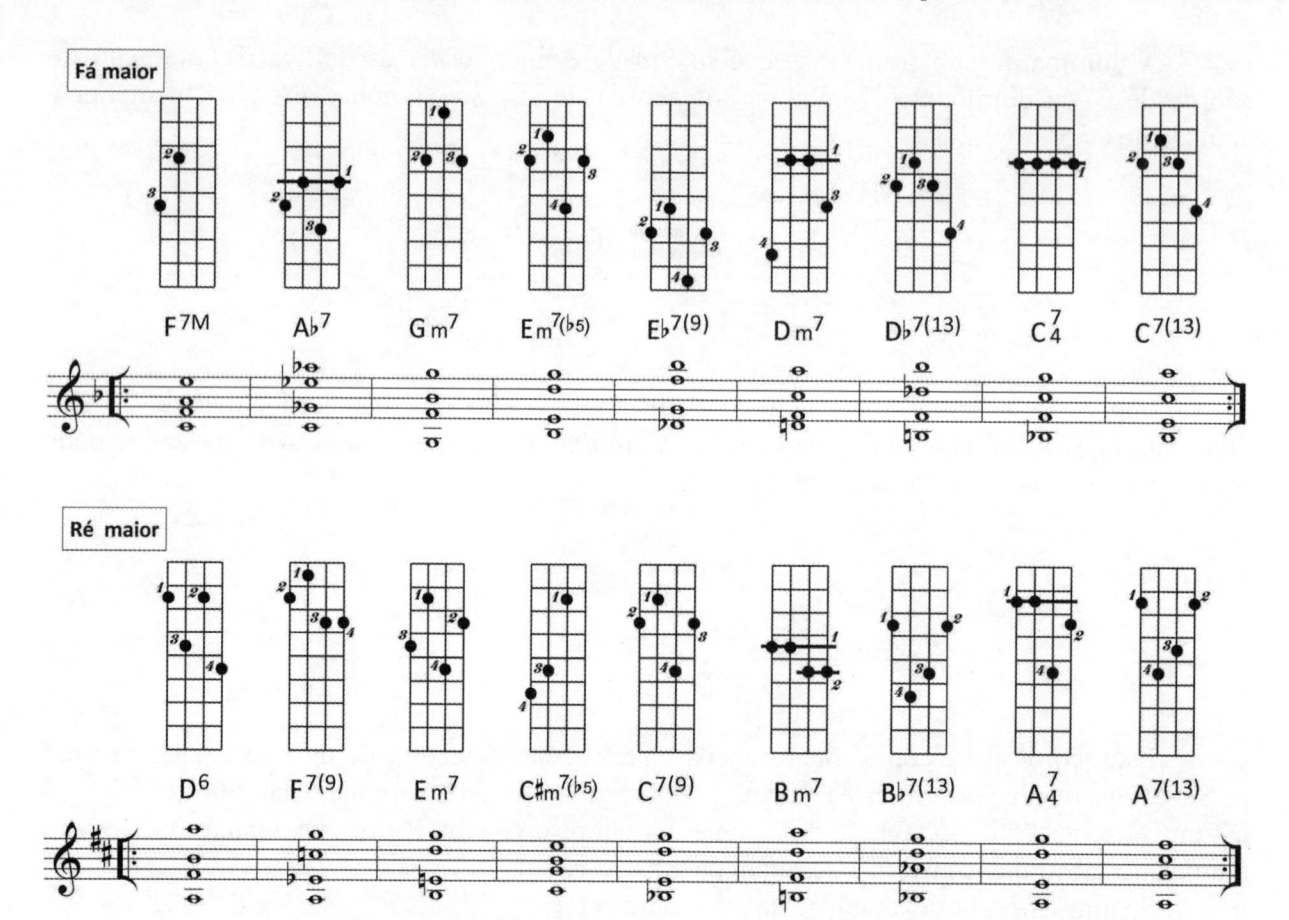

[I - SubV⁷→IIm - (II$^\emptyset$ - SubV⁷)→VIm - SubV⁷→V⁷]

Fá maior

| F⁷M | A♭⁷ | Gm⁷ | Em⁷⁽♭⁵⁾ | E♭⁷⁽⁹⁾ | Dm⁷ | D♭⁷⁽¹³⁾ | C⁷/4 | C⁷⁽¹³⁾ |

Ré maior

| D⁶ | F⁷⁽⁹⁾ | Em⁷ | C#m⁷⁽♭⁵⁾ | C⁷⁽⁹⁾ | Bm⁷ | B♭⁷⁽¹³⁾ | A⁷/4 | A⁷⁽¹³⁾ |

3ª Parte: Tensões superiores

Para alguns tipos de acordes, além das montagens básicas, é apresentada uma possibilidade de substituição. Nesses casos, os acordes substitutos se apresentam como um subgrupo das notas mais significativas do acorde que representam. São, em geral, formados com as tensões superiores e, principalmente, com o trítono no caso do acorde dominante.

A partir desse ponto, as sequências não apresentam mais os seus modelos geradores: são formas variadas dos modelos que apresentados ou podem ser facilmente relacionadas com eles, com a ajuda dos conceitos apresentados nas seções anteriores: dominantes secundárias, tonalidade expandida por empréstimo modal, [II-V] cadencial e dominantes substitutas. As sequências propostas também não mais se restringem ao material previamente estudado. Agora, elas utilizam todo o vocabulário harmônico apresentado neste livro, mas com foco na utilização do tipo de acorde ali abordado.

10. Sobre a tríade maior

10.1. Acorde maior com 7ª maior e 9ª

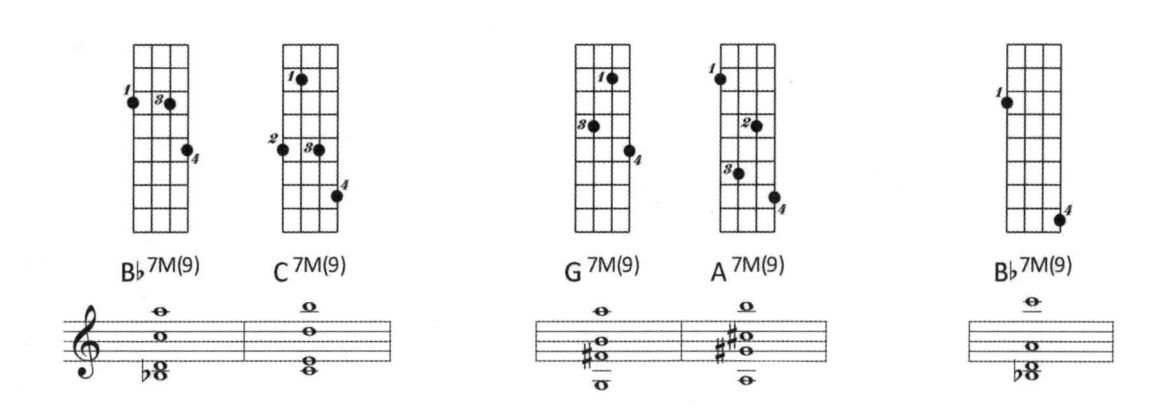

Bb 7M(9)   C 7M(9)   G 7M(9)   A 7M(9)   Bb 7M(9)

Substituição: para $C^{7M(9)}$ use Em^7.

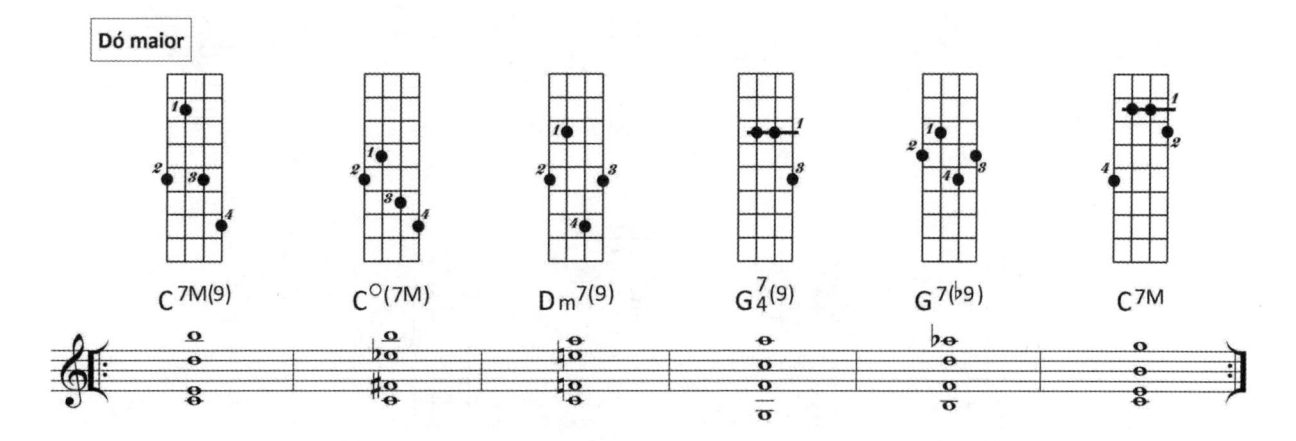

Dó maior

C 7M(9)   C°(7M)   Dm 7(9)   G 7/4(9)   G 7(b9)   C 7M

Sol maior

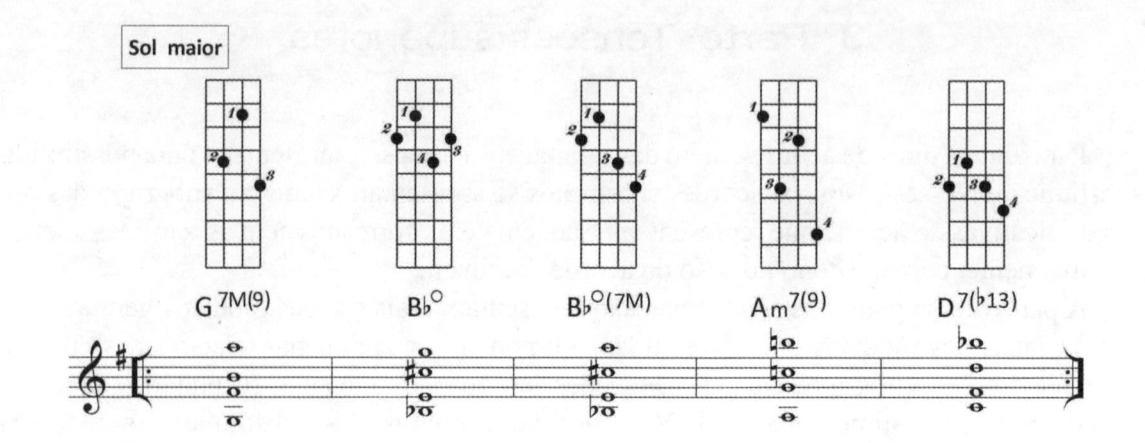

G⁷ᴹ⁽⁹⁾ Bb° Bb°⁽⁷ᴹ⁾ Am⁷⁽⁹⁾ D⁷⁽♭¹³⁾

10.2. Acorde maior com 6ª e 9ª

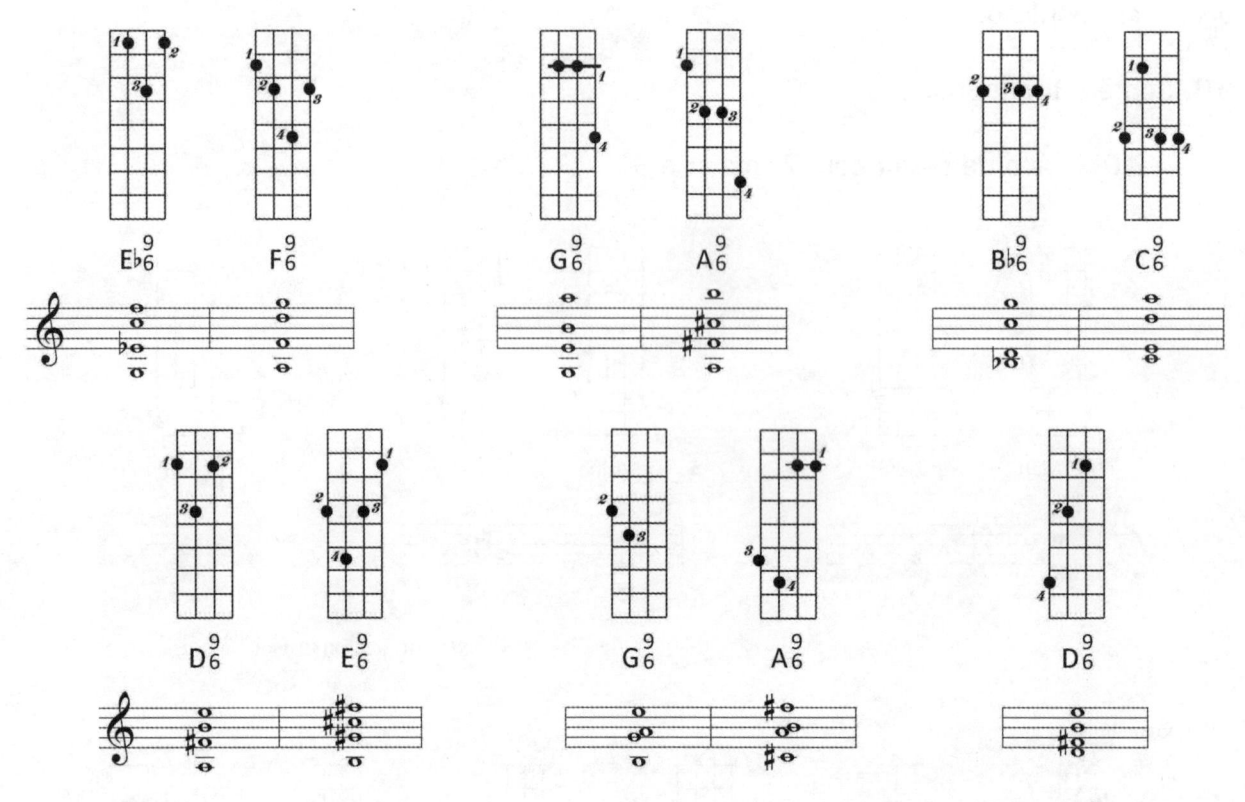

Eb$^9_6$ F$^9_6$ G$^9_6$ A$^9_6$ Bb$^9_6$ C$^9_6$

D$^9_6$ E$^9_6$ G$^9_6$ A$^9_6$ D$^9_6$

Substituição: para C⁶′⁹ use A⁴′⁷ ou Am⁷′¹¹.

Fá maior

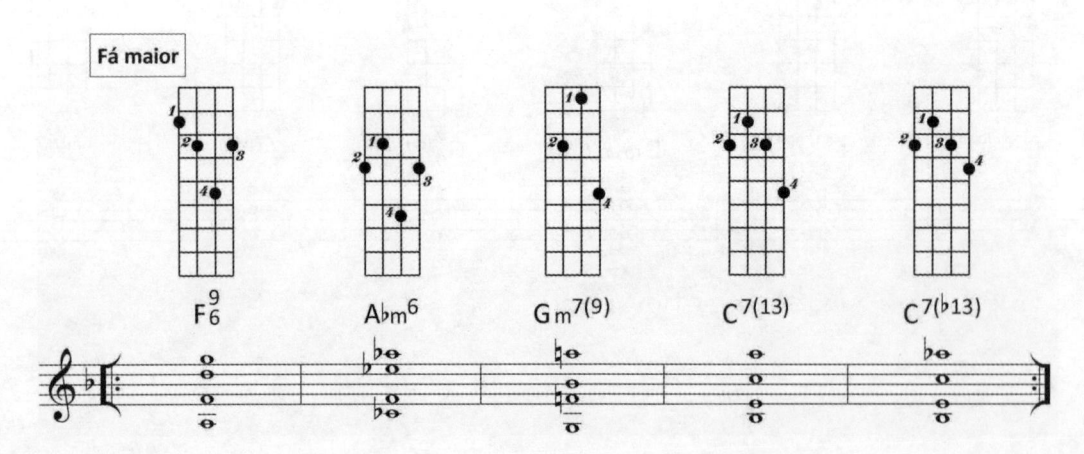

F$^9_6$ Abm⁶ Gm⁷⁽⁹⁾ C⁷⁽¹³⁾ C⁷⁽♭¹³⁾

Dó maior

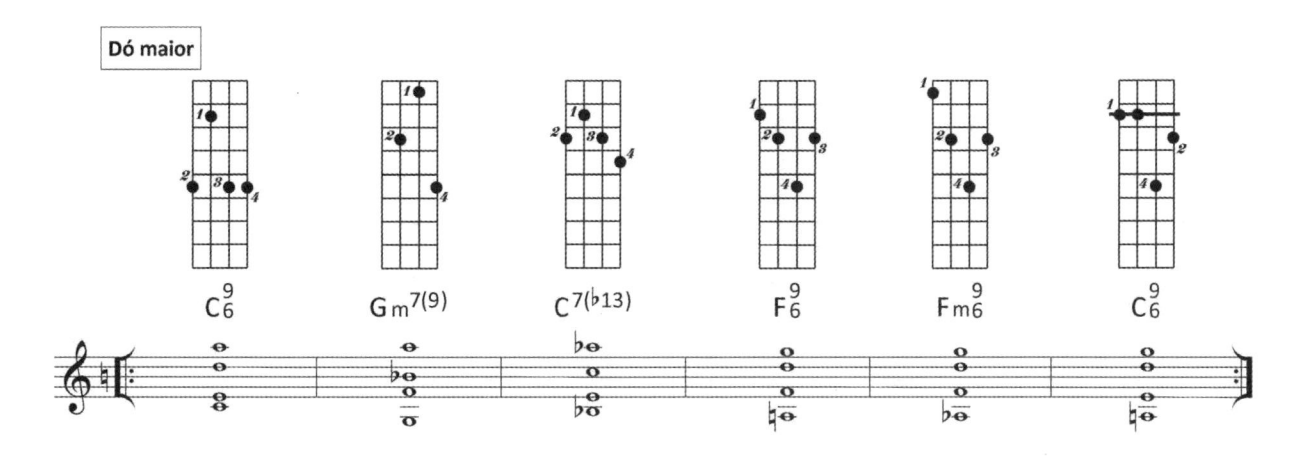

C$_6^9$ G m$^{7(9)}$ C$^{7(\flat13)}$ F$_6^9$ F m$_6^9$ C$_6^9$

Mi maior

E$_6^9$ G$^\circ$ F#m^{add9} B$^{7(\substack{13\\\flat9})}$ E$^{7M(9)}$

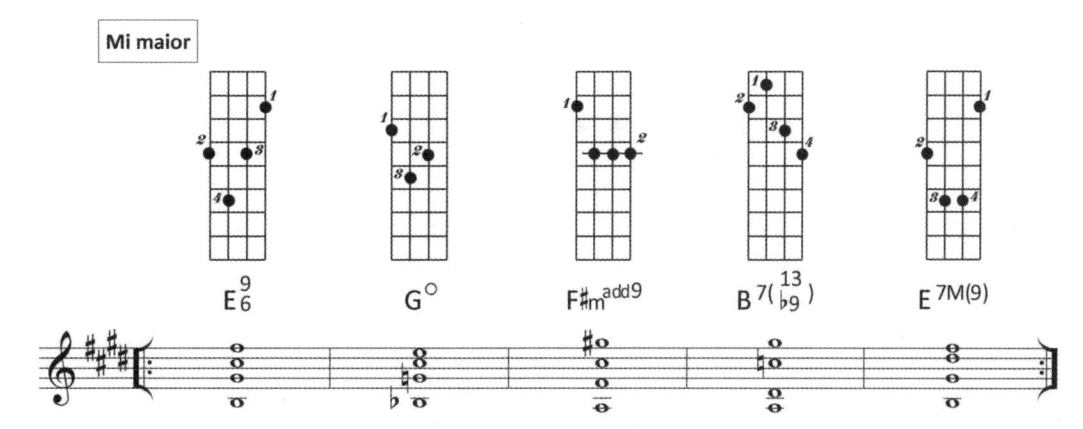

10.3. Acorde maior com 7ª maior e 6ª

B♭$^{7M(6)}$ C$^{7M(6)}$ G$^{7M(6)}$ A$^{7M(6)}$

Lá maior

A$^{7M(6)}$ F$^{7(9)}$ Bm^7 E$^{7(\substack{\flat13\\\flat9})}$

Dó maior

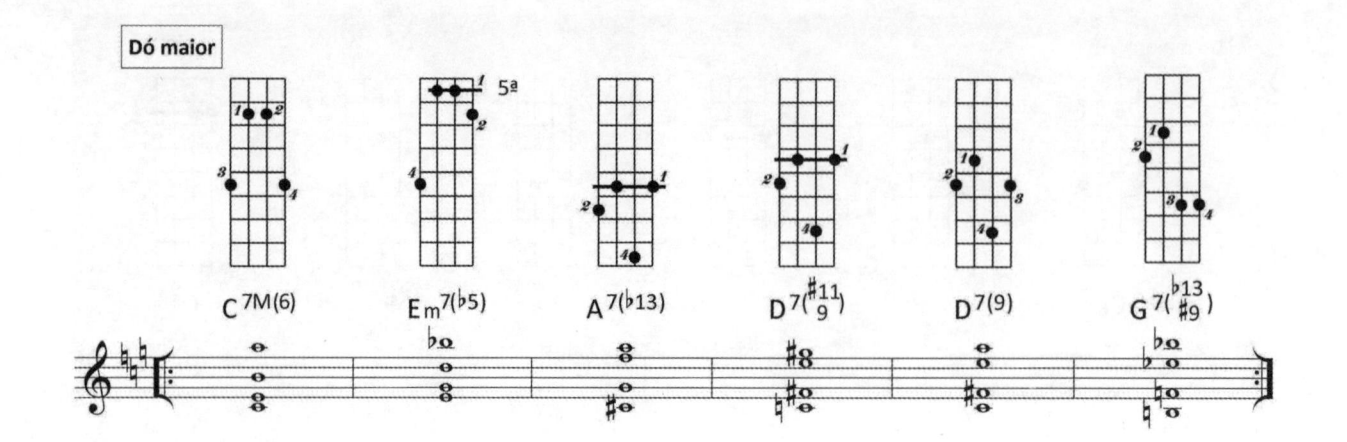

C^{7M(6)} E_m^{7(♭5)} A^{7(♭13)} D^{7(#11/9)} D^{7(9)} G^{7(♭13/#9)}

10.4. Acorde maior com 9ª adicionada

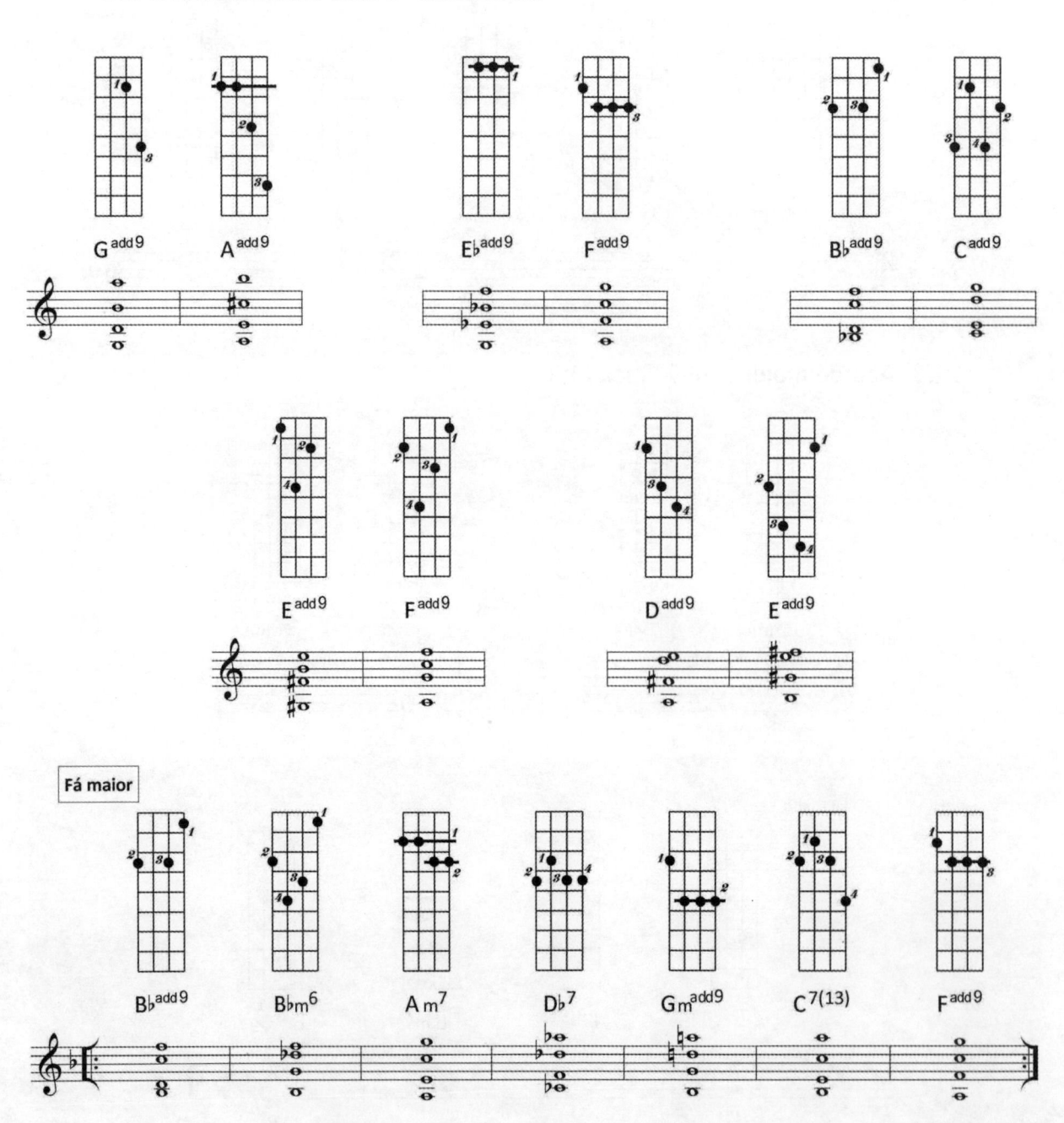

G^{add9} A^{add9} E♭^{add9} F^{add9} B♭^{add9} C^{add9}

E^{add9} F^{add9} D^{add9} E^{add9}

Fá maior

B♭^{add9} B♭m^{6} Am^{7} D♭^{7} Gm^{add9} C^{7(13)} F^{add9}

10.5. Acorde maior com 7ª maior e 11ª aumentada

Este tipo de acorde, por vezes, é referido como de 7ª maior e 5ª bemol. Para o bandolim, as grafias se equivalem: C$^{7M(\#11)}$ equivale a C$^{7M(\flat5)}$.

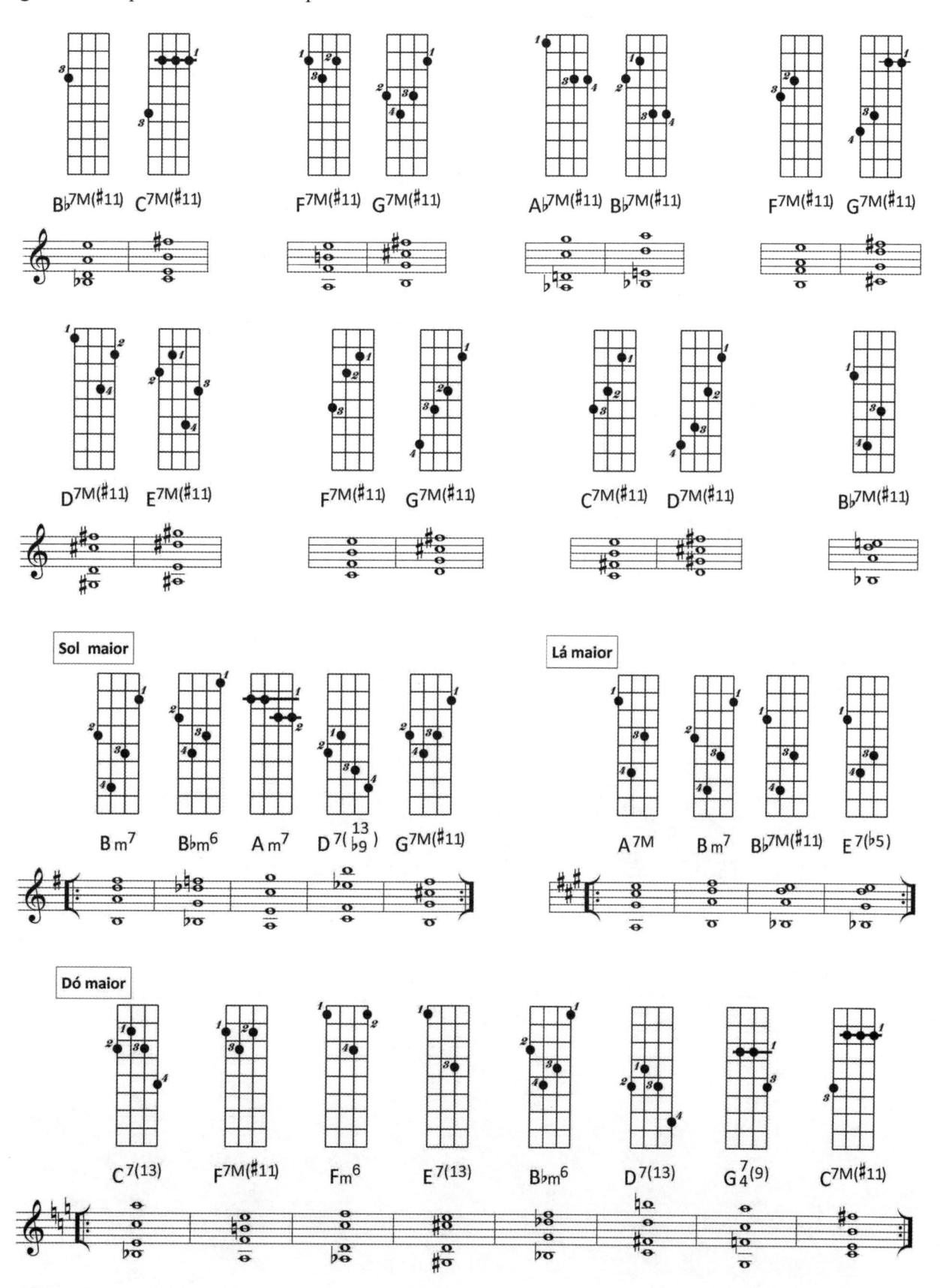

B$\flat$$^{7M(\#11)}$ C$^{7M(\#11)}$ F$^{7M(\#11)}$ G$^{7M(\#11)}$ A$\flat$$^{7M(\#11)}$ B$\flat$$^{7M(\#11)}$ F$^{7M(\#11)}$ G$^{7M(\#11)}$

D$^{7M(\#11)}$ E$^{7M(\#11)}$ F$^{7M(\#11)}$ G$^{7M(\#11)}$ C$^{7M(\#11)}$ D$^{7M(\#11)}$ B$\flat$$^{7M(\#11)}$

Sol maior

Bm^7 B$\flat$m^6 Am^7 D$^{7(^{13}_{\flat9})}$ G$^{7M(\#11)}$

Lá maior

A^{7M} Bm^7 B$\flat$$^{7M(\#11)}$ E$^{7(\flat5)}$

Dó maior

C$^{7(13)}$ F$^{7M(\#11)}$ Fm^6 E$^{7(13)}$ B$\flat$m^6 D$^{7(13)}$ G$^{7}_{4}$$^{(9)}$ C$^{7M(\#11)}$

10.6. Acorde maior com 7ª maior e 5ª aumentada

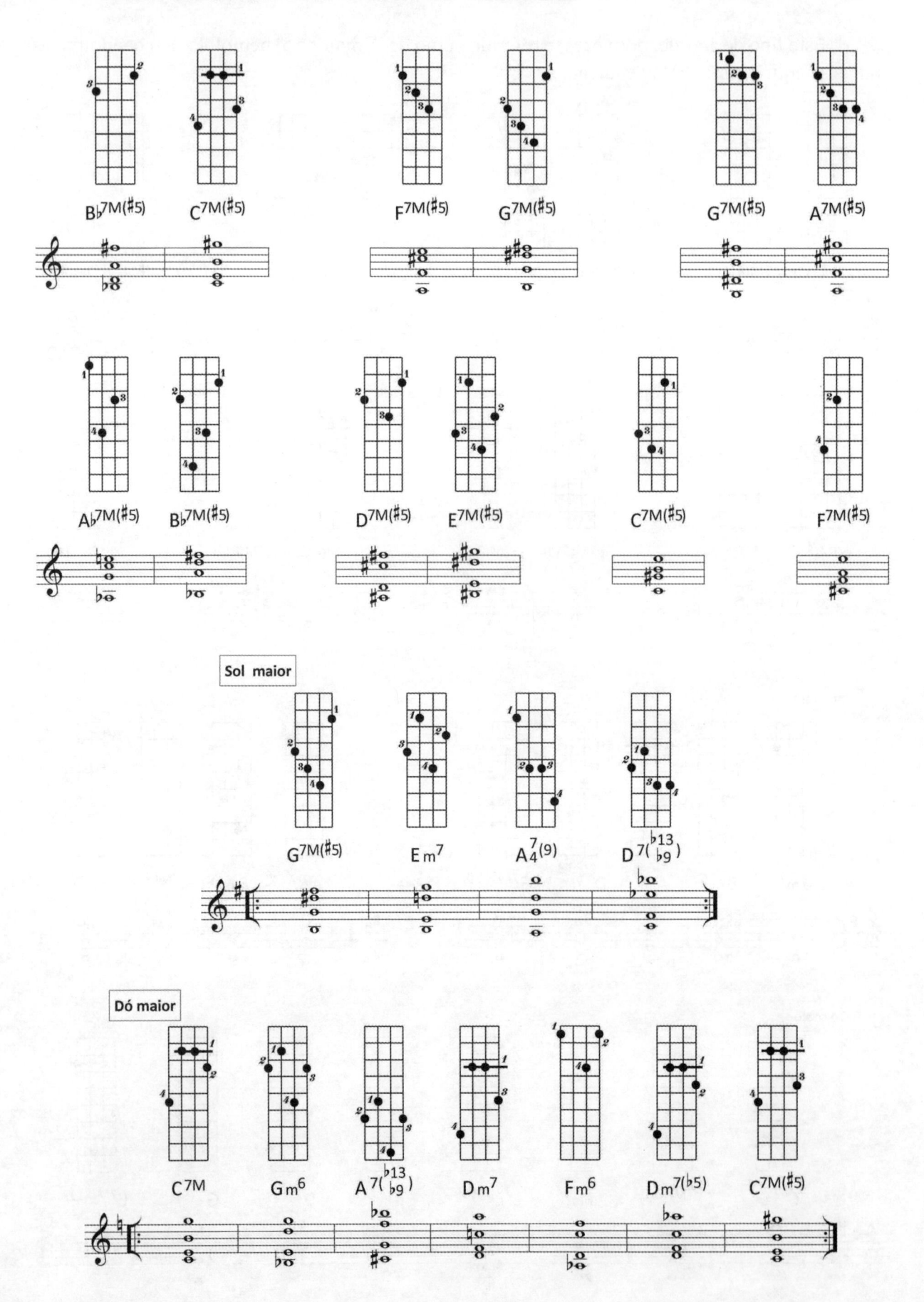

Bb7M(#5) C7M(#5)   F7M(#5) G7M(#5)   G7M(#5) A7M(#5)

Ab7M(#5) Bb7M(#5)   D7M(#5) E7M(#5)   C7M(#5)   F7M(#5)

Sol maior

G7M(#5)   Em7   A4⁷(9)   D7(b13 b9)

Dó maior

C7M   Gm6   A7(b13 b9)   Dm7   Fm6   Dm7(b5)   C7M(#5)

11. Sobre a tríade menor

11.1. Acorde menor com 7ª e 9ª

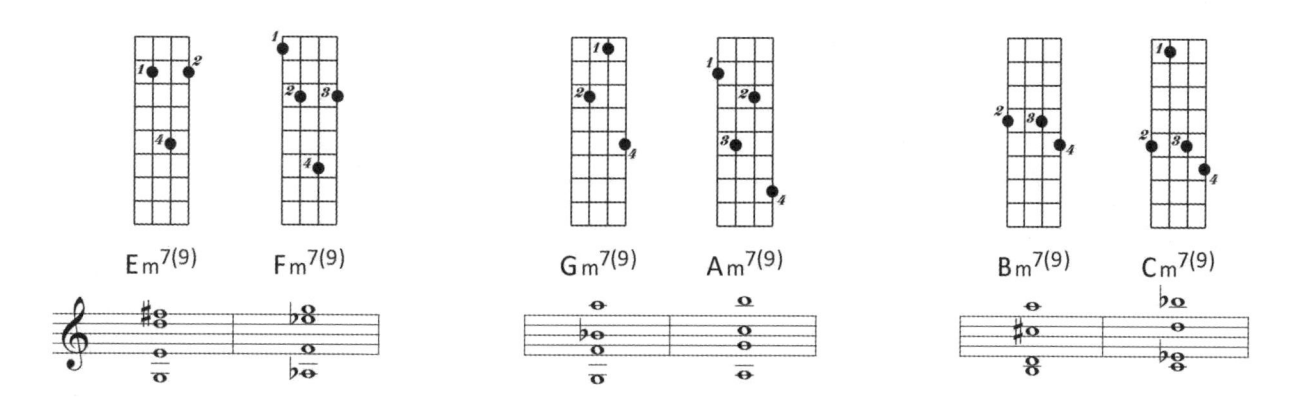

$Em^{7(9)}$ $Fm^{7(9)}$ $Gm^{7(9)}$ $Am^{7(9)}$ $Bm^{7(9)}$ $Cm^{7(9)}$

Substituição: para $Cm^{7/9}$ use Eb^{7M}.

Fá maior

$Bb^{7M(9)}$ Bbm^6 $Am^{7(9)}$ $D^{7(13)}$ $Gm^{7(9)}$ $C^{7(13)}$ $F^{7M(\#11)}$

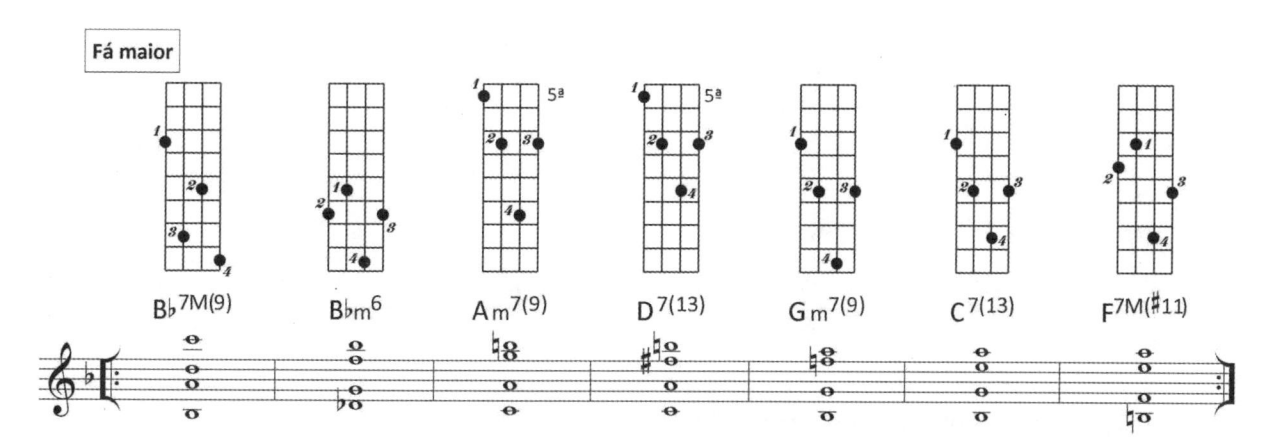

Dó menor

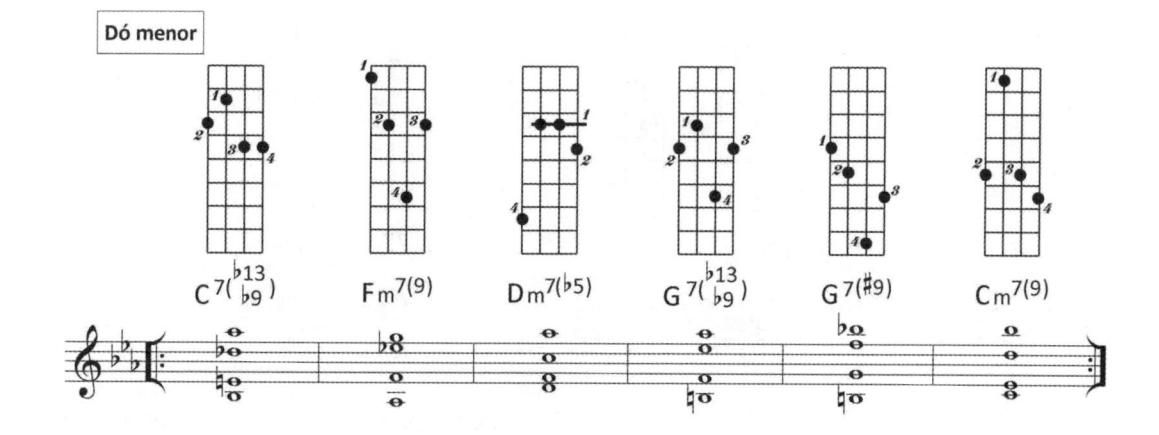

$C^{7(\genfrac{}{}{0pt}{}{b13}{b9})}$ $Fm^{7(9)}$ $Dm^{7(b5)}$ $G^{7(\genfrac{}{}{0pt}{}{b13}{b9})}$ $G^{7(\#9)}$ $Cm^{7(9)}$

11.2. Acorde menor com 6ª e 9ª

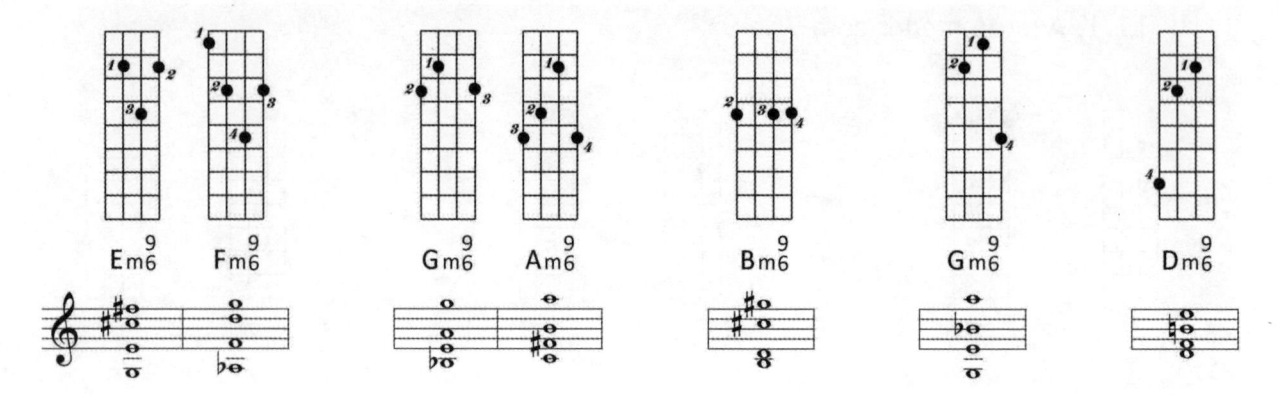

Em_6^9 Fm_6^9 Gm_6^9 Am_6^9 Bm_6^9 Gm_6^9 Dm_6^9

Substituição: para $Cm^{6/9}$ use $Eb^{7M(\#11)}$.

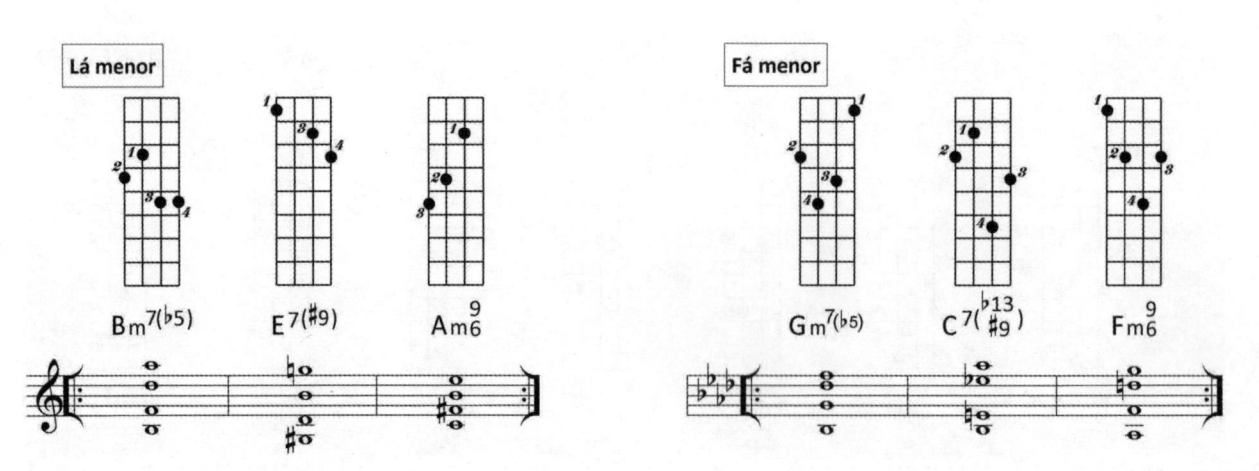

Lá menor

$Bm^{7(b5)}$ $E^{7(\#9)}$ Am_6^9

Fá menor

$Gm^{7(b5)}$ $C^{7(\substack{b13 \\ \#9})}$ Fm_6^9

11.3. Acorde menor com 7ª e 11ª

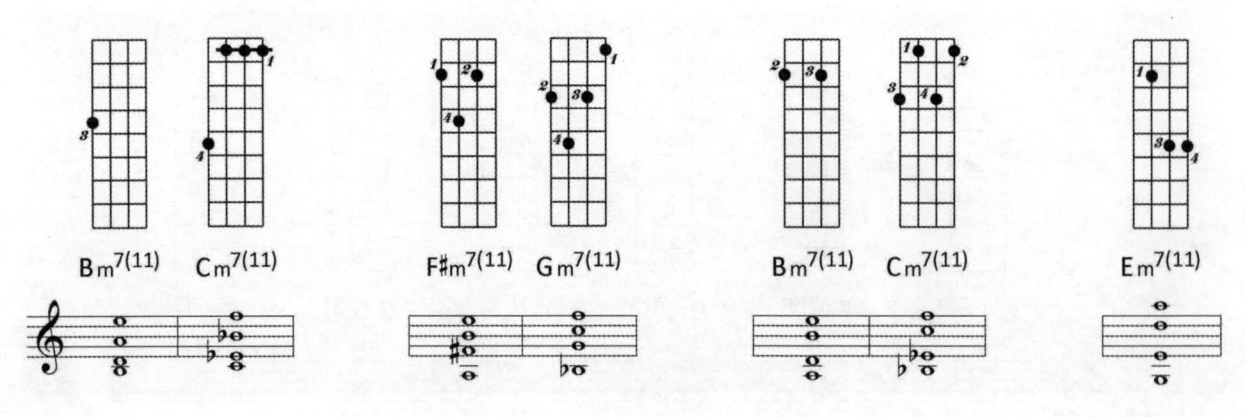

$Bm^{7(11)}$ $Cm^{7(11)}$ $F\#m^{7(11)}$ $Gm^{7(11)}$ $Bm^{7(11)}$ $Cm^{7(11)}$ $Em^{7(11)}$

Substituição: para $Cm^{7/11}$ use $Eb^{6/9}$ ou $C^{4/7}$, ou $F^{4/7}$.

Sol maior

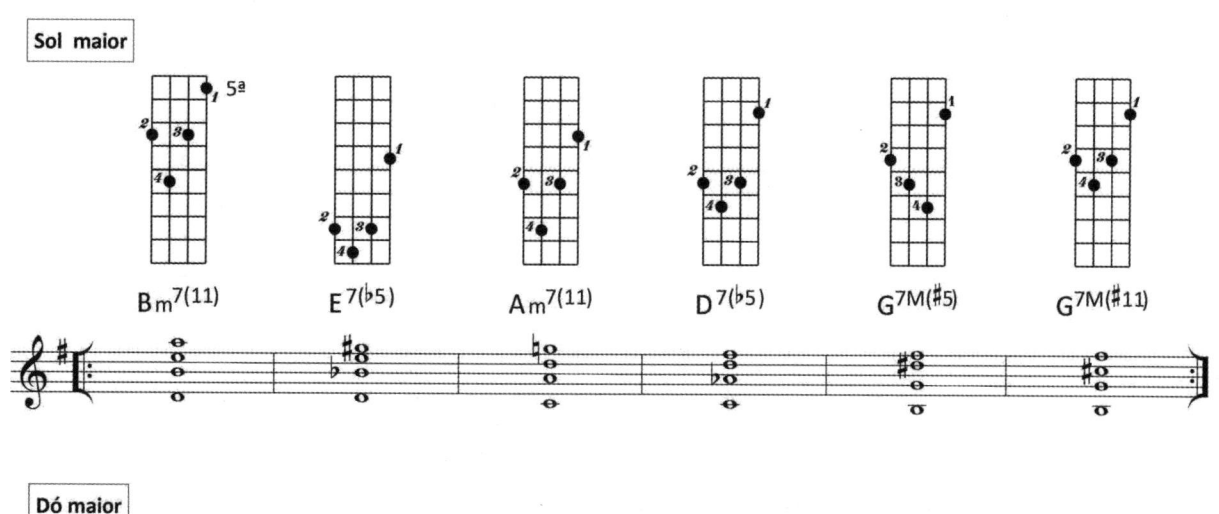

Bm⁷⁽¹¹⁾   E⁷⁽♭⁵⁾   Am⁷⁽¹¹⁾   D⁷⁽♭⁵⁾   G⁷ᴹ⁽♯⁵⁾   G⁷ᴹ⁽♯¹¹⁾

Dó maior

Fm⁷   B♭⁴⁷⁽⁹⁾   Em⁷⁽¹¹⁾   A⁷⁽♭⁵⁾   Dm⁷⁽¹¹⁾   G⁷⁽♭⁵⁾   C⁶⁹

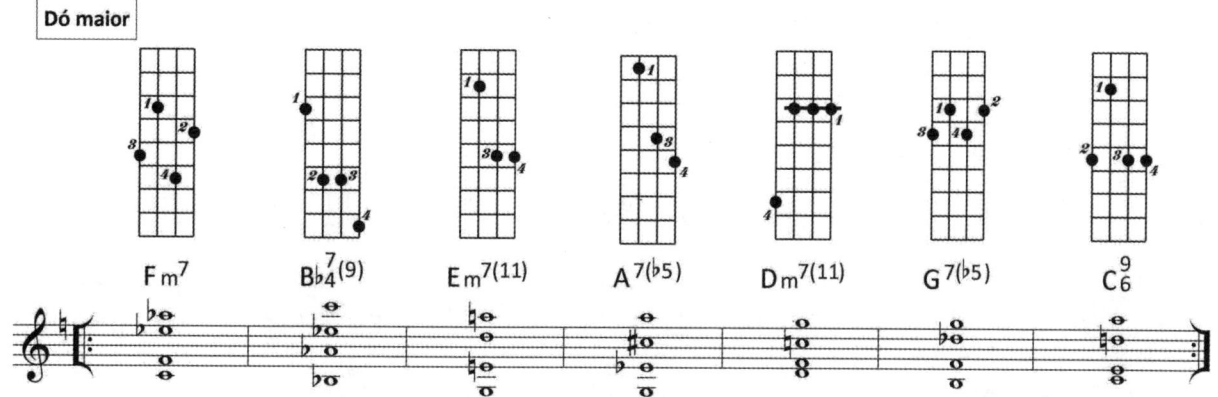

11.4. Acorde menor com 9ª adicionada

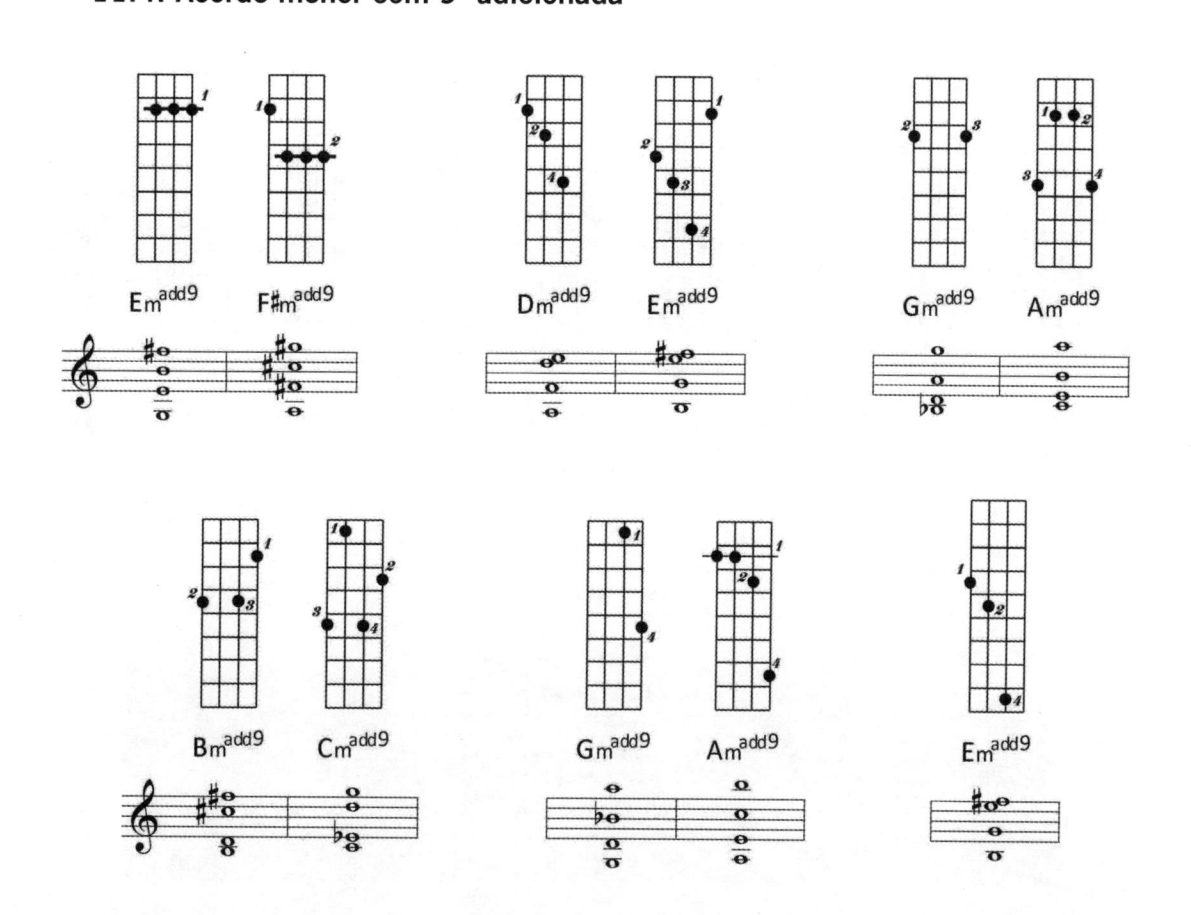

Em^add9   F♯m^add9   Dm^add9   Em^add9   Gm^add9   Am^add9

Bm^add9   Cm^add9   Gm^add9   Am^add9   Em^add9

Ré maior

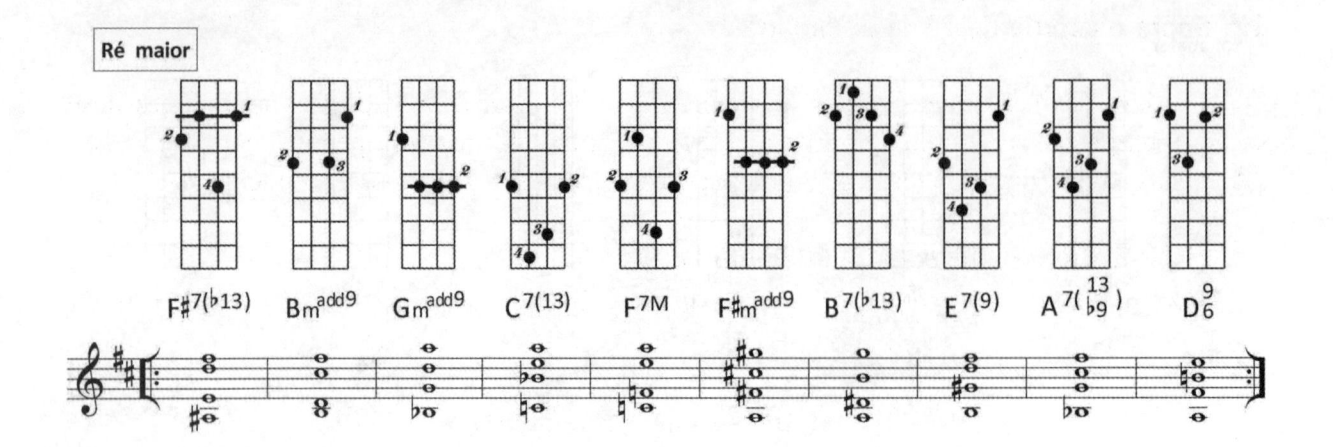

F#7(♭13) Bmadd9 Gmadd9 C7(13) F7M F#madd9 B7(♭13) E7(9) A7(13/♭9) D6/9

11.5. Acorde menor com 7ª maior e 9ª

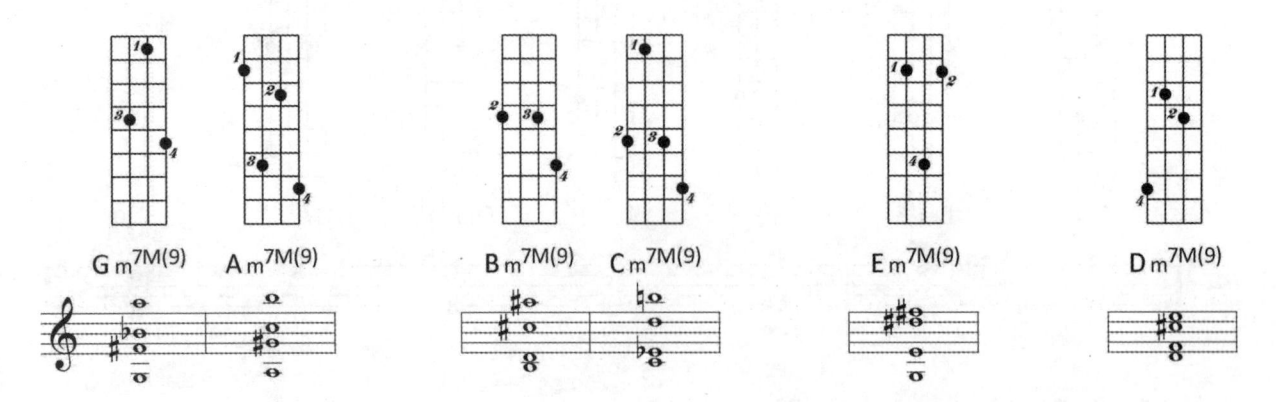

Gm7M(9) Am7M(9)   Bm7M(9) Cm7M(9)   Em7M(9)   Dm7M(9)

Substituição: para Cm7M(9) use E♭7M(#5).

Mi menor

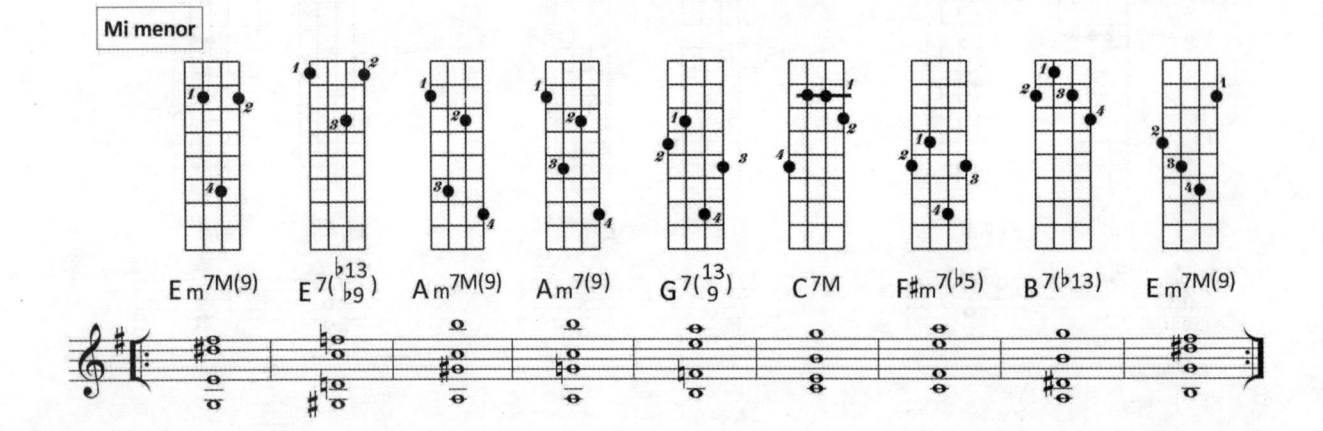

Em7M(9) E7(♭13/♭9) Am7M(9) Am7(9) G7(13/9) C7M F#m7(♭5) B7(♭13) Em7M(9)

12. Sobre o acorde de 7ª da dominante

Além das substituições possíveis, apresentamos, para alguns acordes dominantes desta seção, uma proposta de comparação que relaciona as transformações operadas entre as tensões associadas a dado tipo de acorde de dominante alterado e a seu **SubV** correspondente.

12.1. Dominante com 9ª aumentada

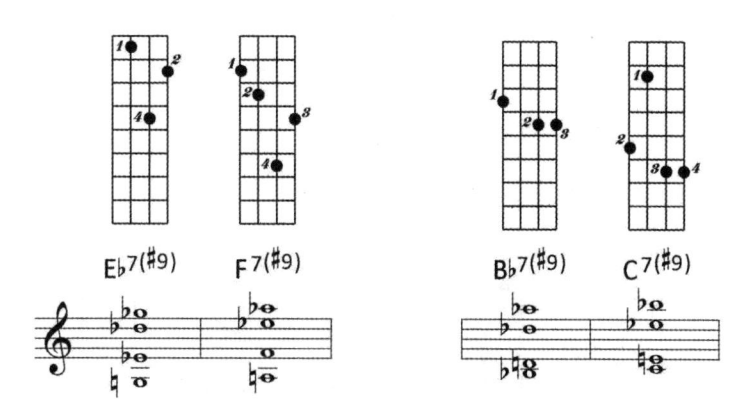

E♭7(#9)   F7(#9)   B♭7(#9)   C7(#9)

Substituição: para $C^{7(\#9)}$ use $E^{o(7M)}$ / Dominantes SubV: comparar $C^{7(\#9)}$ e $F\#^{(\flat 9/13)}$.

A forma mais eficiente deste tipo de acorde é a proposta na substituição acima. Repetimos a seguir os principais acordes diminutos alterados (seção 13.1) como acordes de 7ª e 9ª aumentada:

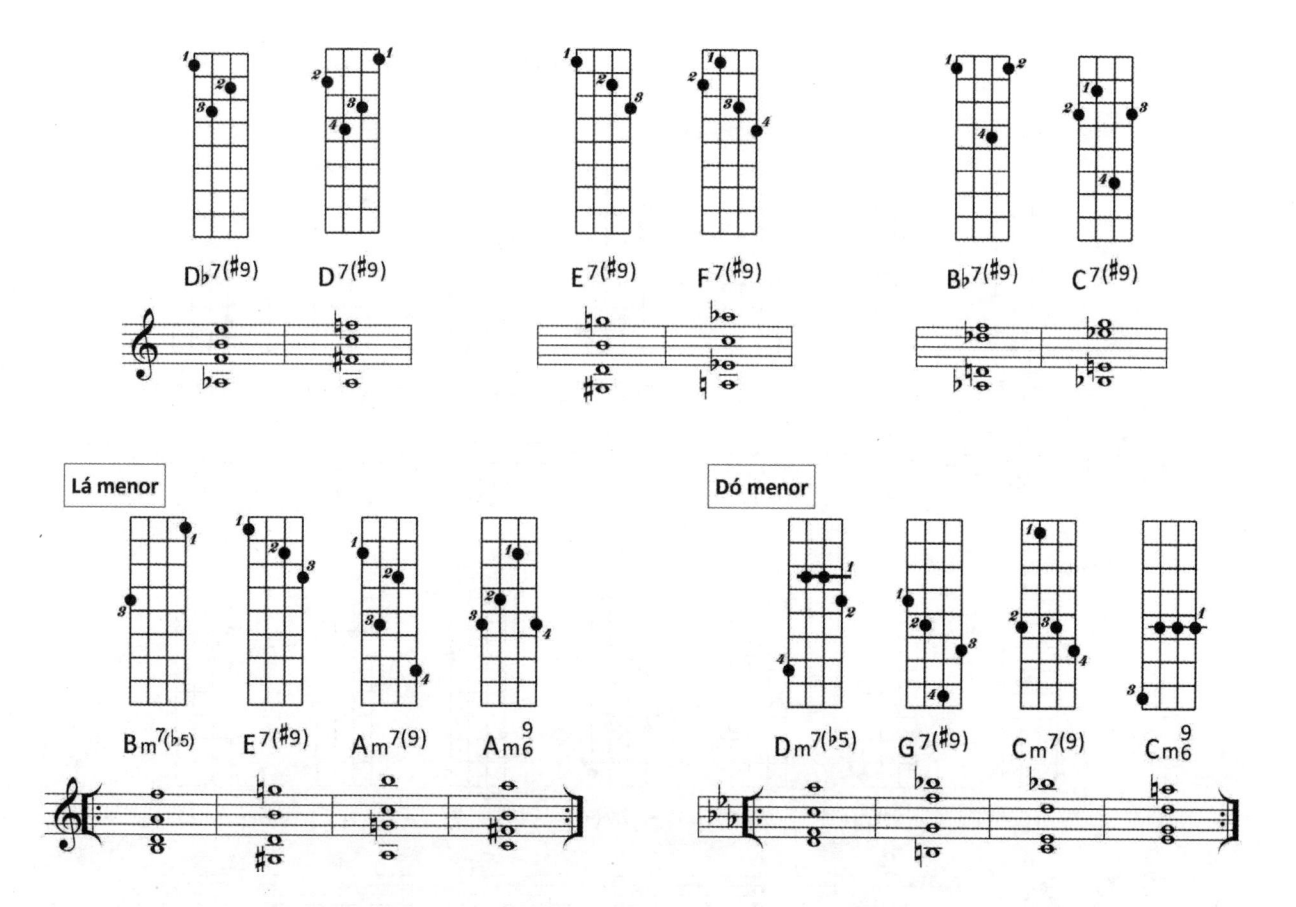

D♭7(#9)   D7(#9)   E7(#9)   F7(#9)   B♭7(#9)   C7(#9)

Lá menor
Bm7(♭5)   E7(#9)   Am7(9)   Am6/9

Dó menor
Dm7(♭5)   G7(#9)   Cm7(9)   Cm6/9

Fá menor

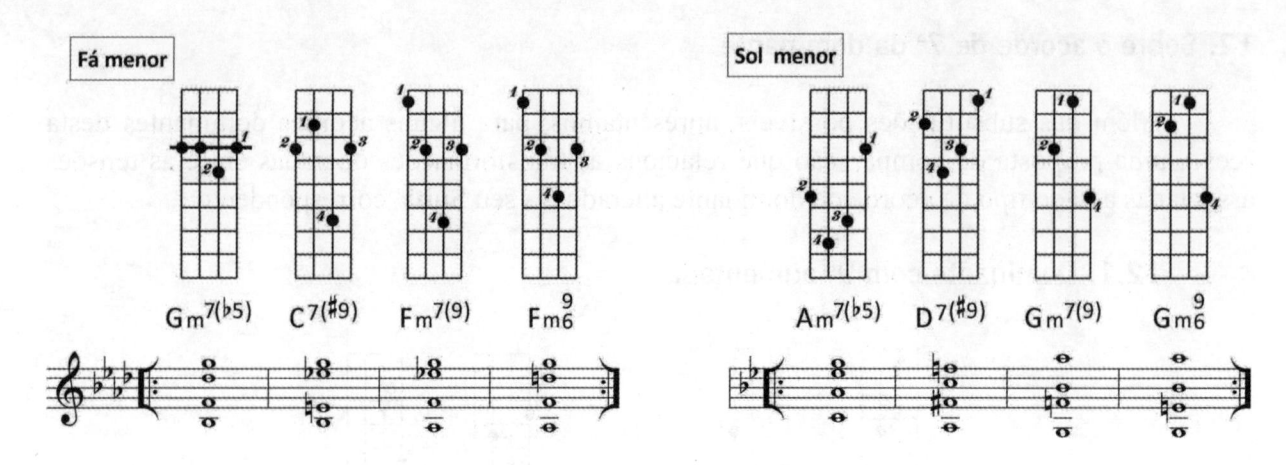

Gm7(b5)   C7(#9)   Fm7(9)   Fm6/9

Sol menor

Am7(b5)   D7(#9)   Gm7(9)   Gm6/9

12.2. Dominante com 9ª e 13ª

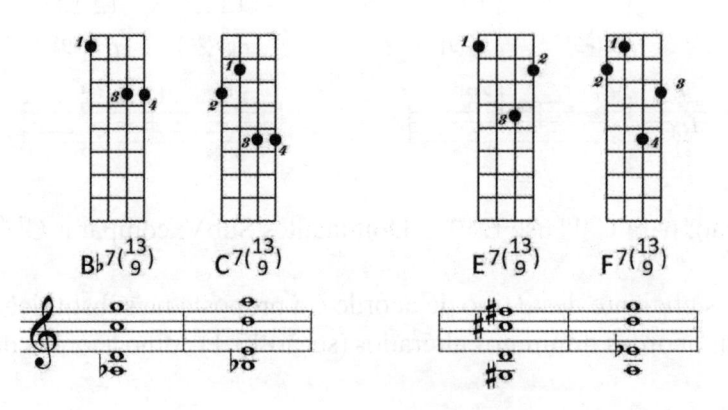

Bb7(13/9)   C7(13/9)   E7(13/9)   F7(13/9)

Dominantes SubV: comparar $C^{7(9/13)}$ e $F\#^{(\#9/b13)}$.

Ré maior

Gm7   C7(13/9)   F6/9   Bb7M(9)   Em7   A7(13/9)   D7M

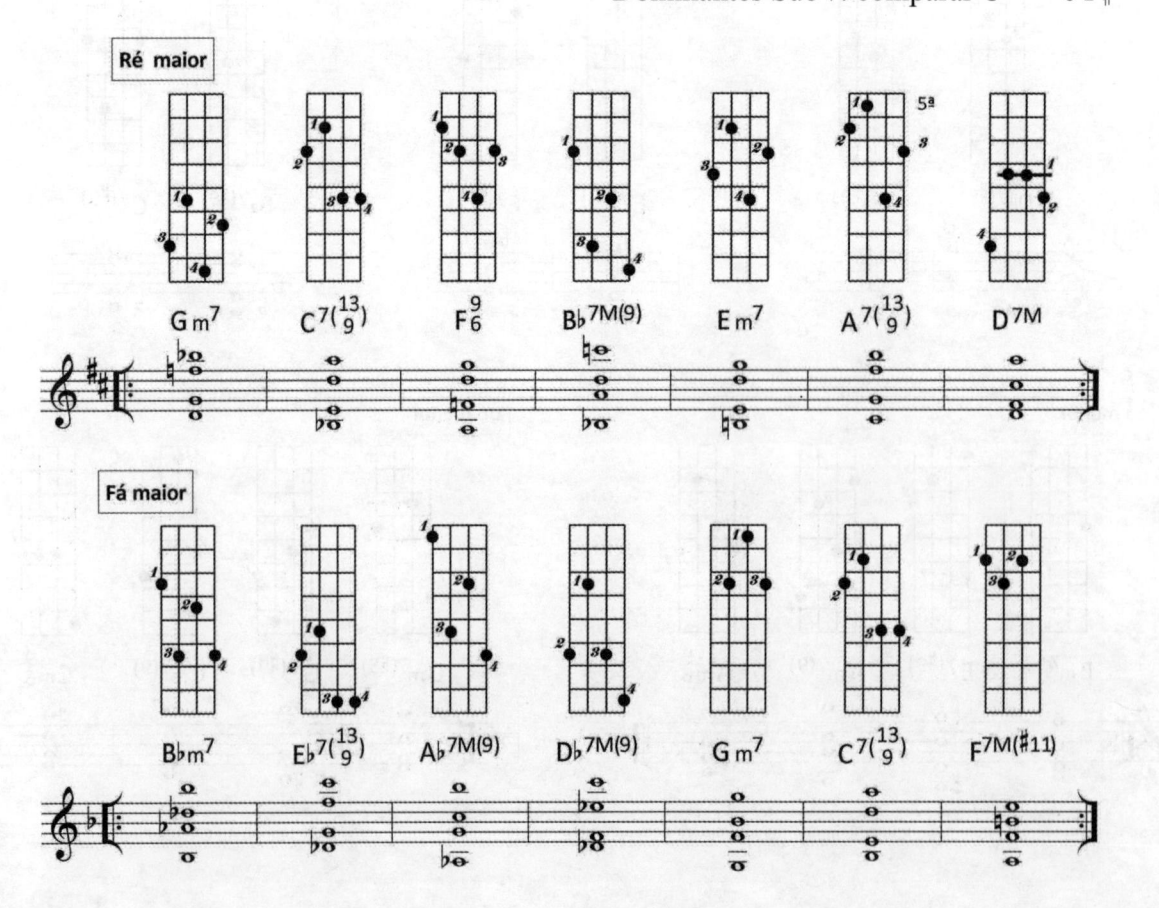

Fá maior

Bbm7   Eb7(13/9)   Ab7M(9)   Db7M(9)   Gm7   C7(13/9)   F7M(#11)

12.3. Dominante com 9ª menor e 13ª menor

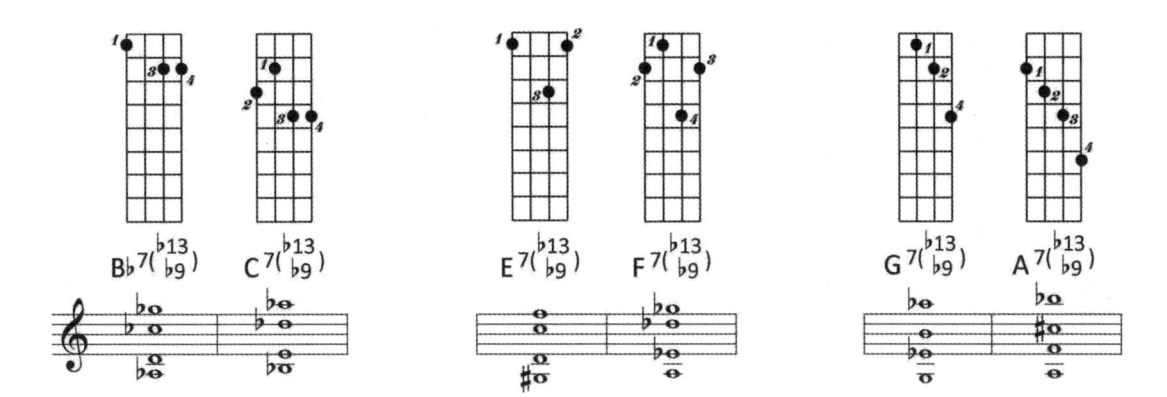

B♭7($^{♭13}_{♭9}$)　C7($^{♭13}_{♭9}$)　　E7($^{♭13}_{♭9}$)　F7($^{♭13}_{♭9}$)　　G7($^{♭13}_{♭9}$)　A7($^{♭13}_{♭9}$)

Substituição: para C$^{7(♭9/♭13)}$ use B♭m$^{7(♭)}$ ou D♭m^6 / Dominantes SubV: comparar C$^{7(♭9/♭13)}$ e F♯$^{7(9)}$.

Dó maior

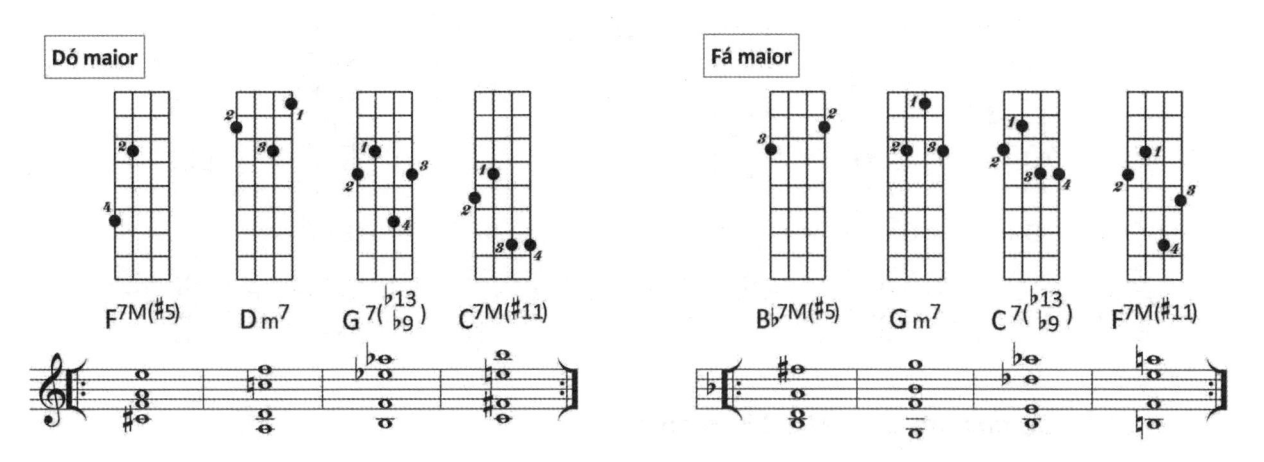

F$^{7M(♯5)}$　Dm^7　G7($^{♭13}_{♭9}$)　C$^{7M(♯11)}$

Fá maior

B♭$^{7M(♯5)}$　Gm^7　C7($^{♭13}_{♭9}$)　F$^{7M(♯11)}$

12.4. Dominante com 9ª menor e 13ª

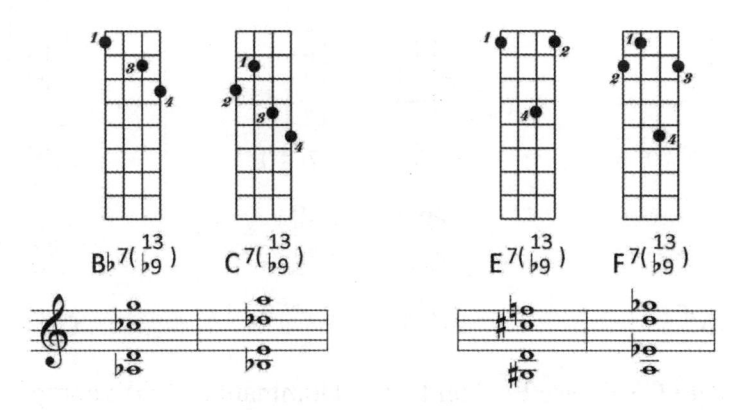

B♭7($^{13}_{♭9}$)　C7($^{13}_{♭9}$)　　E7($^{13}_{♭9}$)　F7($^{13}_{♭9}$)

Substituição: para C$^{7(♭9/13)}$ use E$^{o(11)}$ / Dominantes SubV: comparar C$^{7(♭9/13)}$ e F♯$^{7(♯9)}$.

Dó maior

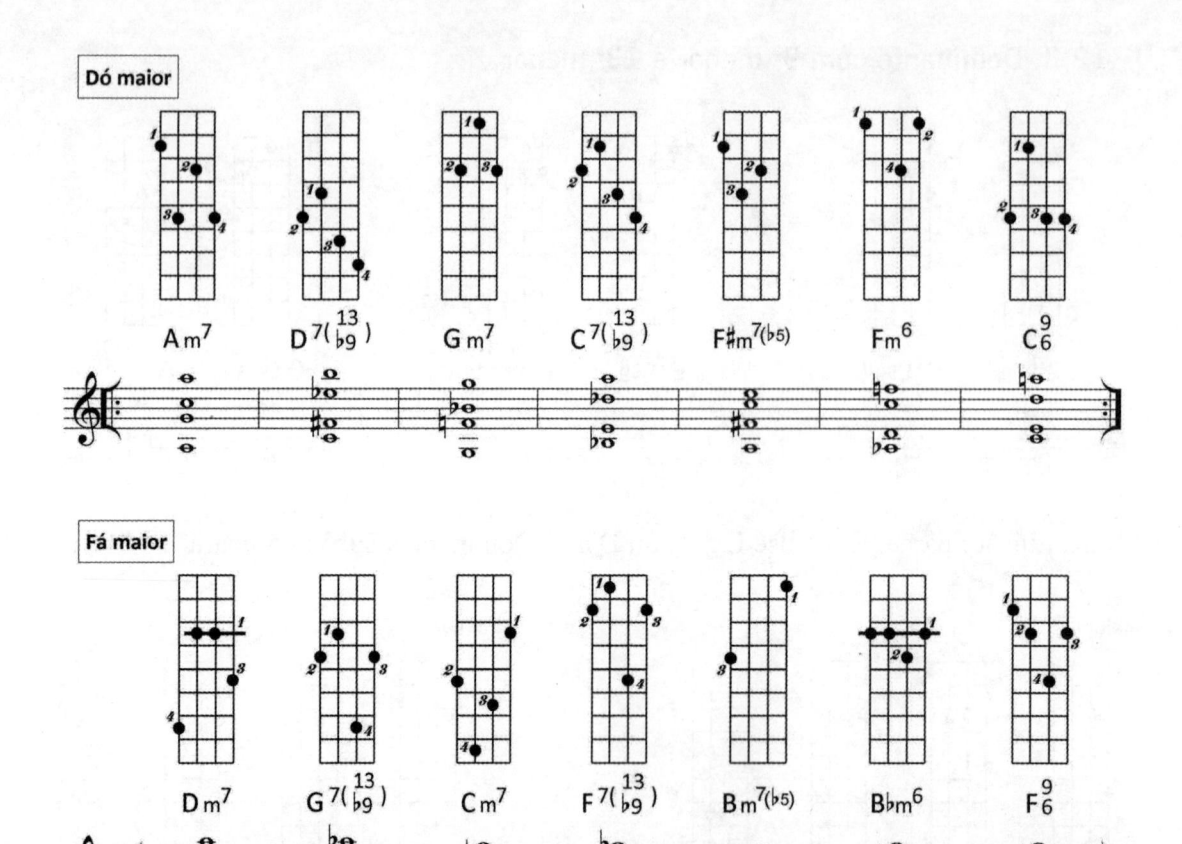

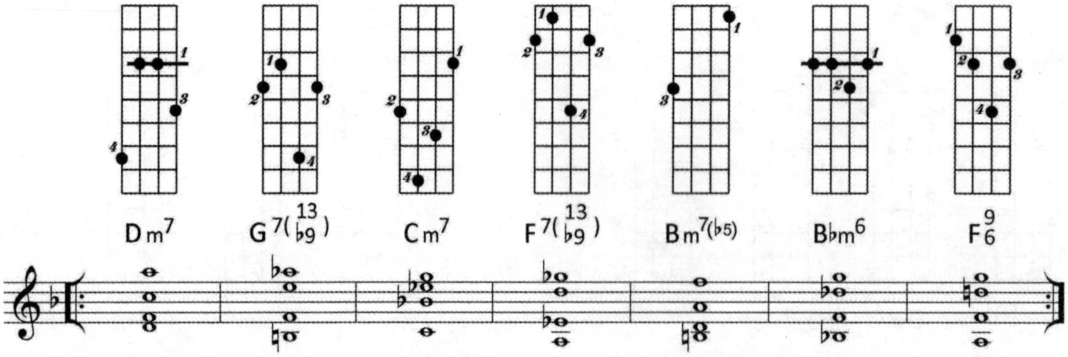

Am7   D7(13 b9)   Gm7   C7(13 b9)   F#m7(b5)   Fm6   C6/9

Fá maior

Dm7   G7(13 b9)   Cm7   F7(13 b9)   Bm7(b5)   Bbm6   F6/9

12.5. Dominante com 9ª e 13ª menor

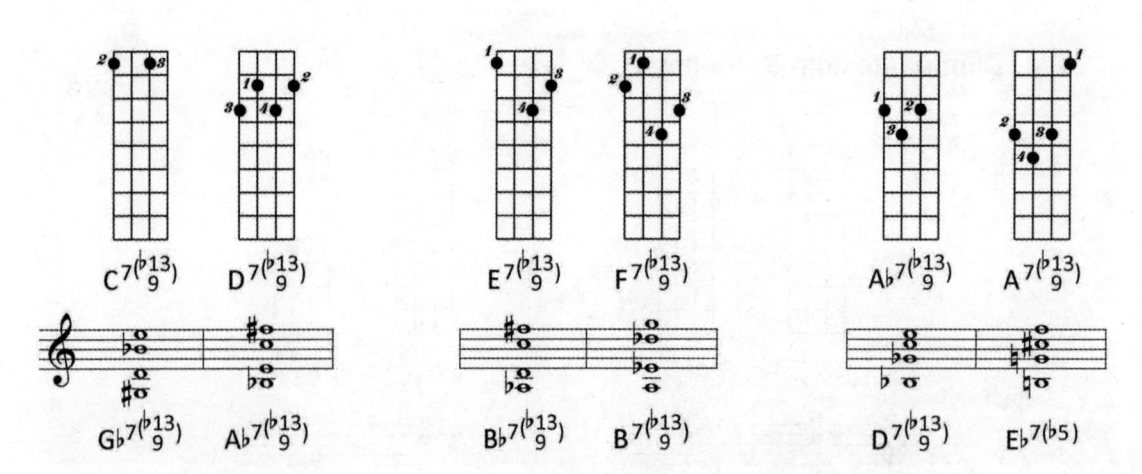

C7(b13/9)   D7(b13/9)   E7(b13/9)   F7(b13/9)   Ab7(b13/9)   A7(b13/9)

Gb7(b13/9)   Ab7(b13/9)   Bb7(b13/9)   B7(b13/9)   D7(b13/9)   Eb7(b5)

Substituição: para $C^{7(9/\flat 13)}$ use $E^{7(\flat 5)}$ ou $B\flat^{7(\flat 5)}$ / Dominantes SubV: comparar $C^{7(9/\flat 13)}$ e $F\sharp^{7(9/\flat 13)}$.

Dó maior

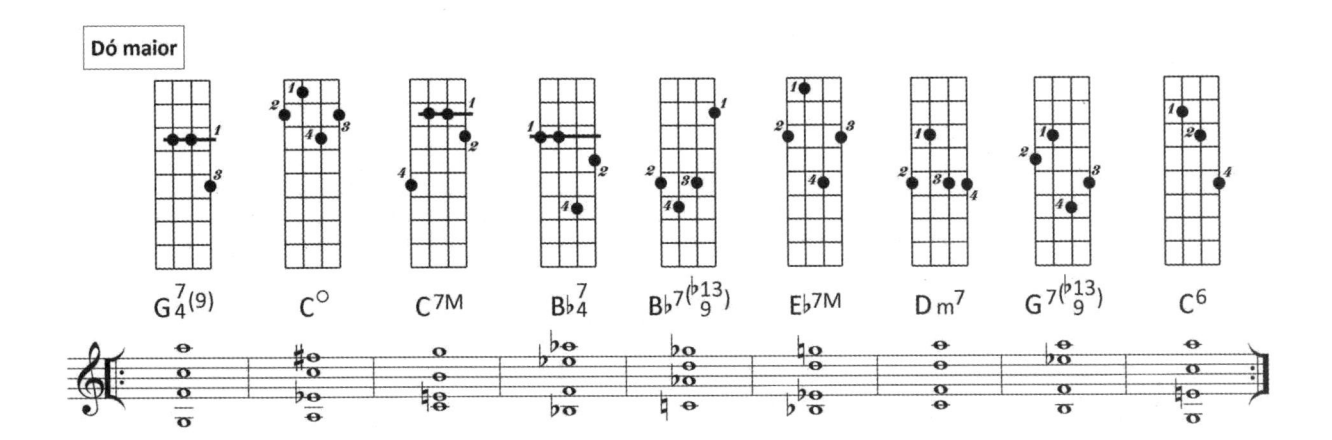

$G^7_4{}^{(9)}$ $C°$ C^{7M} $B\flat^7_4$ $B\flat^{7(\flat13}_{\ \ \ 9)}$ $E\flat^{7M}$ Dm^7 $G^{7(\flat13}_{\ \ \ 9)}$ C^6

12.6. Dominante com 4ª e 9ª

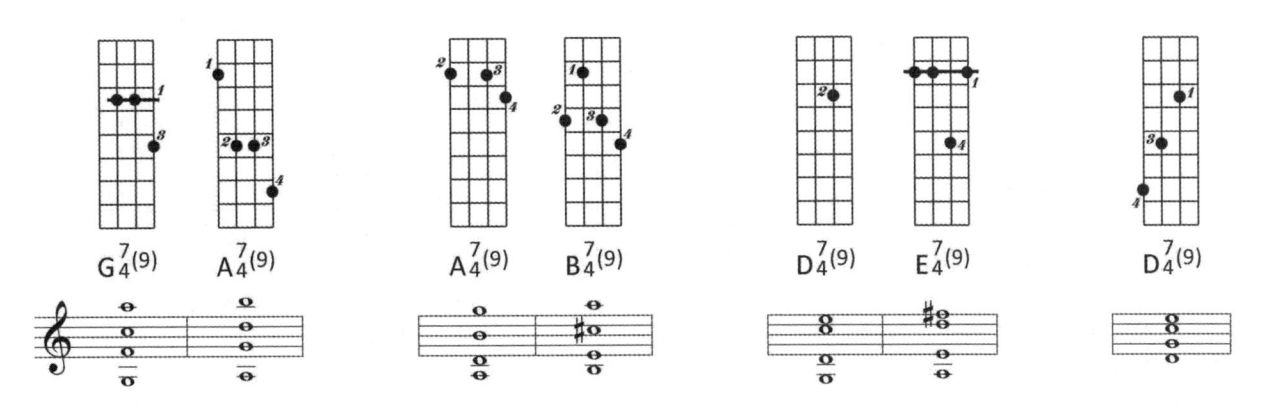

$G^7_4{}^{(9)}$ $A^7_4{}^{(9)}$ $A^7_4{}^{(9)}$ $B^7_4{}^{(9)}$ $D^7_4{}^{(9)}$ $E^7_4{}^{(9)}$ $D^7_4{}^{(9)}$

Substituição: para $C^{4/7(9)}$ use Gm^7.

Si♭ maior

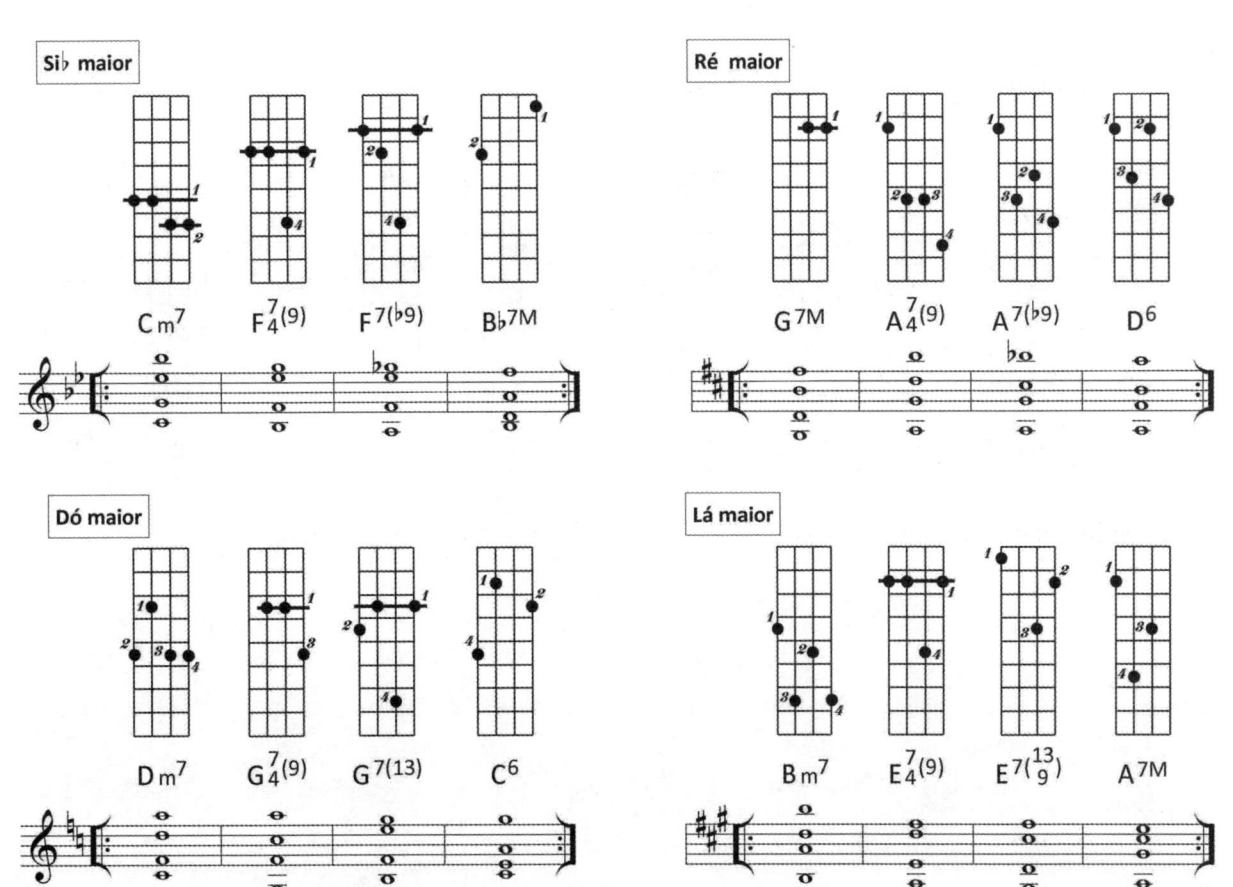

Cm^7 $F^7_4{}^{(9)}$ $F^{7(\flat9)}$ $B\flat^{7M}$

Ré maior

G^{7M} $A^7_4{}^{(9)}$ $A^{7(\flat9)}$ D^6

Dó maior

Dm^7 $G^7_4{}^{(9)}$ $G^{7(13)}$ C^6

Lá maior

Bm^7 $E^7_4{}^{(9)}$ $E^{7(13}_{\ \ 9)}$ A^{7M}

12.7. Dominante com 4ª e 9ª menor

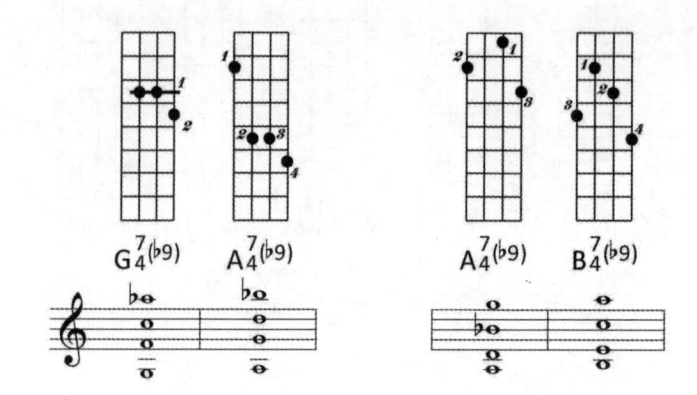

$G_4^{7(\flat 9)}$ $A_4^{7(\flat 9)}$ $A_4^{7(\flat 9)}$ $B_4^{7(\flat 9)}$

Substituição: para $C^{4/7(\flat 9)}$ use $Gm^{7(\flat 5)}$ ou $B\flat m^6$.

Dó maior

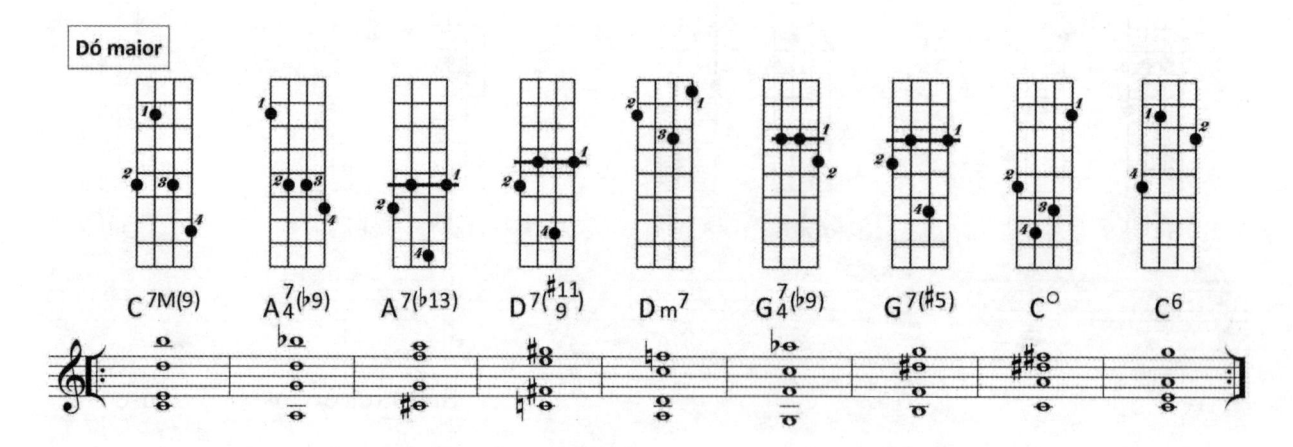

$C^{7M(9)}$ $A_4^{7(\flat 9)}$ $A^{7(\flat 13)}$ $D7^{\binom{\#11}{9}}$ Dm^7 $G_4^{7(\flat 9)}$ $G^{7(\#5)}$ C° C^6

12.8. Dominante com 4ª e 13ª

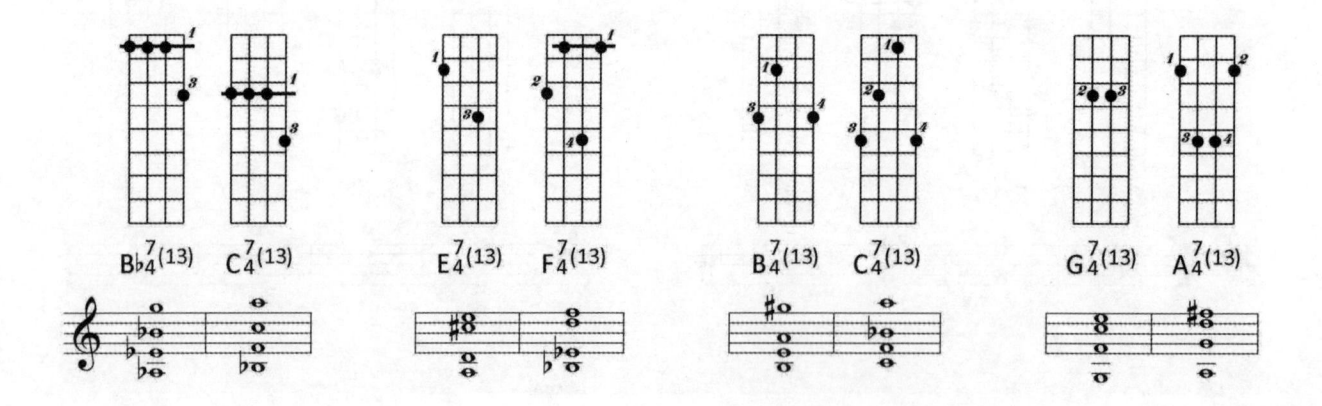

$B\flat_4^{7(13)}$ $C_4^{7(13)}$ $E_4^{7(13)}$ $F_4^{7(13)}$ $B_4^{7(13)}$ $C_4^{7(13)}$ $G_4^{7(13)}$ $A_4^{7(13)}$

Dó maior

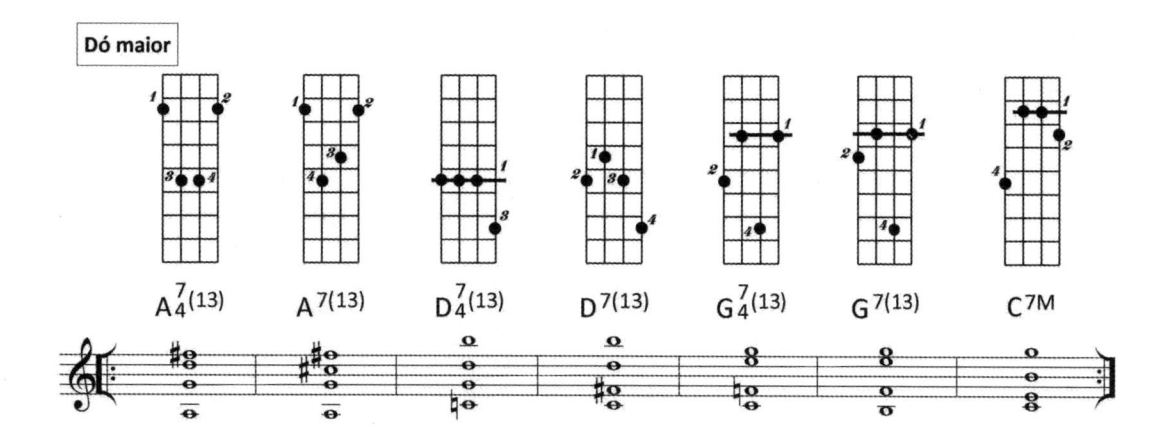

$A^7_4{}^{(13)}$ $A^{7(13)}$ $D^7_4{}^{(13)}$ $D^{7(13)}$ $G^7_4{}^{(13)}$ $G^{7(13)}$ C^{7M}

12.9. Dominante com 4ª e 13ª menor

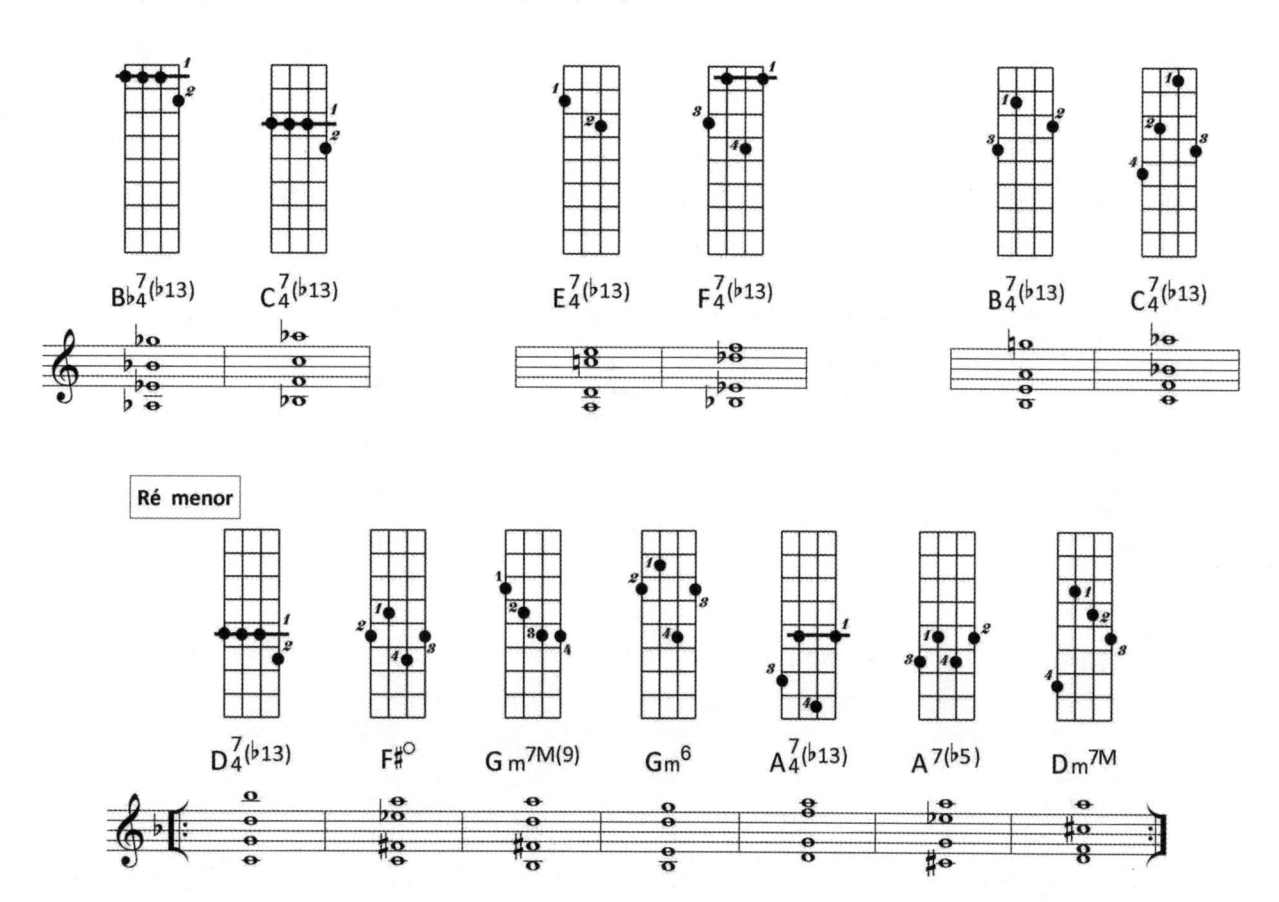

$Bb^7_4{}^{(b13)}$ $C^7_4{}^{(b13)}$ $E^7_4{}^{(b13)}$ $F^7_4{}^{(b13)}$ $B^7_4{}^{(b13)}$ $C^7_4{}^{(b13)}$

Ré menor

$D^7_4{}^{(b13)}$ $F\#^\circ$ $Gm^{7M(9)}$ Gm^6 $A^7_4{}^{(b13)}$ $A^{7(b5)}$ Dm^{7M}

13. Sobre o acorde diminuto

13.1. Diminuto com 7ª maior, 11ª e 13ª menor

As tensões adicionadas a um acorde diminuto distam sempre uma 2ª maior de qualquer nota do acorde. A cifra resultante dependerá da nota tomada como fundamental. Compare com os acordes diminutos (seção 4.1):

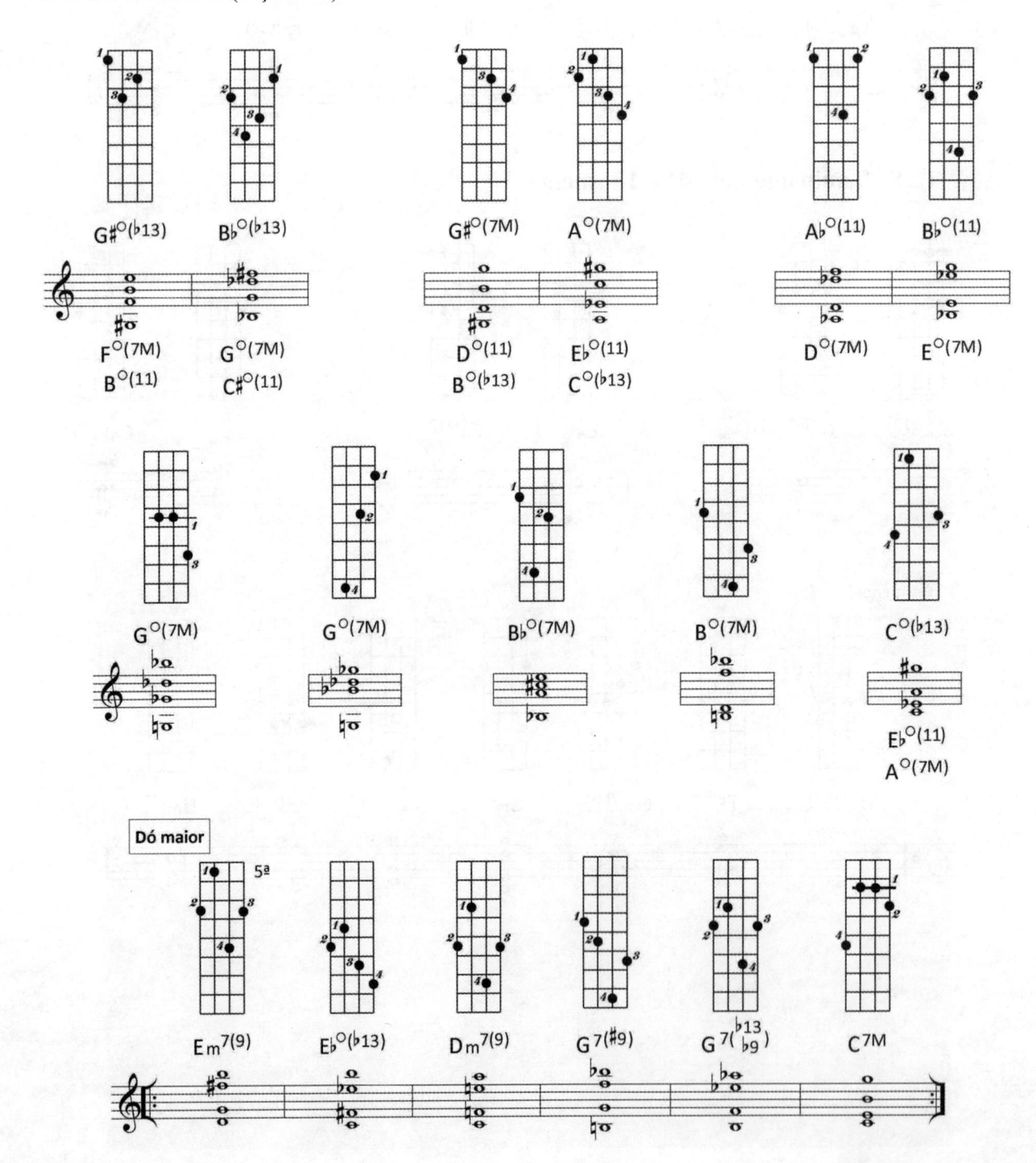

Sol maior

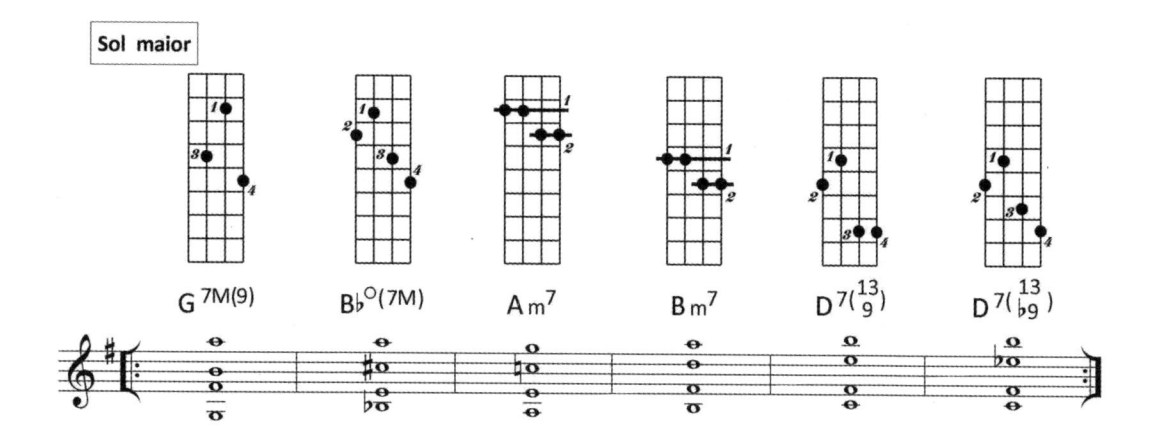

G⁷ᴹ⁽⁹⁾   B♭°⁽⁷ᴹ⁾   Am⁷   Bm⁷   D⁷⁽¹³⁄₉⁾   D⁷⁽¹³⁄♭₉⁾

14. Sequências diversas

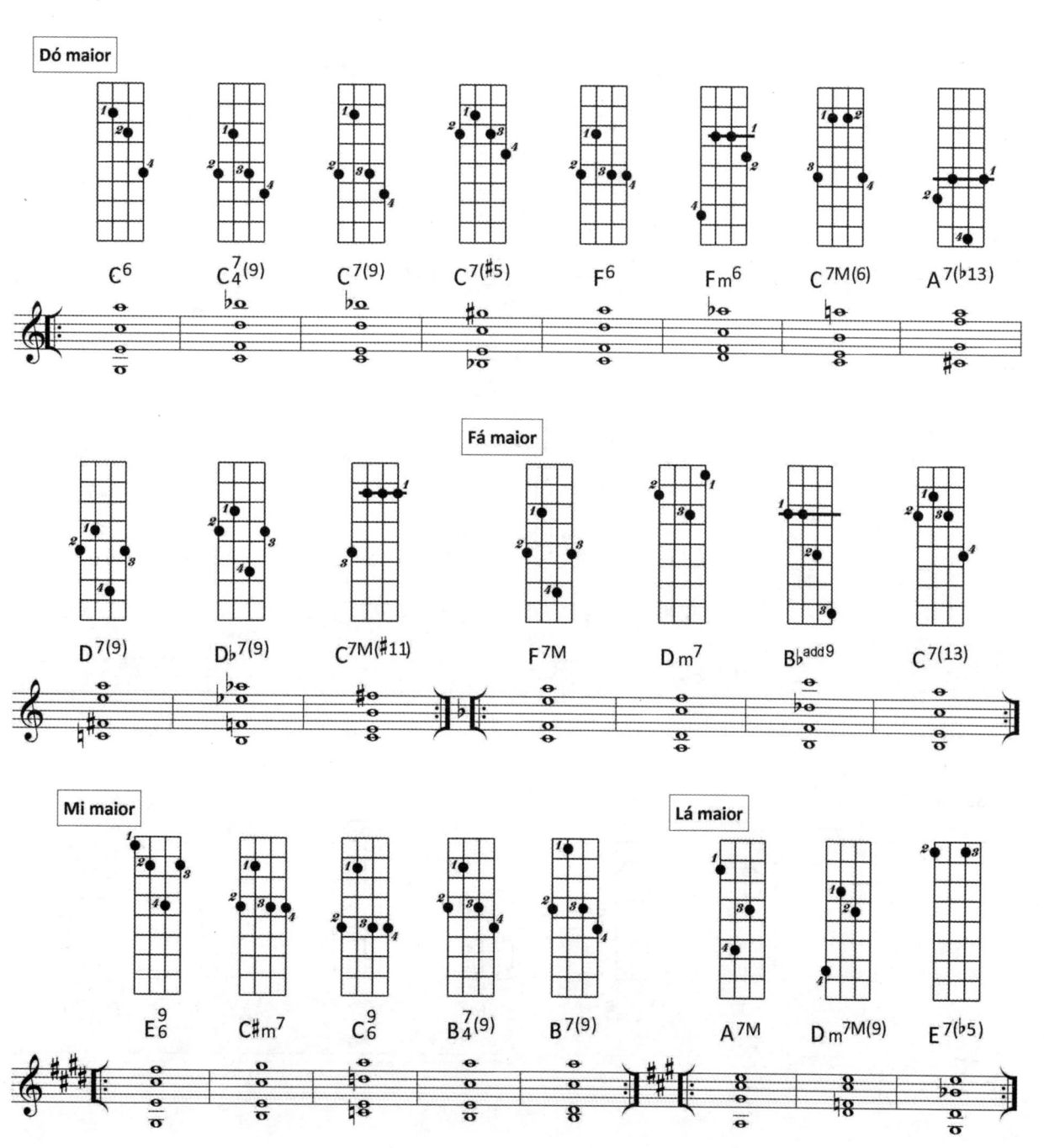

Dó maior

C⁶   C⁷₄⁽⁹⁾   C⁷⁽⁹⁾   C⁷⁽♯⁵⁾   F⁶   Fm⁶   C⁷ᴹ⁽⁶⁾   A⁷⁽♭¹³⁾

Fá maior

D⁷⁽⁹⁾   D♭⁷⁽⁹⁾   C⁷ᴹ⁽♯¹¹⁾   F⁷ᴹ   Dm⁷   B♭ᵃᵈᵈ⁹   C⁷⁽¹³⁾

Mi maior

E⁹₆   C♯m⁷   C⁹₆   B⁷₄⁽⁹⁾   B⁷⁽⁹⁾

Lá maior

A⁷ᴹ   Dm⁷ᴹ⁽⁹⁾   E⁷⁽♭⁵⁾

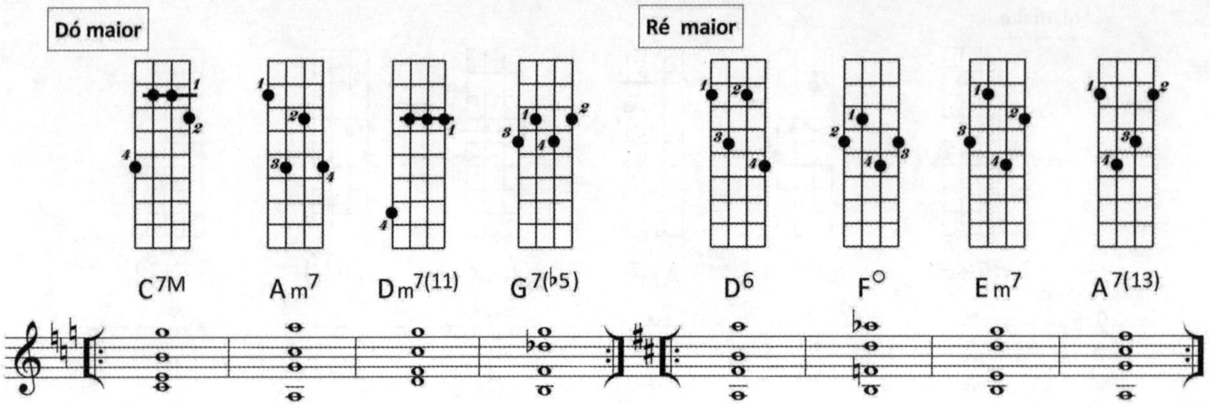
Dó maior
Ré maior
C7M
Am7
Dm7(11)
G7(♭5)
D6
F°
Em7
A7(13)

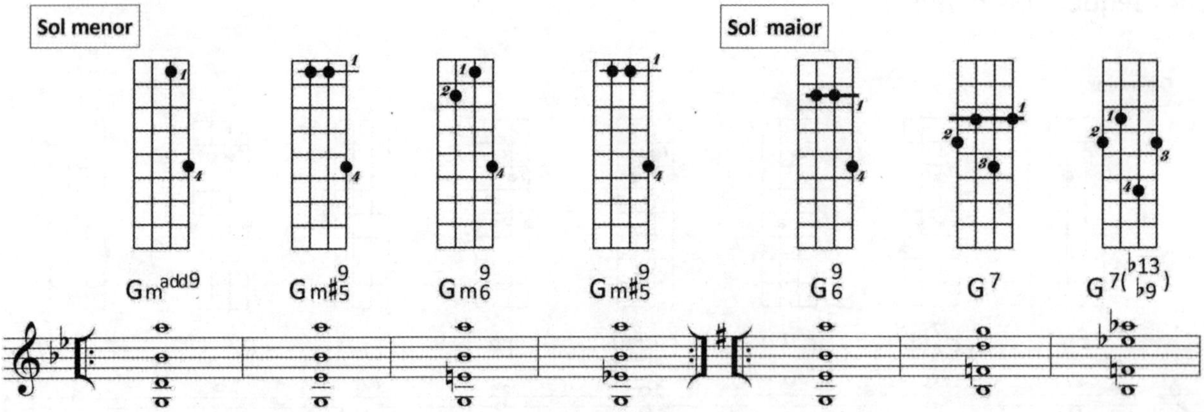
Sol menor
Sol maior
Gmadd9
Gm9 ♯5
Gm9 6
Gm9 ♯5
G9 6
G7
G7(♭13 ♭9)

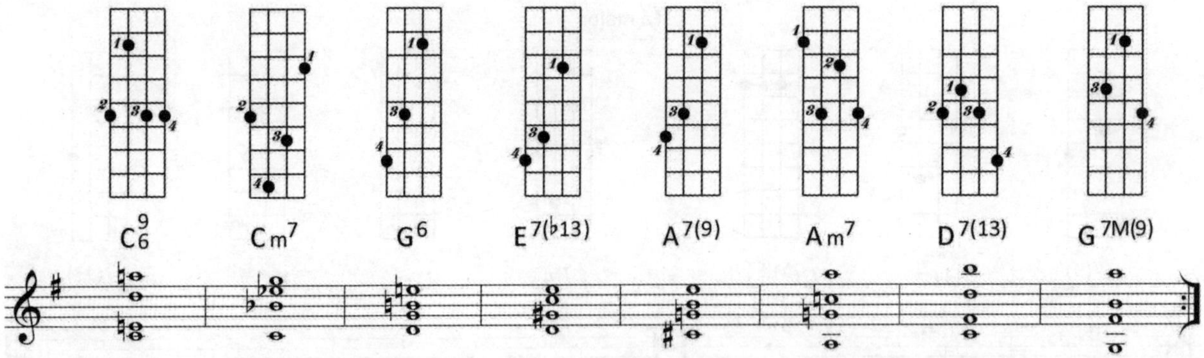
C9 6
Cm7
G6
E7(♭13)
A7(9)
Am7
D7(13)
G7M(9)

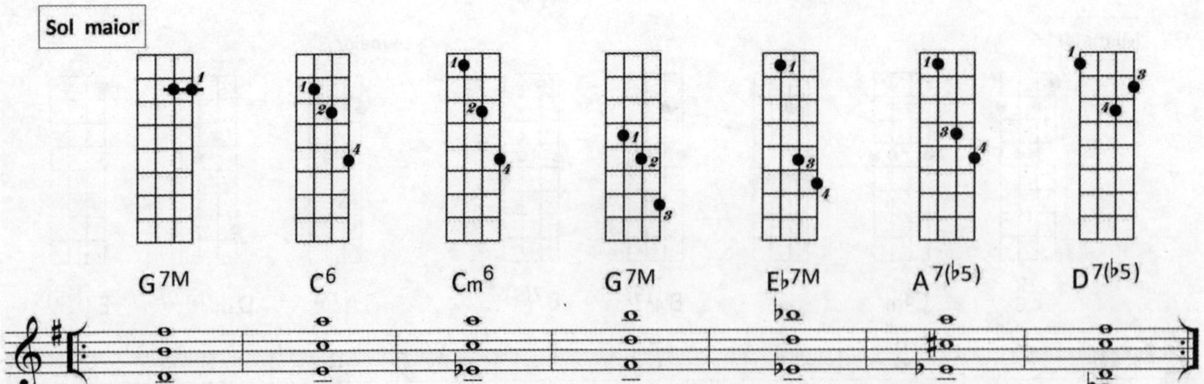
Sol maior
G7M
C6
Cm6
G7M
E♭7M
A7(♭5)
D7(♭5)

Ré maior   **Dó maior**

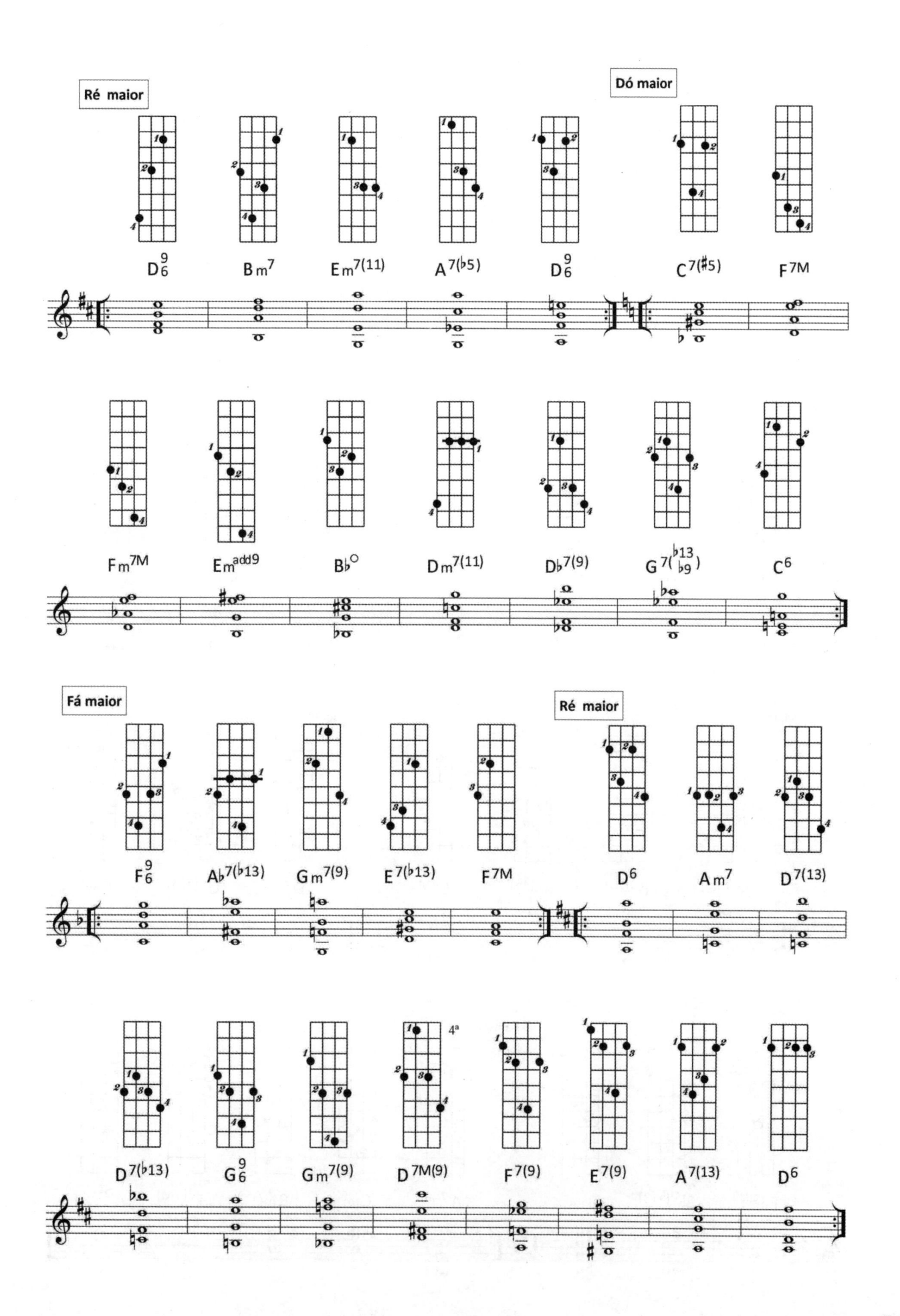

D_6^9 Bm^7 $Em^{7(11)}$ $A^{7(\flat5)}$ D_6^9 $C^{7(\sharp5)}$ F^{7M}

Fm^{7M} Em^{add9} $B\flat^{\circ}$ $Dm^{7(11)}$ $D\flat^{7(9)}$ $G^{7(\flat13,\flat9)}$ C^6

Fá maior   **Ré maior**

F_6^9 $A\flat^{7(\flat13)}$ $Gm^{7(9)}$ $E^{7(\flat13)}$ F^{7M} D^6 Am^7 $D^{7(13)}$

$D^{7(\flat13)}$ G_6^9 $Gm^{7(9)}$ $D^{7M(9)}$ $F^{7(9)}$ $E^{7(9)}$ $A^{7(13)}$ D^6

Lá maior

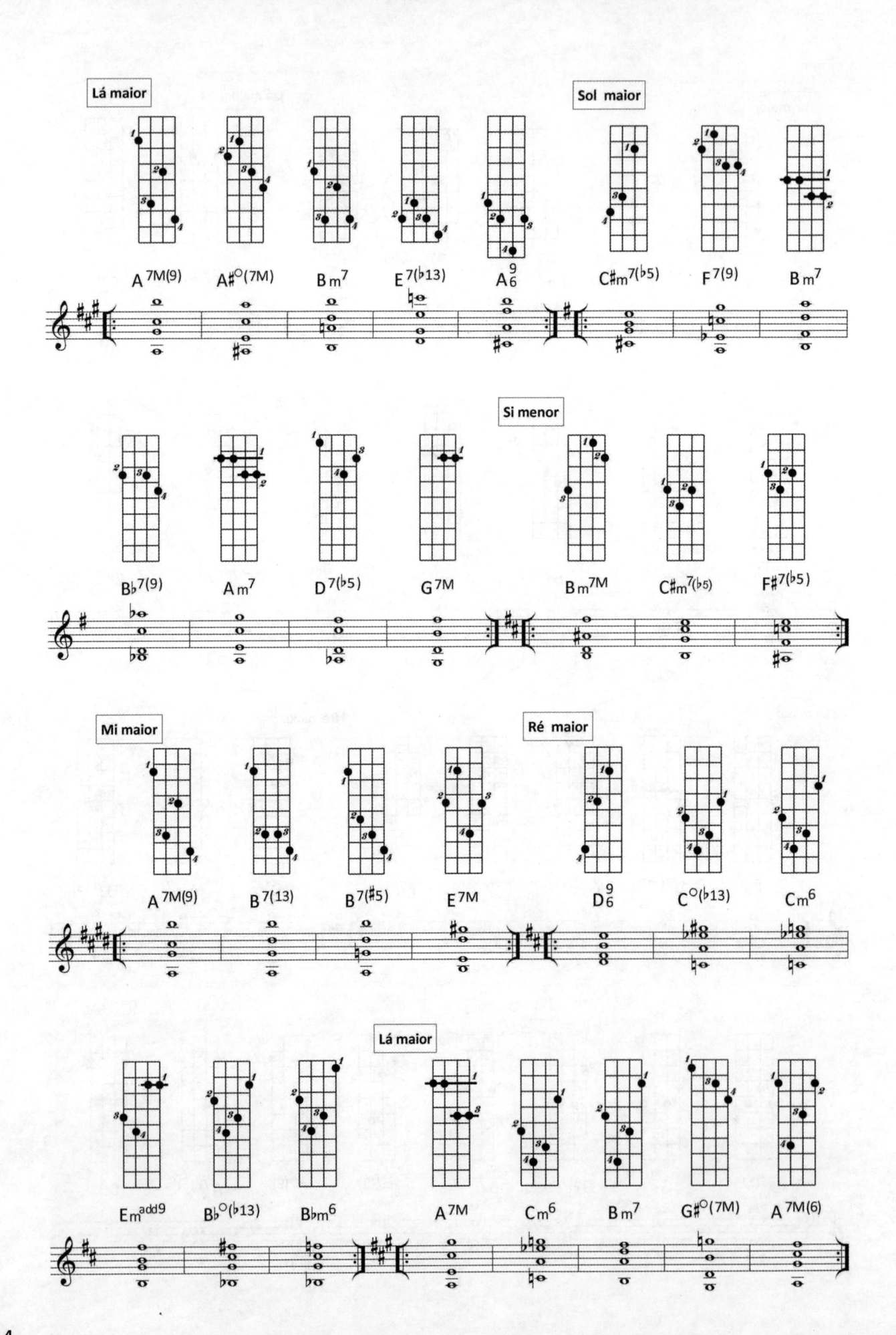

$A^{7M(9)}$ $A\#^{o(7M)}$ Bm^7 $E^{7(\flat13)}$ A^9_6

Sol maior

$C\#m^{7(\flat5)}$ $F^{7(9)}$ Bm^7

Si menor

$B\flat^{7(9)}$ Am^7 $D^{7(\flat5)}$ G^{7M} Bm^{7M} $C\#m^{7(\flat5)}$ $F\#^{7(\flat5)}$

Mi maior

$A^{7M(9)}$ $B^{7(13)}$ $B^{7(\#5)}$ E^{7M}

Ré maior

D^9_6 $C^{o(\flat13)}$ Cm^6

Lá maior

Em^{add9} $B\flat^{o(\flat13)}$ $B\flat m^6$ A^{7M} Cm^6 Bm^7 $G\#^{o(7M)}$ $A^{7M(6)}$

Lá maior

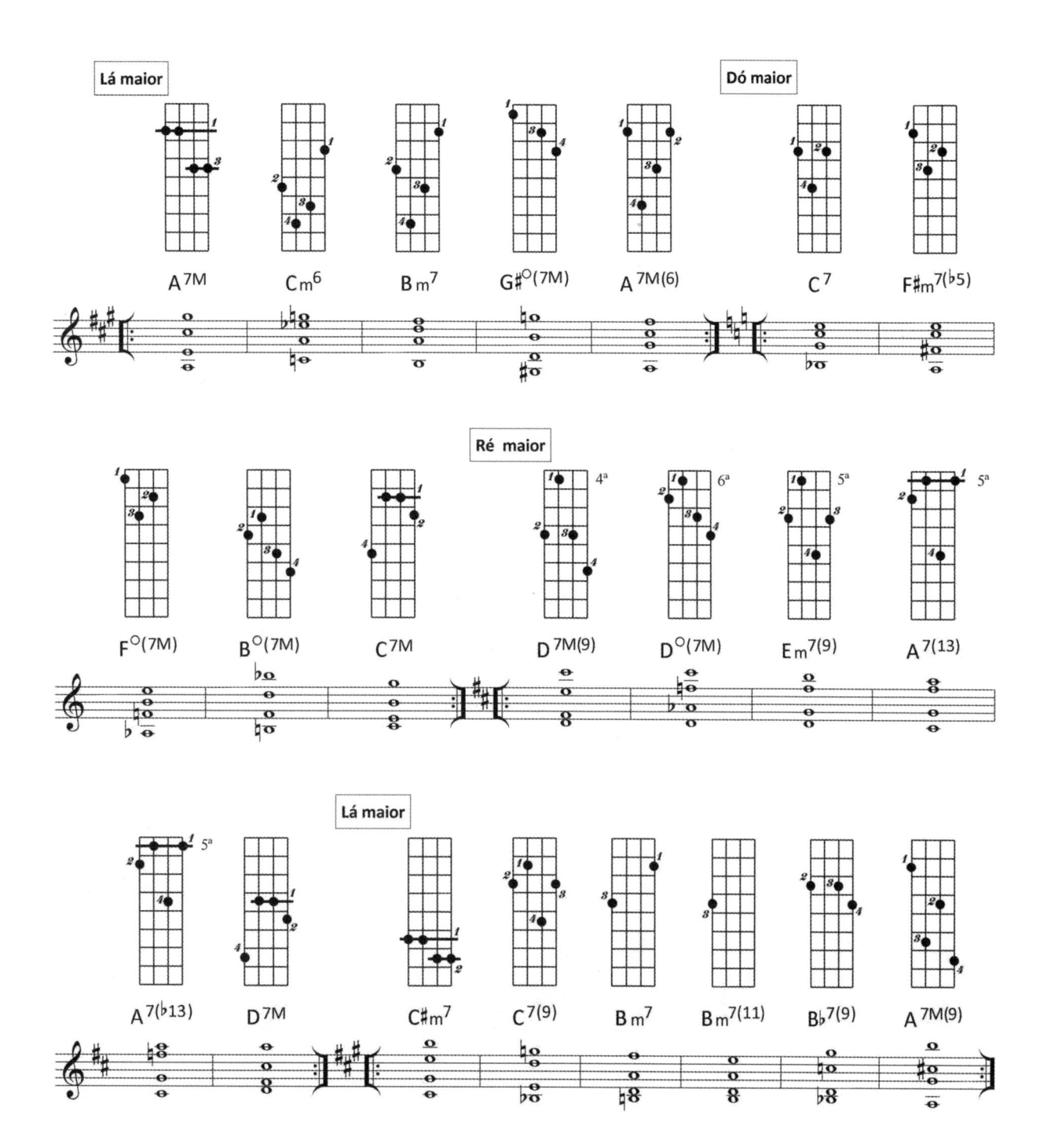

A⁷ᴹ Cm⁶ Bm⁷ G#°⁽⁷ᴹ⁾ A⁷ᴹ⁽⁶⁾

Dó maior

C⁷ F#m⁷⁽♭⁵⁾

Ré maior

F°⁽⁷ᴹ⁾ B°⁽⁷ᴹ⁾ C⁷ᴹ D⁷ᴹ⁽⁹⁾ D°⁽⁷ᴹ⁾ Em⁷⁽⁹⁾ A⁷⁽¹³⁾

Lá maior

A⁷⁽♭¹³⁾ D⁷ᴹ C#m⁷ C⁷⁽⁹⁾ Bm⁷ Bm⁷⁽¹¹⁾ B♭⁷⁽⁹⁾ A⁷ᴹ⁽⁹⁾